本书受国家社会科学基金项目（15BFX017）资助

法典化与中国古代法律体系变迁

谢红星 著

中国政法大学出版社

2024·北京

声　明	1. 版权所有，侵权必究。
	2. 如有缺页、倒装问题，由出版社负责退换。

图书在版编目（CIP）数据

法典化与中国古代法律体系变迁 / 谢红星著. -- 北京：中国政法大学出版社, 2024.8. -- ISBN 978-7-5764-1722-7

Ⅰ．D929

中国国家版本馆 CIP 数据核字第 2024J5X712 号

出 版 者	中国政法大学出版社
地　　址	北京市海淀区西土城路 25 号
邮寄地址	北京 100088 信箱 8034 分箱　邮编 100088
网　　址	http://www.cuplpress.com（网络实名：中国政法大学出版社）
电　　话	010-58908586(编辑部) 58908334(邮购部)
编辑邮箱	zhengfadch@126.com
承　　印	固安华明印业有限公司
开　　本	880mm×1230mm　1/32
印　　张	7.75
字　　数	200 千字
版　　次	2024 年 8 月第 1 版
印　　次	2024 年 8 月第 1 次印刷
定　　价	49.00 元

目 录

第一章 法典、法典化与法律体系 ... 001

一、中国古代法律体系总体特征论说 ... 002

（一）"律令体系"说 ... 004

（二）"律例体系"说 ... 009

（三）"典例体系"说 ... 011

（四）其他观点 ... 014

二、法典化与中国古代法律体系发展演变的历史分期 ... 021

（一）"法律体系"的界定 ... 021

（二）法典与法典化 ... 023

（三）中国古代法律体系发展演变的历史分期 ... 027

第二章 前法典化与"礼刑体系"发端 ... 035

一、礼之治 ... 035

二、刑之罚 ... 040

三、其他法律形式 ... 045

四、"礼刑体系"与西周"大一统"政治 ... 049

（一）西周的"大一统"政治 ... 050

（二）"礼刑体系"对西周"大一统"政治的卫护 ... 055

五、"铸刑书（鼎）"："礼刑体系"的瓦解 ... 058

（一）从"以刑统例""以刑统罪"到"以罪统刑"
的转变 ... 060

（二）从多元立法权、司法权到一元立法权、
司法权的转变 ... 061

（三）以成文刑法为代表的制定法逐步取得主导地位 ... 063

第三章 首次法典化与"律令体系"成型 ... 066

一、首次法典化与"律令体系"的形成 ... 067

（一）《法经》：早期的成文刑法 ... 068

（二）作为单行法而存在的秦汉律令 ... 069

（三）魏晋至隋唐的法典化运动 ... 088

二、先例与单行法：法典化背后的解法典化暗流 ... 108

（一）先例的滋生 ... 108

（二）单行法的成长 ... 124

三、"律令体系"的嬗变 ... 128

（一）"律恒存乎敕之外"：《宋刑统》与编敕 ... 128

（二）令、格、式的变化 ... 131

（三）纳例入法：重新进入正式法律体系的宋代先例 ... 135

第四章 从去法典化到再法典化："典例体系"之超越 ... 151

一、废而后立 ... 152

（一）废弃律令法典传统 ... 153

（二）重新体系化 ... 158

（三）元代法律体系之"例化" ... 162

二、再造法典 ... 168

 （一）会典："非典型"的根本法 ... 168

 （二）律典：地位和作用相对下降 ... 178

 （三）令典：从因袭到逐渐消失 ... 182

三、例的整合与规范 ... 184

 （一）事例 ... 185

 （二）条例 ... 188

 （三）则例 ... 190

 （四）例的生成 ... 194

第五章 探寻中国法典化之法理 ... 202

一、法典化的中国价值 ... 204

 （一）法典化锻造统一法律秩序 ... 205

 （二）法典化形塑"中国"之正统与治道 ... 206

 （三）法典化传承儒家先贤经典 ... 209

二、法典化的中国进路 ... 211

 （一）律令法典肇基 ... 211

 （二）会典融汇律令、集而大成 ... 216

三、法典化的限度 ... 221

 （一）不可立一法典而轻废数十法 ... 222

 （二）法典"非例不行" ... 225

四、法典化的当代意义 ... 229

参考文献 ... 234

第一章

法典、法典化与法律体系

有关中国古代法律体系的整体面貌及其概括，学界存在不小分歧。日本学者曾以"律令法系"概括中国古代法律体系，一度在中国法律史学界广为流传。刘笃才提出"律例法体系"说，建议用"律例法体系"承接"律令法体系"，作为理解明清法律体系的基本概念。[1] 杨一凡、陈灵海提出明清"典例法律体系"说，认为会典乃明清王朝之大经大法，明清法律体系"以典为纲，以例为目"。[2] 吕丽提出"三大法律门类""三大法典"说，提出传统法律体系可以划分为三大法律部门即律、行政法、礼仪法，与之相应亦存有三大法典即律典、行政法典、礼仪法典。[3] 俞荣根提出"礼法体制"说，认为传统法律体系是礼法体系，包括礼典、律典、习惯法三个子系统。[4] 马小红、

---

[1] 刘笃才：《律令法体系向律例法体系的转换》，载《法学研究》2012年第6期，第178~187页。

[2] 参见杨一凡：《明代典例法律体系的确立与令的变迁——"律例法律体系"说、"无令"说修正》，载《华东政法大学学报》2017年第1期，第5~19页；杨一凡：《明清法律体系本相考辩——论"律例法律体系"说的缺陷和"典例法律体系"说成立的理据》，载《世界社会科学》2023年第1期，第142~160、246页；陈灵海：《〈大清会典〉与清代"典例"法律体系》，载《中外法学》2017年第2期，第402~428页。

[3] 吕丽：《中国传统法律体系的独特性探析》，载《社会科学战线》2011年第9期，第274~276页。

[4] 俞荣根、秦涛：《律令体制抑或礼法体制——重新认识中国古代法》，载《法律科学（西北政法大学学报）》2018年第2期，第15~27页。

武树臣提出"混合法"说,认为"混合法"是中国法律文化的内在传统,中国古代法律体系兼具大陆法系"制定法"与英美法系"判例法"之混合性特征。[1]中国古代法律体系究竟是一种什么样的法律体系?其中是否存在"判例""判例法""民间法"?是"成文法"体系,还是"混合法"体系?这些问题一直以来困扰着法史学界,有待进一步的论证和解答。

一、中国古代法律体系总体特征论说

中国古代的法律体系,自春秋战国以降,向来被认为是一种成文法的体系。不过,近来学者研究指出,传统中国的法律生活中存在大量的判例,并在事实上构成传统法的重要渊源。判例法是传统中国法律体系的重要组成部分,不但具有事实效力,有时甚至具备明确的法律效力。[2]但严格来说,所谓判例的存在并未从根本上改变古代中国的成文法传统,尤其中国古代判例的创造主体、生成路径和效力范围迥异于英美普通法系

---

[1] 参见马小红:《混合法的制度设计:"法律"与"法官"的折中》,载《河北法学》2010年第2期,第25~34页;武树臣:《中国"混合法"引论》,载《河北法学》2010年第2期,第12~24页。

[2] 王志强认为,"判例"一词并非中国法律传统中的固有概念和术语,而是域外(英国或日本)法律术语之引进,但如果着眼于"判例"的实质和被援引的实际效果,则古代中国同样存在大量的判例,发挥着弥补成文法漏洞的重要功能,受到司法官员的高度重视,在司法实践中被经常援引。任强认为,中国古典文本中的法律形式包括制定法、判例和法律解释,其中判例指廷行事、比、事例、成案、故事。胡兴东进一步认为:中国古代的判例法存在两种类型,即成文法典下的判例法和非成文法典下的判例法;中国古代的判例可以分为创制型判例、补充型判例和解释型判例;判例的作用可以分为作为判决的法律依据、作为法律适用的依据和作为新立法的依据三种。参见王志强:《中国法律史叙事中的"判例"》,载《中国社会科学》2010年第5期,第137~153页;任强:《中国古典文本中的法律形式》,载《北京大学学报(哲学社会科学版)》2005年第4期,第98~104页;胡兴东:《中国古代判例法模式研究——以元清两朝为中心》,载《北方法学》2010年第1期,第115~124页。

第一章 法典、法典化与法律体系

中的判例，从未孕育出所谓的判例法传统。正如刘笃才教授所指出，"判例在中国古代始终居于辅助的地位，不能和成文法平分秋色。由于它和成文法制度存在原则冲突，还受到不同程度的排斥"，在古代中国，成文法与判例的关系经了三个时期，战国至秦汉为放任判例发展时期，魏晋至唐宋为判例被成文法拒斥时期，宋元至明清为判例被成文法吸纳时期。[1]虽然胡兴东指出，古代中国的"判例法"包括成文法典下的判例法和非成文法典下的判例法两种，元代的"判例法"就是非成文法下的判例法，元代的法律体系主要由判例构成，但他同时承认："成文法典下的判例制度是中国古代判例的基本类型。可以肯定从春秋到清朝（元朝除外），中国古代的判例法都是这种类型。"[2]元代的法律体系和立法模式在古代中国独具特色，是古代中国法律体系发展过程中的一个特殊时期，但未从根本上触动古代中国的成文法传统。元代之后明清，成文法典重新占据统治地位，判例重新成为成文法典的补充，并在相当程度上被成文法典所吸收。正如判例法传统的国家同样经常制定成文法甚至编纂某种法典，成文法传统的国家编写判例集及允许判例作为某种法源也并不值得大惊小怪。总之，中国是成文法国家，自春秋战国以降，中国古代法律体系形成一种成文法体系。但这一成文法体系在数千年中是否一成不变？如何概括不同时期中国古代法律体系的总体特征？对此，法史学界形成了"律令体系"说、"律例体系"说和"典例体系"说三种主要观点，此外还有"三大法律门类"说、"三大法典"说、"礼法体系"说、

---

[1] 参见刘笃才：《中国古代判例考论》，载《中国社会科学》2007年第4期，第145~155页。

[2] 胡兴东：《判例法传统与中华法系》，载《法学杂志》2012年第5期，第36页。

"混合体系"说、"典—律例"体系说等观点。

(一)"律令体系"说

1. "律令体系"说的由来

某种意义而言,"律令体系"说是关于中国古代法律体系总体特征之最有影响力的学说,这一学说并不产自中国本土,而是来自中华法系之成员国日本。早在1904年,浅井虎夫在其著作《中国法典编纂沿革史》中把古代中国的各种法源归为"律""令"两大类别:"中国法典体裁上之特色,在其略有一定。养中国法典,得大别之为刑法典及行政法典二者。刑法典,则律是也。行政法典,则令及会典(包含《六典》在内)是也。"[1]可视为"律令法体系"说之前身。中田薰最早明确提出"律令法体系",1933年,他在为仁井田陞的《唐令拾遗》作序时写道:"大概依据可否属于刑罚法规,而把国家根本法分成律和令两部分,这是中国法特有的体系。"[2] 20世纪50年代初,中田薰又发表了三篇有关中国法律体系沿革的文章,系统阐发了他的"律令法系"说,"所谓律令法系,是指由律和令两种法典形式组成之国家统治的基本法的独特法律体系"[3]。之后,滋贺秀三继续考证"律令法"在中国两三千年漫长法制史上的变迁,他在《关于曹魏〈新律〉十八篇篇目》(1955年)一文结尾部分根据唐代律令的情况,明确提出了"律令法体系"作为"法典编纂技术"的两大特征:其一,"法规根据刑罚、非刑罚的观点分类编纂";其二,"全部律或者令,作为单一不可分

---

[1] [日]浅井虎夫:《中国法典编纂沿革史》,陈重民译,中国政法大学出版社2007年版,第262页。

[2] [日]仁井田陞:《唐令拾遗》,栗劲等编译,长春出版社1989年版,第887页。

[3] 参见何勤华编:《律学考》,商务印书馆2004年版,第76页。

的法典编纂施行"。[1]随后在20世纪60年代,西嶋定生提出了"东亚世界"的概念,并以"律令制"为"东亚世界"的构成要素之一,"构成这个历史的文化圈,即'东亚世界'的诸要素"主要有四项,即汉字文化、儒教、律令制、佛教。其中,"律令制,是以皇帝为至高无上的支配体制,通过完备的法制加以实施,是在中国出现的政治体制。此一体制,亦被朝鲜、日本、越南等采用"。[2]此后,堀敏一、大庭脩、冨谷至等学者继续对中国的"律令法体系"精耕细作,取得了丰硕的成果。"律令制"或"律令法体系"成为日本学界研究中国法制史乃至中国史的基础性概念与前提,正如"讲谈社·中国的历史"的《绚烂的世界帝国:隋唐时代》中所论:"所谓'律',是指刑罚法规,'令'则是指有关行政、官僚组织、税制等与刑罚无关的法令","以律、令作为两个基轴来宣示权力的普遍性及统治的正统性,这样的时代就被称为律令制时代"。[3]

中国法律史学界正式使用"律令法体系"一词,始于20世纪90年代。1998年,张建国教授发表《中国律令法体系概论》论文,正式将"律令法体系"之概念引入中国法律史学界。张建国教授在此文中写道,"律令法体系是指以律令为主体、包括众多的法形式和内容的法律体系","以律令法体系作为自战国(部分诸侯国)至唐代的中国法律体系的一种代称,还是比较确当的,同时也是有较高学术意义的。这种意义在于:用这一名称来确定研究的对象,也许可以避免出现那种当需要对中国传统法制进行

---

[1] 杨一凡总主编:《中国法制史考证》(丙编·第2卷),中国社会科学出版社2003年版,第265~266页。

[2] 刘俊文主编:《日本学者研究中国史论著选译》(第2卷),杜石然等译,中华书局1993年版,第89~90页。

[3] [日]气贺泽保规:《绚烂的世界帝国:隋唐时代》,石晓军译,广西师范大学出版社2014年版,第28、159页。

理论分析时，翻来覆去总是以阶级斗争为纲，靠某些定性语句构成的简单生硬的研究套路，便于发现这一段历史时期法制的内在特点"。[1] 一经张建国教授的引入，"律令体系说"迅速在国内法律史学界传播开来且广有市场。例如，具有较高学术权威性的《北京大学法学百科全书》之"法律史卷"就收录了"律令制"的词条，并如此阐释："律令制，以律、令为法的基本渊源的制度。以这种法律制度为基础的国家体制为律令制国家。律令制起源于中国汉晋，并为周边国家所模仿。"[2] 其他以"律令制""律令法体系说"为基本概念的文著也不胜枚举，举其要者，如《唐代律令制研究》《唐代律令法制考释》《秦汉律令法系研究初编》《律令时代中国的法律与社会》《律令关系、礼刑关系与律令制法律体系演进》《律令格式与律令制度、律令国家》《唐宋专卖法的实施与律令制的变化》《宋令的变化与律令法体系的完备》《以大明令为枢纽看中国古代律令制体系》《律令法体系向律例法体系的转换》等。[3]

---

[1] 张建国：《中国律令法体系概论》，载《北京大学学报（哲学社会科学版）》1998年第5期，第93、98页。

[2] 饶鑫贤等主编：《北京大学法学百科全书：中国法律思想史、中国法制史、外国法律思想史、外国法制史》，北京大学出版社2000年版，第510页。

[3] 参见郑显文：《唐代律令制研究》，北京大学出版社2004年版；赖亮郡：《唐代律令法制考释》，元照出版社2010年版；张忠炜：《秦汉律令法研究初编》，社会科学文献出版社2012年版；郑显文：《律令时代中国的法律与社会》，知识产权出版社2007年版；范忠信：《律令关系、礼刑关系与律令制法律体系演进——中华法系特征的法律渊源角度考察》，载《法律科学（西北政法大学学报）》2014年第4期，第31～39页；周东平：《律令格式与律令制度、律令国家——20世纪中日学者唐代法制史总体研究一瞥》，载《法制与社会发展》2002年第2期，第131～136页；戴建国：《唐宋专卖法的实施与律令制的变化》，载《文史哲》2012年第6期，第73～85页；吕志兴：《宋令的变化与律令法体系的完备》，载《当代法学》2012年第2期，第37～42页；霍存福、张靖翊、冯学伟：《以〈大明令〉为枢纽看中国古代律令制体系》，载《法制与社会发展》2011年第5期，第111～130页；刘笃才：《律令法体系向律例法体系的转换》，载《法学研究》2012年第6期，第178～187页。

2. 对"律令体系"说的反思

"律令法体系"不足以概括古代中国数千年法发展演变的历史。在春秋战国之前，公开的成文法尚未诞生。从宋代开始，律的地位开始下降，令在洪武年间回光返照之后，更是在清代法律体系中彻底消失，与此同时例的地位上升，更成为明清法律体系的主体。鉴于此，刘笃才教授建议用"律例法体系"承接"律令法体系"，作为理解明清法律体系的基本概念。[1]而杨一凡教授、陈灵海教授认为，在明清时代，会典取代了以往的律，作为国家大经大法或者说根本法而出现，因此明清的法律体系不妨以"典例法体系"命名。[2]张建国先生虽是"律令体系"的引进者，但他也认为，"律令体系"只可以作为指战国至唐代的中国法律体系的一种代称，虽然"唐以后的各代法，也可以视为律令法体系嬗变之一阶段"，但"此后律令法系嬗变的结果，与早期中华帝国律的地位已有所不同，而令更是逐渐消失了，但这种变化正是新的研究起点"。[3]

归根究底，以中田薰、滋贺秀三为代表的日本学者之所以用"律令法体系"命名古代中国法律体系，实与日本中古律令体制的存在及影响有关。自"大化革新"始，日本在唐代法律体系的影响下建立了"律令制"，进入了"律令国家"的时代。竹内理三博士主编的《日本史小辞典》中设有"律令国家"条

---

[1] 刘笃才：《律令法体系向律例法体系的转换》，载《法学研究》2012年第6期，第178~187页。

[2] 参见杨一凡：《明代典例法律体系的确立与令的变迁——"律例法律体系"说、"无令"说修正》，载《华东政法大学学报》2017年第1期，第5~19页；杨一凡：《明清法律体系本相考辩——论"律例法律体系"说的缺陷和"典例法律体系"说成立的理据》，载《世界社会科学》2023年第1期，第142~160、246页；陈灵海：《〈大清会典〉与清代"典例"法律体系》，载《中外法学》2017年第2期，第402~428页。

[3] 参见张建国：《中国律令法体系概论》，载《北京大学学报（哲学社会科学版）》1998年第5期，第99页。

目,其解释如下:"大化革新时建立,一直延续到平安时代的日本古代国家,以律令为基本法典,故称律令国家。"[1]早期日本学者也往往以"律令"之名目认识其本国法律体制,并进行日中法制比较研究。[2]本国的法律体系长期以来是律令法系,何况这种律令法系本身便传自中国,中田薰、滋贺秀三等日本学者以"律令法体系"想象古代中国的法律体系,自是自然而然之事,只是这种想象和话语构建,不免带有"日本中心"的色彩,对古代中国法律体系发展及特点的解读过于片面和单一。

值得注意的是,"律令法体系"说在日本学界虽然拥有很大的市场,但近几十年来,也有部分日本学者对其进行冷静的反思,提出不同的看法。最早进行反思的是宫崎市定。他在《中国史》(1977年)中写道:"对事实进行抽象并制造出抽象用语后,这些词语就算没有事实的佐证也会有独立行走的危险。例如,从日本模仿中国制定律令这件事,有了'律令国家'这个词。……要是从日本的情况来推测中国的情况,那就非常危险。……就算都有'律令'这个名称,在自发产生的地方和将之引进的地方,其存在基础不一样,存在形态也不一样。"[3]池田温的《律令法》(1997年)指出了中日"律令制"一些具体细微的区别。他说:"虽然用同一个名词来概括律令法、律令制,也应当牢记律与令的比重在中国和日本是有很大不同的。"他进一步指出,日本学者普遍认为"令可以说是国家根本法中的根本法。……所以从法令的重要性而言,律令当称令律","只有令才是第一意义上

---

[1] [日]竹内理三等编:《日本历史辞典》,沈仁安等译,天津人民出版社1988年版,第22页。

[2] 参见赵晶:《近代以来日本中国法制史研究的源流——以东京大学和京都大学为视点》,载《比较法研究》2012年第2期,第56~68页。

[3] [日]宫崎市定:《宫崎市定中国史》,焦堃、瞿柘如译,浙江人民出版社2015年版,第10页。

的根本法典，律莫如说是它派生出来的第二意义上的法典"，而在中国，则情况完全相反。[1]渡边信一郎认为："为了理解中国古代专制国家的政治秩序或者上层建筑的特质，必须没有偏颇地从整体上认识以律令为代表的法制与礼乐制度。"并在"礼入于法的结构分析"的思路下，展开了一系列古代中国礼乐制度的研究。[2]1992年，池田温先生主编的论文集《中国礼法与日本律令制》出版，该书的书名，似乎显示了日本学界对以往"律令说"某种反省的自觉。[3]

（二）"律例体系"说

张建国先生对唐以后律令法体系嬗变之结果为何，以及"律令体系"是否被另外的法体系所取代，并未作出明确回答。刘笃才教授则对此问题作出明确回答：律令法体系的嬗变结果是其为律例法体系所取代，"律令法体系与律例法体系的转换是中国古代法制演变的重要内容。律例法体系与律令法体系构成了一副对子。律令法体系是上联，律例法体系是下联。一副对子，没有上联，谈不到下联。就此而言，没有律令法体系这一概念，不会有律例法体系这一概念。而有了律例法体系的配合，则律令法体系这一概念将会在中国古代法制发展规律的研究中发挥更大的作用"。刘笃才教授将"律例体系"定义为"以律、例为主体而包括众多法形式的法律体系"，认为其历史时段至少包含明清两代，"（明清）律例合编乃至以律例为名是律例法体系的标志，而律例法体系并不仅限于律例一体的现象。律例法

---

[1] 参见［日］谷川道雄主编：《魏晋南北朝隋唐史学的基本问题》，中华书局2010年版，第198~200页。

[2] ［日］渡边信一郎：《隋文帝的乐制改革》，周东平译，载中国政法大学法律史学研究院编：《日本学者中国法论著选译》（上册），中国政法大学出版社2012年版，第237页。

[3] ［日］池田温：《中国礼法と日本律令制》，东京东方书店1992年版，第28页。

体系的确立还体现于例的广泛应用,事例、条例与则例与律典一起构成了明清法律体系的主体:条例成为律典附例的专称,则例成为国家机关规章的专称,事例则由司法案例演化为除了条例、则例外的各种单行法规的统称,被赋予了广泛的功能"。

刘笃才教授还进一步探讨了"律令体系"到"律例体系"的转换过程及原因。他认为,唐宋之际发生了巨大的社会经济变迁,几乎所有的基本经济制度包括土地、赋役、商税、市场、货币、专卖、对外贸易等都发生了重要而显著的变化:均田制逐步瓦解,租庸调制废除,手工业、商业高度发展,金融财税制度改变,社会面貌和风俗与过去有了很大不同。这些变化不能不引起法律调整方式与形式发生与之相适应的变化。从"律令体系"到"律例体系"的转换是一个极其复杂的长期过程,历经宋元明三代,展现为三个重要的变化:一是例由边缘化的异己物被认同吸纳"修为成法",这一变化为其后来进而成为法体系的主体奠定了基础;二是令典的畸变与盛极而衰,从宋代的盛极一时,到元代的付之阙如,再到明代的昙花一现,令最终埋没在明清诸多的事例之中;三是"著为令"所产生的令被"事例"收编。总之,"律令法体系被律例法体系所取代是古代法制的一个重要发展。由律令法体系转变为律例法体系,虽然在法制史上不是根本性的质变,没有彻底改变古代法制的本质,但却也是在法律体系结构形式上顺应了社会经济变化,从而为古代法制开辟了新的局面",律例的结合"适应了社会现实的需要,同时还比较妥善地解决了历史长期积累的一些问题,包括法律形态繁简之矛盾,司法审判中情法关系的协调,以及立法过程中理性与经验之结合等"。[1]

---

〔1〕 以上均引自刘笃才:《律令法体系向律例法体系的转换》,载《法学研究》2012年第6期,第178~187页。

第一章　法典、法典化与法律体系

（三）"典例体系"说

刘笃才教授认为律例合编乃至以律例为名是"律例体系"的标志，但也承认明清时期除律例外还有包罗万象的法律总汇即会典，他指出明清会典的构成也离不开例，但并未深入探讨会典在"律例体系"中的地位，以及既然存在会典这样包罗万象的法律总汇，为什么还把明清时期的法律体系命名为"律例体系"。围绕这一点，杨一凡教授认为不宜把明清时期法律体系概括命名为"律例体系"。在《质疑成说，重述法史——四种法史成说修正及法史理论创新之我见》[1]一文中，杨一凡教授指出"律例体系"说与明清立法存在五大抵牾：其一，此说是今人对明清法律体系的概括，明清史籍中没有这样的记载。明清时人所说的律例关系，是指刑律与刑例的关系，而不是律与各种形式的法律的关系。其二，《会典》是明清两朝的"大经大法"，在法律体系中居于最高地位，刑律是《会典》的组成部分，它与《会典》是纲与目的关系，此说颠倒了《会典》与刑律的关系。其三，明代除《大明律》外，还有《大明令》《诸司职掌》《大明集礼》《宪纲》《大诰》《皇明祖训》《礼仪定式》等十二种基本法律。清代的基本法律还有《大清通礼》和各部院寺监则例等多种，它们与《大明律》或《大清律》没有从属关系。"律例体系"说导致把明代十二种法律和清代多种基本法律排除在外。其四，嘉庆、光绪《会典》把《大清律例》收入《会典事例》，"律例体系"说很难对这种编纂方式作出合理解释。其五，明清例除刑例外，还有吏、户、礼、兵、工诸例，立法数量超过刑例多倍，它们与律不存在类似母法与子法这类关系。以"律例体系"概括命名明清法律体系，是把多数

---

[1] 杨一凡：《质疑成说，重述法史——四种法史成说修正及法史理论创新之我见》，载《西北大学学报（哲学社会科学版）》2019年第6期，第21~30页。

· 011 ·

法律排除在体系之外。在《明清法律体系本相考辩——论"律例法律体系"说的缺陷和"典例法律体系"说成立的理据》[1]一文中,杨一凡教授进一步阐发了"律例体系"说不能成立的理由:其一,"律例体系"说与法律体系的内涵和界定标准不符;其二,"律例体系"说偏离了"名从法定""名从立法本意"的法律体系定名原则,其立论与依据相悖;其三,"律例体系"说忽视了明清法制变革中刑律地位的变迁,曲解了"会典"与"律"二者的纲目、主次关系。

在否定"律例体系"说的基础上,杨一凡教授进一步提出明清法律体系为"典例体系"之观点。他首先认为,明清会典既非官修史书,也非行政法典,而是经久适用的国家"大经大法",明清法律体系是以典为纲、以例为目的法律体系。明初改"令"为"例"和颁行《诸司职掌》,为传统"律令体系"转化为"典例体系"奠定了基础,初步形成了以典为纲、以例和其他法律为目的新型法律体系。正德年间颁行《会典》,标志着明代"典例体系"基本定型。清代继承明代以《会典》为纲、以例为目的"典例体系",其法律体系构成大致可分为三个层次:第一层次为会典。《大清会典》作为国家典章制度总汇,详细规定了中央文武衙门的编制、职掌、官员品级、统属关系和各项根本制度,是在法律体系中居于"大经大法"地位的最高法典。第二层次为基本法律。由各部、院、寺、监则例和《大清律例》构成,规定各项具体制度和施行细则,是在实务中可以直接应用且稳定性较强的"常经之法"。第三层次为例。包括未经统一编纂但具有一定效力的皇帝谕旨和各中央机构议准的条例、事

---

[1] 杨一凡:《明清法律体系本相考辩——论"律例法律体系"说的缺陷和"典例法律体系"说成立的理据》,载《世界社会科学》2023年第1期,第142~160、246页。

例、章程和通行成案等,属于"权变之法"。与明代相比,清代"典例体系"有两处新变化:一是提高了则例在国家法律体系中的地位,将其由"权变之法"提升为"常经之法",用以表述中央各衙门的活动规范,可谓《大清会典》的实施细则和国家基本法律。二是降低了条例在法律体系中的效力层级。明代中后期以条例表述"常经之法",国家制定的重要法律冠以"条例"之名,清代条例性质属于"权变之法",用以表述通行性质的定例。[1] 总之,杨一凡教授认为:用"律例体系"表述明清刑事法律体系或许是合适的,但若以"律例"概括国家全部法律规范,则是以点代面,失于偏颇;把明清法律体系定名为"典例体系",是对两代立法实际的全面客观概括;明清"典例体系"由"大法""基本法""变通法"三个层次构成,以典统例、立例贵依典意、以例为目、补典辅典,纲目结合、纲举目张,蕴藏着丰富的法律智慧和可启迪后人之处。

"典例体系"提出以来,经杨一凡、陈灵海等学者的深入论证,已成为法史学界一种有广泛影响力的观点。"典例体系"能否成立,关键在于对明清《会典》性质的界定。法史学界多认为明清《会典》是一种法律文献,分歧在于属于行政法典还是根本法。近年来,认为《会典》具备根本法地位的观点在法史学界逐渐受到更多认可,但在史学界,认为明清《会典》是明清典章制度汇编之政书的观点仍占主流地位,尤其清乾隆年间修纂《四库全书》,按传统的四部分类法,将《大清会典》及其附属典籍置于"史部"政书类,称之为"一朝之会典,即记

---

[1] 参见杨一凡:《明代典例法律体系的确立与令的变迁——"律例法律体系"说、"无令"说修正》,载《华东政法大学学报》2017年第1期,第5~19页;杨一凡:《明清法律体系本相考辨——论"律例法律体系"说的缺陷和"典例法律体系"说成立的理据》,载《世界社会科学》2023年第1期,第142~160、246页。

一朝之故事",成为史学界界定《会典》为政书之力证。

(四)其他观点

除"律令体系""律例体系"和"典例体系"外,关于中国古代法律体系总体面貌及其概括命名,尚有以下几种观点:

1. "三大法律门类""三大法典"说

吕丽教授借鉴章太炎"官制、仪法与律分治"的汉以后规范分类特点,提出"三大法律门类说"和"三大法典说",指出中国传统的国家制定法体系可以划分为三大法律部门:律、行政法、礼仪法。与之相应,有三大法典:律典、行政法典、礼仪法典。首先,以律为代表的刑事法在传统中国颇受重视,被视为法的正宗,大量社会关系以刑律来规范,靠有效的刑罚制裁力量来推行。其次,以官制为核心的行政法系统最为庞大且完整。由于"行政权力支配社会",对国家及社会生活的各个领域各个方面实行全面广泛的干预和管理,因此中国古代行政法统发达程度之高是世界其他国家无法比拟的,甚至实现了法典化。最后,礼仪的规范化和系统化。中国素有"礼仪之邦"的盛誉,各种各样的礼仪被组织得异常严密完整,成为社会活动中人与人关系的规范系统,礼仪法构成中国古代法律体系的重要组成部分,是个自成体系的法律门类,在隋唐以后也实现了法典化。三大法统以行政法为基础,以礼仪法为羽翼,以刑事法为后盾形成了一个相辅相成、严整有序、有机统一的法律结构体系,数千年来有效发挥着调整社会关系、维护社会秩序的重要作用。[1]

2. "礼法体系"说

俞荣根教授认为:中国古代法不仅有"律令法""律令体

---

[1] 吕丽:《中国传统法律体系的独特性探析》,载《社会科学战线》2011年第9期,第274~276页。

制",还有"大经大法""祖宗之法""天下之法",以及规范普罗百姓民事生活时空的大量民间"活法";中国古代法不能归结为"律令法""律令体制""律令体系""律令法系",而是"礼法";"律令"生于"礼法",合于"礼法","礼法"统摄"律令",包含"律令";中国古代法律体系,是一种"礼法体系"。俞荣根教授特别指出:"礼法"不是"礼"和"法",或"礼"加"法",也不是指"纳礼入法",或"礼法融合";"礼法"是一个双音节词汇,一个名词,一个法律学上的法概念,一个法哲学上的范畴,也是古代"礼乐政刑"治国方式的统称;"礼法"即法,"礼法"是古代中国的法。[1]

依俞荣根教授的观点,中国古代"礼法"是一个复杂的构成体,从法律形式上说,有成文法和不成文法、法典法和非法典法;从法的层级上说,有居于"法上法"的理想法、正义法,有相当于宪法的"国之大事"之祭礼和军礼,等等,有体例完整的历朝刑事法"正律",有大量的民间"活法"。大致内含三个子系统:一是礼典子系统,即以成文礼典为主干的"礼仪法"系统。"礼典"是由朝廷编纂、颁布的礼仪大典,在"礼法体系"中,礼典的地位最高,是兴国安邦的"大经大法",相当于近现代宪法地位的法上之法。二是律典子系统,即以成文律典为主干的律令系统。"律典"是由朝廷编纂、颁布的刑律大典,除律典外,令、格、式、例等成文法,也属于律典系统。律典系统是具有国家强制力的刚性规范,在礼法体系中显得最为夺目。但律典系统必须以礼典系统为依归,不得违反礼典系统的精神原则与具体规范。换言之,中国古代法中的律典系统,是礼法统摄下的律令。三是习惯法子系统,即以礼义为旨归、礼

---

[1] 俞荣根、秦涛:《律令体制抑或礼法体制——重新认识中国古代法》,载《法律科学(西北政法大学学报)》2018年第2期,第15~27页。

俗为基础的乡规民约、家法族规等民间"活法"。习惯法位于礼法系统的底层,规范着老百姓的日用常行的方方面面,正是由于这些民间"活法",使得礼法精神扎根于社会之土壤、渗入百姓之心田,成为一种信仰,成为一种行为习惯,成为一种生活的常理、常情、常识。礼典、律典、习惯法三个子系统互相之间关系紧密。从立法精神来看,律典子系统、习惯法子系统均须取于礼义、礼制,如有不合,则不具备合法性。从积极规范来看,礼典子系统、习惯法子系统构成了上和下两道防线,为天子以至于庶人提供了行为规范。从消极制裁来看,礼典子系统一般不具有自身的罚则,而须以律典子系统为保障;习惯法子系统虽然有一些惩戒措施,但须符合礼法原则,并得到国家的认可,且只能作为律典子系统之补充。三者各司其职、相辅相成,共同构成了多层次、多面相、多功能的礼法体系。

3. "混合体系"说

武树臣教授认为,"混合法"构成了中国传统法律文化的主旋律。中国古代的"混合法"经历了殷商的"任意法"、西周春秋的"判例法"、战国秦朝的"成文法",至西汉确立,在规范结构上可分成三种类型:一是稳定型的法律规范即成文法典。成文法典是历代王朝的基本大法,它由朝廷按一定立法程序制定并颁布,对所有臣民具有普遍约束力,也是法官司法审判的主要依据。成文法典一经制定、颁行,便不能轻易更改、删增,在比较长的时期内保持相对的稳定性。二是半稳定型的法律规范即法令。成文法典一经颁布便不可轻易变动,但社会生活不可能因此而停下脚步,因而便产生半稳定型的法律规范即法令。法令是在成文法典不足用的情况下,由国家随时颁布的法律规范,它是分散的法令和单项法规的通称,表现形式在各朝代不尽相同。之所以被称为半稳定型的法律规范,是因为法令是动态的法律形式，兼有向稳定型和不稳定型法律规范发展的趋势，处在随时变动的状态之中。三是非稳定型的法律规范即判例。法典、法令的局限性与社会生活的复杂性，使判例随时都有可能被创制出来。判例是一事一时的产物，由于社会生活复杂而且多变，判例始终处在运动变化之中。三种类型的法律规范之间并不存在不可逾越的鸿沟，它们互为因果、相互补充、互相转化，首先是从判例到法令再到法典的演化。在无成文法典、法令的情况下，法官凭借法律政策、法律观念对案件做出裁决，是为判例。判例几经援用，逐步定型化。为了提高其使用价值，立法者将判例抽象为法条，成为对人们行为的一种普遍设定。法条数量增加，给法官的援用带来困难，于是对法条进行分门别类的删辑汇编，成为单项法规。不论是零星的法条还是相对集约化的法规，只要它们具有稳定的适用性，便可以经立法程序编入成文法典。至此，便完成了由非稳定型到半稳定型再到稳定型法律规范的演化过程。其次是从法典到法令再到判例的循环过程。法典再详备也不可能包揽无余。为了便于管理，朝廷随时发布法令，指示人们应当做什么，不应当做什么，以及对违法者如何惩处。但是，谁也不可能预先概括人们的全部违法行为，于是便给创制和适用判例创造了条件。在"大一统"帝国中央集权政体下，法典、法令、判例三种类型的法律规范循环往复，首尾相接，未有穷期。除此之外，中国古代法为"混合体系"的另外一层含义是法律规范与半法律规范相结合。半法律规范指未经国家正式制定颁布并保障实施，但在实际生活中具有某种特殊规范性的行为准则，在民间表现为家法族规，在官方则表现为"官箴"。以法律规范与半法律规范相结合的"混合体系"，正适宜于多层次、复杂的传统社会生活，对稳传统社会秩序发挥了有效的作用。[1]

马小红教授也认为，以稳定的法律样式为经，以变通的法律样式为纬，是汉以来混合法体系形成后两千年一脉相承的传统。中国古代法律兼有大陆法系制定法与英美法系判例法特征，在中国古代社会的法律体系中，律的稳定性与权威性不容置疑，但律文的简明扼要又为法官在司法实践中的"造法"留有充分的空间，这种"制定"与"判例"并重的混合特征，使中国古代法律样式呈多元化发展趋势，而法官在法律体系中的作用也显得举足轻重，法律与法官的折中，正是中国古代法"混合体系"具有之特色。不过，马小红教授特别指出，在中国古代法"混合体系"中，法律样式的设计与法官在司法活动中的思维、权力与大陆法系、英美法系都有类似之处，但又不完全相同，比如，律的制定与权威类似大陆法系法典，但是又不像法典那样要求其详，反而是要求其简明扼要；制度承认法官的"造法"，但原始判例不能成为先例而被遵循，只有经过立法程序，法官权变而来的案例才能具有普遍的效力。中国古代法的"混合体系"综合了历史上的立法与司法经验，对法条的推崇与对法官素质的要求并重，可为今天的法律发展提供一定的借鉴。[2]

4. "典—律例"体系说

胡兴东教授认为，明清时期法律体系是"典律—例"体系，具体由"会典—则例"与"律典—条例"两种次体系组成。一是"律典—条例"体系。《大明律》和《问刑条例》的并行使

---

〔1〕 武树臣：《中国"混合法"引论》，载《河北法学》2010年第2期，第12~24页。

〔2〕 马小红：《混合法的制度设计："法律"与"法官"的折中》，载《河北法学》2010年第2期，第25~34页。

明代在正刑定罪类法律上实现了体系重构，形成了"律典—条例"的刑事法律体系，这一体系被清代全面继承，不管是顺治朝修成的《大清律集解附例》，还是乾隆五年（1740年）修成的《大清律例》，都是采用"律文"和"条例"同时修撰，并按明万历十三年（1585年）体例撰成"律例"合体的刑事法典，但"律典—条例"体系只是唐宋时期正刑定罪类刑事法律体系的延续，不能说是整个国家的法律体系。二是"会典—则例"体系。明清两朝《会典》在本质上是对本朝各类法律汇纂的法典化产物，类似于西晋至宋朝时的"令典"，通过《会典》解决没有令典的困境，同时把隋唐宋时期令格式、礼制、官制等设范立制类法律重新纳入一部法典中，简化法典结构，重构"设范立制"的"典制—则例"体系。明清会典立法让两朝国家法律形式由"律"和"典"构成，在此之下形成"典律—例"法律体系。

胡兴东教授进一步认为，中国古代法律体系从李悝制定《法经》开始，到1905年清政府法律改革之前，可以分为法典法形成时期、古典法典法时期和后法典法三个时期。第一个时期是法典法的形成时期。标志是《法经》和曹魏《新律》，这个时期出现了《法经》为基础的刑律法典化过程，但秦汉时期"律"和"令"是作为法律体系而非法律形式的分类，律和令的区分是法律效力和制定程序而不是法律性质，在编撰时没有严格的理论化、体系化。第二个时期是古典法典法时期。以西晋泰始年间制定的《泰始律》和《泰始令》为开始，到明朝吴元年（1367年）制定《大明令》和《大明律》为止。这个时期律令具有法律形式和法典体例的双重含义。其中，隋朝形成律令格式分典立法，宋朝形成律敕令格式分典立法，元朝形成条格和断例分开立法的体例。第三个时期是后法典法时期。始于弘治年间《问刑条例》和《大明会典》的修撰，代表成果是乾隆朝《大清律》《大清条例》和《大清会典》《大清会典则例》四部法典的修成。明清两朝在律典和会典之下，衍生出派生性法律"例"为载体的法律形式，让明清两朝法典法呈现出不同于西晋至明初的法律体系，所以可以称为后法典法时期。[1]

  综合以上观点，关于中国古代法律体系，法史学界目前较能形成共识是战国秦汉至唐宋时期的法律体系以律、令为主，可称之为"律令体系"，但明清时期的法律体系是律、例为主还是典、例为主，称之为"律例体系"还是"典例体系"，尚存争议。"典—律例"体系说、"三大法律门类""三大法典"说虽然从名称看尽可能囊括了法律体系中的具体组成部分，但未能准确揭示出其时法律体系的总体特征和主干构成，概括力不足。"礼法体系"说能否成立，关键在于如何看待礼在中国古代法制中的性质、功能及其变化。法史学界的共识是：在夏商西周三代，礼具有法律和道德的双重属性，是普遍适用的行为规范，"礼既具备道德规范的形式，又具备法律规范的形式；既符合道德规范的结构，又符合法律规范的结构"，[2]夏商西周的法律体系是"法在礼中，礼外无法"。但是，对于夏商西周之后即春秋以降的礼之性质，多数观点不将其作为与律令并列的法律形式，而是视为对律令产生影响的一种存在，并非不重要，实际上仍极为重要，只是不能视为与律令一般的规范意义的实在法而已。质言之，西周时期的礼是一种分化程度不高、处在习俗与成文法之间的习惯法，春秋以降，从礼以及刑中分化发展

---

[1] 胡兴东：《明清"典律—例"法律形式和法律体系形成及意义——兼论中华法系后期的特质》，载《荆楚法学》2022年第6期，第100~112页。

[2] 栗劲、王占通：《略论奴隶社会的礼与法》，载《中国社会科学》1985年第5期，第195~210页。

出更加规范的成文律令，自此礼的剩余部分（礼义，礼俗）不复为一种普遍适用的行为规范，更多是作为一种指导与影响律令的"法上之法"而存在。如果范围限定在实在法，以"礼法体系"概括命名中国古代法律体系，有待更进一步的论证。"混合体系"说颠覆了关于战国以降中国古代法律体系为成文法体系之通说，未为法史学界所普遍接受，正如有学者指出："从汉代到清代，中国法律样式的演进脉络较为曲折，然而成文法典应为其主体法律样式，而判例法只是众多辅助性法律样式中之一种，谈不上是所谓成文法与判例法相结合的'混合法'时代。"[1]尤其将"法律规范与半法律规范相结合"也作为证成"混合法"的另一重论据，显然超出了"法律体系"之既定范畴。

二、法典化与中国古代法律体系发展演变的历史分期

法典是中国法律史上之重要现象，法典传统是中华法系之重要法律传统。如果说研究中国古代法律体系需要一个抓手的话，这个抓手就是法典，正如梁启超所言，"（中华法系）其所以能占四大法系之一，而粲然有声于世界者，盖有由（法典）也"。[2]

（一）"法律体系"的界定

法律体系通常指一个国家的全部现行法律规范分类组合形成的体系化的有机联系的统一整体。一国法律体系覆盖其全部现行法律规范，具有"相对严格的内部逻辑""相对明显的独立性和自治性"[3]等特点。中国古代未使用"法律体系"之概

---

[1] 杨师群：《中国古代法律样式的历史考察——与武树臣先生商榷》，载《中国社会科学》2001年第1期，第118页。

[2] 梁启超：《论中国成文法编制之沿革得失》，载梁启超著、范中信选编：《梁启超法学文集》，中国政法大学出版社2000年版，第122页。

[3] 吴玉章：《论法律体系》，载《中外法学》2017年第5期，第1136页。

念，但古人确有法律规范位阶、效力层级、相互关系等"法律体系"意识，如"律以正罪名，令以存事制"[1]"律以正刑定罪，令以设范立制，格以禁违止邪，式以轨物程事"[2]以及明清时期"大经大法""常法""变通之法"等立法思想，在这些立法思想的指导下，中国古代各王朝产生了体系化的立法成果，形成了无名却有实的法律体系。当然，"法律体系"不是古人的惯常用语，而是今人在研究法史时，对中国历史上不同时期或某一朝代全部法律规范组合形成的结构系统的现代表述。关于某一时期或王朝的法律体系应该叫什么法律体系，也是当今法史学者基于一定标准的界定。结合法史学界以往的做法，界定中国古代法律体系，应遵循以下标准：第一，界定的对象只能是实在法。法律体系由法律规范构成，而法律规范是具有国家强制力并以制裁为后盾的行为规范，"一个法律秩序中的所有规范都是强制性的规范，即提供制裁的规范"，[3]因此，不能把一些效力存疑的规范如乡规民约、家法族规、道德戒条视为法律体系的当然组成部分，不宜在界定法律体系时渗入非法律规范的概念术语，以此而论，"礼法体系""混合体系"的界定尽管有新意，但欠缺规范性。第二，法律体系的名称必须直观反映该法律体系的主要构成。所界定的法律体系的名称不需要包含构成该法律体系的全部法律形式，但必须包括其中最主要、最重要的法律规范类型。例如，唐代法律体系由律、令、格、式、敕等法律形式构成，但如果把唐代法律体系概括命名为"律令格式敕"体系，显然显得过于冗长，考虑到唐代最主要、最重要的法律形式是律典和令典，把唐代法律体系概括命名为"律

---

[1]《晋书》卷三十《刑法志》。
[2]《唐六典》卷六《刑部》"郎中员外郎"条注。
[3] 吴玉章：《论法律体系》，载《中外法学》2017年第5期，第1128页。

令体系"显然更为妥当。基于此,战国秦汉至唐宋时期的中国古代法律体系可概括取名为"律令体系",因为律令正是这一时期中国古代法律体系中最基本、最重要、最稳定以及显示度最高的法律形式。第三,法律体系的名称最好能隐含传统王朝的治国理念。传统王朝体系性立法形成法律体系的目的在于运用法律治理国家,实现王朝长治久安,法律体系中蕴含着王朝的治国理念,法律体系的名称不仅要包含王朝法律体系的主要构成,也要体现传统王朝的治国理念。例如"律令体系"说不仅包含了战国秦汉至唐宋时期中国古代法律体系的主要构成,也折射出"大一统"王朝意图以律令法典为统率构筑法律体系,实现法制统一以及国家划一治理的理念。

总之,界定法律体系必须将对象限定在实在法的范围内,包含法律体系中主要以及重要的法律规范类型,体现统治者的治国理念。在中国古代法律体系中,法典是最基本、最重要的法律形式,法典的制定渗透了传统王朝的治国理念,法典的变迁折射出传统王朝法律思想和治国理念的演变。厘清与界定中国古代法律体系发展演变的不同阶段,不能不从法典谈起。

(二)法典与法典化

法典是"经过整理的比较完备、系统的某一类法律的总称",[1]是立法机关制定并实施的集中系统的法律文件,具有学理性、系统性、确定性、一致性等特征,是成文法的高级形态,这是严格意义上的法典的概念。当然,也有学者从进阶的角度来定义和使用法典这一概念,"法典是一个进阶的概念,社会发展阶段不同,法典的内涵也有所区别",根据法典的进化程度,将法典的概念大致分为三个发展阶段:第一阶法典是指将法律

---

[1] 中国社会科学院语言研究所词典编辑室编:《现代汉语词典》,商务印书馆2012年版,第353页。

以典籍形式展现出来的一种法的表现形式,这是最古老的法典概念,其特征是完备性,几乎囊括一个地区或一个部门所有的法律;第二阶法典是第一阶法典的进阶,内容不像第一阶法典那样是一种"大杂烩"式的编排,而是根据法律条文所调整的对象不同进行了分门别类,具备了初步的结构化和体系化的特征;第三阶法典是第二阶法典的进阶,指经过整理、编订而形成的系统化的法律文件,是系统化立法活动的成果,兼具完备性、结构化和体系化等特征。[1]但是,如果将囊括各式各样法律规范的"第一阶法典"也视为法典,这样的"大杂烩"式的法典与一般意义的成文法有何分别?从法理学及立法学意义而言,法典是成文法的高级形态,必须与一般的成文法有区分,这一区分就是分类以及体系化。立法者基于一定标准对法律规范进行分类,集合同类法律规范,将其制定成为结构化、体系化的法律,这就是法典。不能奢望人类历史上的法典都能像现代法典一样学理性强、高度体系化和结构化,但至少存在对法律规范的某种分类,并且具备一定程度的学理性、系统性、确定性、一致性,"真正的法典是从思维上来把握并表达法的各种原则的普遍性和它们的规定性的"。[2]当代学者将法典区分为"体系型法典"和"汇编型法典"。体系型法典是"那些把规定了确定法律后果的规则和表达了特定价值的原则整合成一个内部没有矛盾、外部独立于其他法律的体系的法典"。不同于追求融贯性和整体性的体系型法典,汇编型法典"或以一部最小化的法典为核心,让大量特别立法规定例外和特殊的规范;或仅

---

[1] 参见何勤华、廖晓颖:《中华法系之法典化范式研究——以古代中国和越南为中心》,载《世界社会科学》2023年第1期,第161~184、246~247页。

[2] [德]黑格尔:《法哲学原理》,范扬、张企泰译,商务印书馆2017年版,第249页。

在法典中聚合既有的单行立法,以不具备体系整合功能的'一般规定'罗列一些程序性、原则性的规范"。[1]汇编型法典不过度追求内容的完备无缺和体系结构的严整无暇,体系化程度逊色于体系型法典,但仍具备相当的体系性。总之,法典是系统集中的体系化成文法,不存在对法律规范部门法意义上的分类,不具备起码的结构体系以及内部逻辑性,就不能界定为法典。

法典化指一种大规模制定法典的趋势与过程,是持续较长时间、制定出多部法典及形成一定趋势的法典编纂的历史过程,"当立法改革内容广泛并且声称要涵括某一整个法律领域时,该现象就被习惯性定义为'法典化',而其'产品'就是法典"。[2]法典化是法律史上的典型现象。法国大革命前,基于国家统一的需要,路易十四等国王和法律家努力将分散的旧法律组合成统一规范的法律体,实为近代欧陆法典化之起源,"从文艺复兴到大革命之间,国王和法律家竭尽全力将分立的法律传统组合成法律统一体,从而为王国的治理提供了一个更有效和更理性的基础。路易十四和他的法律家们无疑在其中占有了最为显要的地位",[3]路易十四时代的法典编纂超越了此前的各种法令汇编,成为真正意义上的法典编纂。19世纪,随着《法国民法典》《德国民法典》的产生,全球范围内第一波法典化在欧陆兴起,进而波及美国、拉丁美洲、亚洲等国家和地区,《法国民法典》和《德国民法典》共同成为近代以来影响欧洲乃至世界各国的法典编纂的典范。20世纪苏联和东欧社会主义国家的法典

---

[1] 朱明哲:《法典化模式选择的法理辨析》,载《法制与社会发展》2021年第1期,第90页。

[2] [以] 达芙妮·巴拉克-艾芮茨:《比较视野中的法典化与法律文化》,马剑银译,载《清华法学》(第8辑)2006年第2期,第1页。

[3] 陈颐:《主权立法者的塑造——路易十四对立法权的垄断及其法典编纂事业》,载《中外法学》2007年第4期,第478页。

编纂开启了第二波法典化，一些西欧国家修改或重新制定了各自的宪法典、民法典，中国、土耳其、埃及等国家开始制定民法典。进入21世纪以来，不断有国家制定新的法典或对其既有法典进行再编纂，全球范围内法典化虽然遭遇解法典化[1]之挑战，却未停止其脚步。中国改革开放以来的法治建设，某种意义上亦可以说是一个法典化的过程，《中华人民共和国民法典》的通过与实施，不仅构成中国推进全面依法治国之重要成就，亦可视为全球范围内"法典化"又一重大进展，随着《中华人民共和国民法典》最终通过与实施，宪法典、民法典、刑法典、民事诉讼法典、刑事诉讼法典、行政诉讼法典的法典架构形成，中国特色社会主义法律体系成长为以部门法典为统率的成文法体系。

　　对一个国家的法律体系来说，法典化有两种模式：一是横向模式的法典化。指法典的形成，不是长年累月发展出来的，而是从别的地方学习、模仿过来的，是借鉴别人的经验，形成自己的法典。横向模式的法典化依赖于不同地区之间的法律文化交流所引起的法律模仿与迁移，在事实上推动了某些法系的形成，"法系由母国和成员国构成。缺少了成员国，不能构成法系"。[2]二是纵向模式的法典化。指法典循着自身历史的轨迹形成与发展，从习惯到习惯法、成文法，再到法典。人类社会的法律大体经历从习惯到习惯法、再从习惯法到成文法的演进过程，这是一个长期、渐进的过程。"在社会发展的某个很早的阶

---

　　[1] "解法典化"指在有成文法典的国家，层出不穷的单行法、特别法、先例对法典实施及法律体系整体性造成的张力，"解法典化"命题最早由意大利法学家伊尔蒂教授在20世纪70年代提出，继而在国际法学界引起了广泛关注，并在21世纪初逐渐进入中国法学界的视野。

　　[2] 王立民：《复兴中华法系的再思考》，载《法制与社会发展》2018年第3期，第205页。

段，产生了这样一种需要：把每天重复着的产品生产、分配和交换用一个共同规则约束起来，借以使个人服从生产和交换的共同条件。这个规则首先表现为习惯，不久便成了法律"。[1]成文法产生后，法律形式的演进并未停止，而是继续向更高形态的法典转化，"成文法之初起，不过随时随事，制定为多数之单行法。及单行法发布既多，不得不撮而录之，于是所谓法典者见焉。然法典之编纂，其始毫无组织，不过集录旧文而已。及立法之技量稍进，于是或为类聚体之编纂，或为编年体之编纂，画然成一体裁。及立法之理论益进，于是更根据学理以为编纂，凡法律之内容及外形，皆有一定之原理原则以组织之，而完善之法典始见"。[2]纵向模式的法典化依赖于自身文化的发展，是民族智慧的结晶，法典土生土长，并非移植或模仿而来，法典的进化仰赖于一波又一波法典化运动的浪潮，在激流之中不断实现自我的提升与进化。中国古代的法典化是典型的纵向模式，法典内生于本民族法制的发展，在多次法典化的浪潮中不断进步完善，并引领整个法律体系的发展变迁。

(三) 中国古代法律体系发展演变的历史分期

纵观历史，法典绝非迟至近代才有；放眼全球，法典也并非西方法律文化之专利。虽然《法国民法典》《德国民法典》誉满全球，但在法律史上享有盛誉、影响深远的并不只有民法典，早在"民法典情结"形成之前，古代中国以及周边诸国就产生了"唐律情结"，"《唐律疏议》集汉魏六朝之大成，而为宋元明清之矩蠖"。[3]"法典情结"下，中国古代法律体系大体由法

---

[1]《马克思恩格斯文集》(第3卷)，人民出版社2009年版，第322页。

[2] 梁启超：《论中国成文法编制之沿革得失》，载梁启超著、范中信选编：《梁启超法学文集》，中国政法大学出版社2000年版，第122页。

[3] 吉同钧纂辑：《律学馆大清律例讲义》，闫晓君整理，知识产权出版社2018年版，自序部分。

典、单行法、先例、法律解释所构成。法典主要包括律典、令典，还可能包括会典。单行法主要包括制诏、科、格、式、敕、条格、榜书、大诰、条例、则例等。先例指在行政和司法实践中形成的，经最高统治者认可和一定程序，具备可以援引作为处理类似事件和审理类似案件依据之效力的事例或案件，主要包括成、廷行事、比、法例、断例、事例等，可能还包括成案、故事。法律解释主要包括法律答问、经朝廷认可的私家注律、申明、看详等。中国古代法律体系以国家制定法为主干，民间规约、习惯、情理、经义并非正式法律渊源，法律效力不确定，虽然有助于丰富对中国古代社会生活和法律实践的认识，但对中国古代法律体系的研究，仍应以国家制定法为主。基于此，中国古代法律体系是成文法体系，以法典为主体，法典居统率地位，统摄法律体系。律典"制死生之命，详善恶之源，翦乱除暴，禁人为非"，[1]令典"尊卑贵贱之等数，国家之制度也"，[2]会典"立纲陈迹之端，命官辅政之要，大经大猷，咸胪编载"。[3]单行法是法典的辅佐和具体化，先例是为补充法典的漏洞而存在，法律解释主要是对法典具体适用的解释。

　　中国古代法律体系的演进，沿着法典化的路径而进行。对于中国古代的法典化始于何时、如何推进以及可以分为几个阶段，法史学界见仁见智。日本学者浅井虎夫认为："征之历史，则战国时，魏李悝撰《法经》六篇，当为中国编纂法典之始。惟《法经》六篇，亦非能首出创例者。李悝以前，春秋时代，郑之刑鼎、竹刑，晋之刑鼎等已开中国法典之先河。《法经》六篇，盖集当时各国刑典而编纂之者也。则李悝以前，已有法典

---

[1]《隋书》卷二十五《刑法志》。
[2]《新唐书》卷五十六《刑法志》。
[3]《雍正会典·御制序》。

第一章　法典、法典化与法律体系

无疑。"[1]浅井虎夫将中国古代法典产生的时间定在战国甚至春秋，其他日本学者则有不同见解。滋贺秀三认为，中国古代法典编纂至少应具有两个特征：其一，法规根据刑罚、非刑罚的观点分类编纂；其二，全部律或者令，作为单一不可分的法典（律典、令典）编纂施行。具体地说：（1）律典、令典在一个时期分别只存在一部，而且不存在该律典、令典中不包含的以律、令为名的法规。因此，以律令为名的全部法规，同时制订、同时废止。其数量，在律典、令典编纂之际，可以通过总计几篇、几百几十条的方式正确地数出。（2）制订出来的律典、令典即使被废止，也不加以部分地变更。如果确有改正的必要，也要采取编纂新律典、令典而废除旧律典、令典的形式。[2]按滋贺秀三之说，则中国古代法典产生于魏晋之际。梁启超在《论中国成文法编制之沿革得失》一文中提出中国历代法典产生和发展演变的基本观点："及春秋战国，而集合多数单行法，以编纂法典之事业，蚤已萌芽。后汉魏晋之交，法典之资料益富，而编纂之体裁亦益讲，有组织之大法典，先于世界万国而见其成立（罗马法典之编成在公元534年，当我梁武帝中大通六年。晋新律之颁布在晋武帝泰始四年，当彼268年）。唐宋明清，承流蹈轨，滋粲然矣。其所以能占四大法系之一，而粲然有声于世界者，盖有由也。"[3]梁启超扼要阐述了中国古代法典产生前、产生过程及产生后发展演变之景象，他认为中国古代法典正式产生于魏晋之际。吕思勉也持同样观点："盖自战国以前，

---

〔1〕［日］浅井虎夫：《中国法典编纂沿革史》，陈重民译，中国政法大学出版社2007年版，第6页。

〔2〕杨一凡总主编：《中国法制史考证》（丙篇·第2卷），中国社会科学出版社2003年版，第263~266页。

〔3〕梁启超：《论中国成文法编制之沿革得失》，载梁启超著、范中信选编：《梁启超法学文集》，中国政法大学出版社2000年版，第122页。

为法律逐渐滋长之时，至秦、汉，则为急待整齐之世，然皆徒托空言，直至曹魏而后行，至典午而后成也，亦可谓难矣。"[1] 近来有学者在法典进阶概念的基础上进一步将中国古代的法典化运动归纳为五波：第一波法典化运动起于子产铸刑书，之后引起了公布法律以及将法律全部展现在一个载体上的风气。第二波法典化运动由战国李悝之《法经》所引领，商鞅受《法经》以相秦并制定秦律，汉在其基础上制定《九章律》等汉律六十篇。第三波法典化运动是由魏晋南北朝时期的《魏律》《北齐律》所引领，是不断探索体系化法典的阶段。第四波法典化运动由唐律所引领，唐律的制定是第四波法典化运动的结晶。这一波法典化运动的影响波及东亚各国，朝鲜、日本等兴起了仿唐制律典的潮流，形成了中华法系，一直持续到明代。第五波法典化运动是《大明律》引领的编纂"律例法典"潮及《大明会典》引领的"会典型法典"的编纂潮，是中国古代最后一波法典化运动。[2]总之，法史学界目前仍多认为中国古代成文法产生于春秋时期，法典化发端于秦汉，而正式开启于魏晋之际，促成了律典、令典等规范化法典之产生，缔造出隋唐帝国盛世与律令制国家，影响波及周边诸国，中华法系由此成型。自魏晋之际法典产生后，除元代等个别王朝外，绝大部分传统王朝都制定了法典，中国古代法律体系成长为以法典为主体的成文法体系。

中国古代法律体系构成的变迁由法典变迁驱动。春秋战国之世，刑书公布标志着"以罪统刑"成文刑法开始产生，加速制定法取得主导地位。礼、典、常、则等更多包含习惯和先例

---

[1] 吕思勉：《秦汉史》，商务印书馆 2017 年版，第 723 页。

[2] 参见何勤华、廖晓颖：《中华法系之法典化范式研究——以古代中国和越南为中心》，载《世界社会科学》2023 年第 1 期，第 161~184，246~247 页。

第一章　法典、法典化与法律体系

的法律形式出现了衰颓的趋势，誓、命、令、刑等法律形式越来越被改造成直接反映统治者意志的、有普遍约束力和强制力的制定法，并在不断强化的现世权力的支持下，逐步取得主导地位。魏晋之际，法典化开启。三国曹魏《新律》首次真正具有了法典所独有之整体性、系统性和概括性，之后晋律以空前简约之面貌横空出世，更可谓一种系统化、整体性的成熟法典，晋令则汇众令于一体，通过对令文的概括和抽象、对篇章内容的高度浓缩，以简约之令条，层层递进、紧密相连之篇章，承载和容纳国家基本制度，完成了令的法典化。律典和令典的制定带动了秦汉以来繁多芜杂的法律形式的简化，并导致对先例适用的严格限制。西晋刘颂为三公尚书，上书云："律法断罪，皆当以法律令正文，若无正文，依附名例断之，其正文名例所不及，皆勿论。"[1]主张以律典来统一指导司法活动，反对先例的适用。《唐律疏议·断狱律》"断罪不具引律令格式"条规定判案具引律令为司法官员之明确义务，"辄引制敕断罪"条又规定制敕权断的案例不能自动生效，从而把先例的产生和适用限定在一个极其狭小的空间内。从唐后期开始，长期停止修订的律令法典已无法适应剧烈的社会变迁，格后敕地位上升，先例在司法过程中的适用开始增加。《开成格》规定大理寺和刑部可以"比附"断案，而且"比附"断案"堪为典则"者，可以"编为常式"，[2]赋予中央司法机关比附成例断案和编撰先例的权力。延至宋代，作为单行法的编敕成为宋代法律体系的重要组成部分，先例的法律效力得到了成文法的认可和司法实践的支持，上升为正式的法律渊源，"有司所守者法，法所不载，然

---

[1]《晋书》卷三十《刑法志》。
[2] 薛梅卿点校：《宋刑统》，法律出版社1999年版，第551页。

· 031 ·

后用例"，[1]以法典为主体的成文法体系出现了"去法典化"的变迁趋势。元代"弃律令用格例"，律典和令典等法典被废弃，条格和断例成为元代法律体系的主要构成。汲取元代条格、断例过度膨胀导致法律适用混乱不一的教训，明清王朝重新制定法典：会典"大经大法"，载"经久常行之制"；律典逐渐与条例合编，名为"律例"；令典则有名无实，逐渐消失。延续元代法律体系"例化"之特点，明清法律体系继续接纳例为正式法律渊源，同时尽可能对例进行一定的概括和抽象，将其升华为具有某种一般性的条例和则例，更多具备成文法的属性。法典的变迁，带动法律体系中各种法律渊源的变迁。

中国古代法律体系是法典统率下的成文法体系，法典与法典化构成我国法律史之悠久传统。梳理与界定中国古代法律体系发展演变的历史分期，不能不以法典为抓手、以法典化为牵引。本书遵循当下法史学界多数观点关于中国古代法典产生与发展演变的认知，以魏晋为中国古代法典正式产生之历史节点，以此立论，结合法典化之牵引，将中国古代法律体系发展演变分成四个阶段：前法典化时期（春秋以前），首次法典化时期（战国至唐宋），去法典化时期（元），再法典化时期（明清）。

第一，前法典化与"礼刑体系"发端。涵盖夏、商、西周和春秋四个历史时期，严格来说，春秋是成文法诞生和"礼刑体系"解体时期。此一阶段古代中国法律体系的主要构成是礼和刑，故称"礼刑体系"，同时也契合"治国以礼""礼之所去，刑之所取，失礼则入刑"的治国理念。"礼刑体系"为中国古代法律体系之肇始，是法典化之前夜。

第二，首次法典化与"律令体系"成型。春秋时期的成文

---

[1]《宋史》卷一百九十九《刑法一》。

法运动使"礼刑体系"趋于解体,战国秦汉以降,中央集权帝国的划一治理需要、兵刑钱谷等行政事务的日益复杂化和专门化、从"礼治"到"法治"治理模式的转换,皆使得以律令为主的成文法大量产生,同时,成文法体系化的内部动力、律学的发展和立法技术的提高,又使得法典化在成文法体系内部兴起,并在魏晋之际最终促成了门类齐全、内容完备、体例严谨之律令法典的产生,中国古代法律体系从"礼刑体系"过渡到"律令体系"。"律令体系"时代上起战国,下及唐宋,持续上千年,其间又可分成三个阶段:战国至秦汉,是"律令法系"的奠基阶段;魏晋南北朝至隋唐,是"律令法系"的发展成熟阶段;宋代则是"律令法系"的嬗变阶段。

第三,去法典化与"律令体系"解体。元代"弃律令用格例",废弃了律令法典,延续上千年的"律令法系"到此正式宣告解体,整个法律体系出现了强烈的"例化"的倾向。另一方面,元廷在尽可能保留法律文献原貌的前提下,力求删繁就简,努力将宋代以来各种法律形式按其内容整合为条格和断例两大类,虽始终未发展出一种统率诸种例的"大经大法",未形成以法典为核心,各种法律形式相辅相成、互为补充的严谨规范的法律体系,整个法律体系显得庞杂而混乱,体系性既离唐代相去甚远、也逊色于明清两代,却仍为明清"典例体系"的形成奠定了基础,可谓"典例体系"之前夜。

第四,再法典化与"典例体系"之超越。明清王朝恢复了法典传统,制定了律典、令典和会典等成文法典,延续元代法律体系"例化"特点,逐渐发展起以条例、则例、事例为主的例的体系,形成了典为纲、例为目,成文法与成例相混合、互为补充、相互转化的"典例体系"。"典"和"例"是明清中国法律体系的主要构成,典主要包括会典、律典、令典,例主要包括条例、则例和事例。典和例之间，典是纲，例是目，典规定大的原则方向和精神，例规定具体的实施细则，是对典的细化、补充和修正。其中，会典是"大经大法"，统率整个法律体系，构成整个法律体系的最高位阶，对于维持"典例体系"的完整性、一致性和协调性起到重要作用。明清"典例体系"不再是"律令体系"的简单重复，而是对"律令体系"的超越和发展。

第二章

前法典化与"礼刑体系"发端

法律是社会生产发展到一定阶段上,随着私有制、阶级和国家的出现而产生的。从形式上看,法律的产生有一个从习惯到习惯法,再从习惯法到成文法的长期演变和发展的过程,东西方法律文明于此无一能例外。古代中国的法律最初亦是来自习惯,表现为习惯法,其主要载体就是礼和刑。礼化为法,刑起于兵,古代中国的法律,最早即是沿着这两条路径而产生。商周时期法律体系的主要构成是礼和刑,成文法尚未产生,也不可能在法律体系内部产生法典化的内在动力,可谓前法典化时代的"礼刑体系"。

一、礼之治

礼起源于原始社会后期的祭祀活动,《礼记·礼运》:"夫礼之初,始诸饮食,其燔黍捭豚,污尊而抔饮,蒉桴而土鼓,犹若可以致其敬于鬼神。"这种以物祭拜神灵的祭祀活动,是为礼的最初形态,换言之,礼起初是一种祭祀神灵的习惯。由于礼是祭祀的产物,所以礼在崇拜祖先和神灵的先人的心目中具有神圣性和权威性,又由于作为祭祀习惯的礼本身产生于以血缘关系为纽带的氏族社会后期,必然带有强烈的血缘社会的烙印,反映家庭、氏族内部基于血缘关系的等级差别,因此,当华夏文明从原始社会进入等级社会和国家的时代,礼这样一种神圣、权威、反映等级差别的习惯,自然而然被改造和扩展成为定君臣之义、父子之伦、贵贱之等、亲疏之杀、夫妇之别、爵赏之施、政事之均、长幼之序、上下之际的习惯法。"夫祭有十伦焉:见事鬼神之道焉,见君臣之义焉,见父子之伦焉,见贵贱之等焉,见亲疏之杀焉,见爵赏之施焉,见夫妇之别焉,见政事之均焉,见长幼之序焉,见上下之际焉。"[1]夏商西周时代,礼已不仅仅是习惯,而已经具有了习惯法的性质,这种习惯法的制定权、解释权均由宗法贵族垄断,"法律寡头政治现在所主张的是要垄断法律知识,要对决定争论所依据的各项原则有独占的权利,我们在事实上已到了'习惯法'时代"。[2]

作为习惯法,礼的内容已不限于祭祀,并且随着社会的发展而不断扩张。国家将人们长期生活中形成的风俗习惯有选择地上升为礼制,这就是所谓礼"以承天之道,以治人之情",[3]亲亲、尊尊、长长、男女有别的礼义是不可变的,度量、文章、正朔、服色、徽号、器械、衣服等礼制的内容是可以变革和扩张的。从制度层面来说,礼制的内容十分庞杂,涉及社会生活的方方面面,冠、婚、朝、聘、丧、祭、宾、乡、军等活动均有相应的礼来调整,《礼记·昏义》:"夫礼始于冠,本于昏,重于丧祭,尊于朝聘,和于射乡。"《汉书·礼乐志》对礼制的内容作了大致分类:"人性有男女之情,妒忌之别,为制婚姻之礼;有交接长幼之序,为制乡饮之礼;有哀死思远之志,为制丧祭之礼;有尊尊敬上之心,为制朝觐之礼。"流传至今的儒家经典《仪礼》《周礼》乃总结三代礼制而成,虽然其成书时间向来

---

[1]《礼记·祭统》。
[2][英]梅因:《古代法》,沈景一译,商务印书馆2009年版,第8页。
[3]《礼记·礼运》。

第二章　前法典化与"礼刑体系"发端

是学界聚讼的话题,其内容也掺杂了许多后世儒者的想象成分,但不可否认许多内容还是还原了西周和春秋时期的礼制面貌。《仪礼》十七篇则详细记载了冠、婚、丧、祭、燕、射、乡、朝、聘、觐等礼仪的仪式和规程,《周礼》详细描述了天(吏)、地(户)、春(礼)、夏(兵)、秋(刑)、冬(工)六官的国家制度组成。从礼的这些内容可以看出,经过国家汇集、增删、厘定,作为习惯法的礼,已不再专指祭祀时的礼仪程式,而成为维护分封、宗法、继承制度,调整政治权力、经济利益、婚姻家庭等方方面面的规范和准则,正所谓"道德仁义,非礼不成;教训正俗,非礼不备;分争辨讼,非礼不决;君臣上下父子兄弟,非礼不定;宦学事师,非礼不亲;班朝治军,莅官行法,非礼威严不行;祷祠祭祀,供给鬼神,非礼不诚不庄"。[1]

礼是习惯法,具有法律的性质、特征和效力。礼由国家创制,"礼乐征伐自天子出",[2]虽然《周礼》并非周公所著,但"周公制礼作乐"却是西周初年国家创制礼乐历史的形象反映。礼对国家政治生活、经济生活和社会生活起着重要的调整作用,"礼义以为纪,以正君臣,以笃父子,以睦兄弟,以和夫妇,以设制度,以立田里",[3]礼规范个人行为,个人的一切行为必须依礼、守礼、合乎礼,做到"非礼勿视,非礼勿听,非礼勿言,非礼勿动",[4]否则就会招致"刑"的制裁,从这个意义上说,礼主要是一种义务性规范,规定社会各阶层成员的义务。礼通

---

[1]《礼记·曲礼上》。
[2]《论语·季氏》。
[3]《礼记·礼运》。
[4]《论语·颜渊》。

· 037 ·

过整合各种利益需求,维护社会的整体秩序与和谐,[1]在商周时代,礼是维护社会整体秩序、实现社会整体和谐的制度安排,"先王案为之制礼义以分之,使有贵贱之等,长幼之差,知愚能不能之分,皆使人载其事而各得其宜。然后使谷禄多少厚薄之称,是夫群居和一之道也"。[2]礼具有国家保证的强制效力,这种强制效力主要通过礼刑关系反映出来,"礼者,禁于将然之前,而刑者,禁于已然之后",[3]"礼之所去,刑之所取,失礼则入刑,相为表里"。[4]《尚书·康诰》称"不孝不友"为"元恶大憝",要"刑兹无赦",正是"出礼入刑"在司法实践中的具体运用。总之,从创造主体、调整范围、适用对象、功能作用、实际效力来看,商周之礼就是法律,或者说,在商周时代,礼并非法的对应范畴,礼本身就属于法,是治理国家的主要规范,"从礼或礼制的内容看,在夏商周三代,礼是贵族统治阶级内部用以区别上下、亲疏、尊卑、贵贱之等级秩序,调整社会各个阶层之间人际关系的基本准则、规则、规范和规程。三代之'礼'是法度,礼与法一体异名"。[5]商周政治和法律秩序的特质是"礼治",礼全面介入国家政治生活、社会生活乃至个人生

---

[1] 有学者指出,中国传统文化以整体的和谐(或圆通)为最大特征,"因为圆通,整个社会就是一个体系,法律也好,宗教也好,科技也好,艺术也好,都是这个体系中的一个有机组成部分,若将它们一一剥离出来,用今人的眼光将它们作为一个个单独的体系去考察,它们都带有'缺陷',但若将它们放到整个传统文化背景下去考察,就会发现,这些'缺陷'都是合理的,因为这是整体和谐所必须付出的合理的代价"。参见曾宪义、马小红:《中国传统法的结构与基本概念辨正——兼论古代礼与法的关系》,载《中国社会科学》2003年第5期,第66页。

[2] 《荀子·荣辱》。

[3] 《汉书》卷四十八《贾谊传》。

[4] 《后汉书》卷四十六《陈宠传》。

[5] 陈剩勇:《法、礼、刑的属性(下)——对中国"法律"史研究方法论的一个反思》,载《浙江社会科学》2002年第6期,第59页。

活，大至施政治民，小到个人修身养性，都必须依礼进行。礼是整合社会、规范行为、安邦定国的主要规范，也是商周法律体系的主要构成。

从外在表现看，礼属于习惯法，并非成文法。礼由国家创制，但其内容更多是习俗的归纳和整理。礼是习俗和成文法之间的一种法律形态，它来自习俗（最初是祭祀的习俗），但经过了国家的整理，[1]从这个意义上说，所谓"周公制礼作乐"实际上指的是周公等人代表西周国家在夏礼、殷礼的基础上整理、增删各种旧礼和习俗并由此形成新礼的过程。以当时的历史条件和认识水平，周公等人不太可能建构并制定出一种完全脱离习俗的成文法。作为一种介于纯粹习俗和成文法之间的法形态，礼在内容上呈现出无所不包的特点，在功能上则具有弥散而不够分化的特点，而这正是其尚未完全脱离习俗的表征。"礼是习俗发展到一定阶段上的产物，是最高政权控制范围内统一规定的法则，并具有严格的等级精神。"[2]同时，作为一种源于习俗的习惯法，礼的成长更多是原生的，而非建构的，它是先人在政治生活、经济生活、社会生活中自然形成的，而不是有强烈目的的大规模立法活动的产物，长期以来，人们习惯于遵守它们，后来国家也认为应该遵守它们，于是便成了法律，"殷因于夏礼，所损益，可知也；周因于殷礼，所损益，可知也"，[3]只要"礼治"的传统不中断，礼"虽百世，可知也"，因为它本

---

[1] 杨宽指出："后来就把所有各种尊敬神和人的仪式一概称之为'礼'了。后来更推而广之，把生产和生活中所有的传统习惯和需要遵守的规范，一概称为'礼'。等到贵族利用其中某些仪式习惯，加以改变和发展，作为维护贵族统治用的制度和手段，仍然叫作'礼'。"参见杨宽：《古史新探》，上海人民出版社2016年版，第313页。

[2] 阎步克：《士大夫政治演生史稿》，北京大学出版社2015年版，第75页。

[3] 《论语·为政》。

来就是人类长期生活中自然形成的习俗的升华和延续,不是立法者任意的想象。

二、刑之罚

刑是早期中国的另一种重要法律形式。古代中国法律体系中的刑,源自部落战争,具有"兵刑合一"的特点。华夏文明与国家产生发展于部落间相互征战的过程中,生存资源的紧张使得部落间战争难以避免。战争的胜利者不仅会攫取资源,也会俘获外族人。一开始是剥夺所虏获外族人的生命,之后随着生产力水平的提高,战胜者认识到俘虏可以成为生存资源的创造者,于是通过"伤其肌肤,残其肢体"来控制俘虏,加快其向劳动创造者的转变,刑罚(一开始是死刑和肉刑)由此而产生。随着部落联盟的形成及向国家的演化,原有的维系部落内部秩序的祭祀、群体舆论、财产分配等方式,已不能应对部落内部的纠纷和利益纠葛,由此,原先只是针对异族俘虏的处罚方式也被引入部落内部管理,刑罚的适用范围扩展至全部落及全国范围内,成为国家法律体系的重要构成。《汉书·刑法志》:"大刑用甲兵,其次用斧钺;中刑用刀锯,其次用钻笮;薄刑用鞭扑。大者陈之原野,小者致之市朝。"对内以刀锯施刑,对外以甲兵讨伐,目标上一致,方法上相互参照,充分体现了兵刑合一、刑起于兵的刑法起源特点。

夏、商、西周均产生过刑法,这应该是确定无疑之事。《左传·昭公六年》:"夏有乱政,而作禹刑。商有乱政,而作汤刑。周有乱政,而作九刑。"叔向所处时代与三代相去不远,其所言当可信。有争议的是《禹刑》《汤刑》《九刑》以及西周中期《吕刑》的存在形态及相关内容。关于《禹刑》《汤刑》《九刑》,史书尚有其他记载,《隋书·刑法志》:"夏后氏正刑有五科,条三千。"《周礼·司刑》郑注："夏刑大辟二百，膑辟三百，宫辟五百，劓墨各千。"《唐律疏义·名例律》序疏："夏刑三千条。"《尚书·盘庚》对《汤刑》有一些侧面的说明，"乃有不吉不迪，颠越不恭，暂遇奸宄，我乃劓殄灭之"，《吕氏春秋·孝行》引《商书》曰："刑三百，罪莫重于不孝。"关于《九刑》，除《左传·昭公六年》一处外，《左传·文公十八年》也有记载："先君周公制《周礼》，曰：'则以观德，德以处事，事以度功，功以食民。作《誓命》曰：'毁则为贼，掩贼为藏，窃贿为盗，盗器为奸。主藏之名，赖奸之用，为大凶德，有常无赦。在《九刑》不忘。'"有学者认为西周的"九刑"指墨、劓、刖、宫、大辟、流、赎、鞭、扑九种刑罚，另有学者认为《九刑》指刑书九篇，非九种刑罚。[1]

《九刑》之后，西周穆王时期又产生了一部新的刑法：《吕刑》。《尚书·吕刑》记载了这部刑法的制定缘由、时代背景、指导思想、刑罚种类、适用刑罚的原则、诉讼程序、司法制度等，其中尤其要关注的是关于刑罚的记载，《尚书·吕刑》的记载是：

有邦有土，告尔祥刑。在今尔安百姓，何择，非人？何敬，非刑？何度，非及？两造具备，师听五辞。五辞简孚，正于五刑。五刑不简，天于五罚；五罚不服，正于五过。五过之疵：惟官，惟反，惟内，惟货，惟来。其罪惟均，其审克之！五刑之疑有赦，五罚之疑有赦，其审克之！简孚有众，惟貌有稽。无简不听，具严天威。墨辟疑赦，其罚百锾，阅实其罪。劓辟疑赦，其罪惟倍，阅实其罪。剕辟疑赦，其罚倍差，阅实其罪。宫辟疑赦，其罚六百锾，阅实其罪。大辟疑赦，其罚千锾，阅

---

[1] 参见李力：《〈九刑〉、"司寇"考辨》，载《法学研究》1999年第2期，第126~127页。

实其罪。墨罚之属千。劓罚之属千,剕罚之属五百,宫罚之属三百,大辟之罚其属二百。五刑之属三千。上下比罪,无僭乱辞,勿用不行,惟察惟法,其审克之!上刑适轻,下服;下刑适重,上服。轻重诸罚有权。刑罚世轻世重,惟齐非齐,有伦有要。罚惩非死,人极于病。非佞折狱,惟良折狱,罔非在中。察辞于差,非从惟从。哀敬折狱,明启刑书胥占,咸庶中正。其刑其罚,其审克之。狱成而孚,输而孚。其刑上备,有并两刑。

从这一段来看,《吕刑》规定的刑罚主要是墨、劓、刖、宫、大辟,共三千条,还有分别对应五刑的赎刑,规定了刑罚适用的类推原则即"上下比罪""上刑适轻,下服;下刑适重,上服",规定了"刑罚世轻世重",等等。

关于夏商西周刑法是否成文刑法、是否公开、体例如何,学界向有争论。从现有资料来看,本书更倾向于认为夏商西周时期的刑法是一种"以刑统罪""以刑统例"的刑书:

首先,"以刑统罪"。现有资料关于夏商西周刑法只有刑名、刑种的规定,而无确切的罪名。《尚书·吕刑》的翔实记载表明,夏商西周的刑法极可能主要规定刑罚种类、实施方法,对犯罪行为只作原则上的规定,没有明确的罪名及相应的刑罚规定,是一种以刑罚为主的"刑名之制",以刑罚为主干,罪名以某种方式附从于刑罚之目,表现为一种"以刑统罪"的体例,"中国奴隶社会的法律发展至西周之时仍未有成文法的产生。'以刑统罪'的刑书及一时一事的单项立法构成了西周立法的全部内容。这种立法形式与传统的礼治相辅相成,与'君统'、'血统'一致的社会宗法等级制相辅相成"。[1]

---

[1] 武树臣、马小红:《中国成文法的起源》,载《学习与探索》1990年第6期,第51页。

第二章 前法典化与"礼刑体系"发端

其次,"以刑统例"。在西周"敬天法祖"的历史环境下,祖制、典章、先例对后代有重大影响,司法审判实践中形成了许多先例,这些先例被或被铸于鼎、盘等青铜器上,或被载于典册之中,对之后的审判起到重要的指导作用。《尚书·吕刑》曰:"上下比罪,无僭乱辞,勿用不行。惟察惟法,其审克之。"比不仅指比附,也指被比附和参照的先例,也就是说,判决时应参考以前的先例,听审时要理清原、被告双方的讼词,不用可疑的证词和证据,根据查清的事实和刑法审慎地处理案件。《周礼》则用成来表示先例,《周礼·天官·大宰》曰:"以八法治官府:……五曰官成,以经邦治。……以官成待万民之治。"《周礼·秋官·大司寇》曰:"凡庶民之狱讼,以邦成弊之。"弊之,指审断狱讼也,"邦成"就是指先例。《周礼·天官·小宰》又称:"以官府之八成经邦治:一曰听政役以比居,二曰听师田以简稽,三曰听闾里以版图,四曰听称责以傅别,五曰听禄位以礼命,六曰听取予以书契,七曰听卖买以质剂,八曰听出入以要会。""官府之八成"就是指官府处理案件的先例,这些先例按案件的性质分为八类。《周礼·秋官·大司寇》注疏云:"八成者,行事有八篇,若今时决事比。……凡言成者,皆旧有成事品式,后人依而行之。决事,依前比类决之"。刑书产生后,各种先例集中在一起,以刑罚为目而分别排列,从这个意义上说,西周的刑书体例应该是以刑罚为篇目,将处同一种刑罚的先例附于所处刑罚之后,《尚书·吕刑》:"墨罚之属千。劓罚之属千,剕罚之属五百,宫罚之属三百,大辟之罚其属二百。五刑之属三千。"吕思勉先生质疑道:"案集先秦法律之大成者为法经,不过六篇,安得有三千或二千五百十条?"[1]有理由相

---

[1] 吕思勉:《先秦史》,上海古籍出版社1982年版,第423页。

信千、五百、三百、二百、三千都是先例数，而不是法律条文数。换言之，墨刑、劓刑的篇目中各有先例一千，刖刑的篇目中有先例五百，宫刑的篇目中有先例三百，死刑的篇目中有先例二百，合计五刑之下有先例三千。

总之，夏商西周尤其西周的刑法以刑罚为目，将相应的先例附于其后，通过"以刑统例"，部分实现"以刑统罪"。应该说，夏商西周的刑法并非完全不公开，相反，西周有定期公布刑书之制，《周礼·秋官·大司寇》："正月之吉，始和布刑于邦国都鄙，乃悬刑象之法于象魏，使万民观刑象，挟日而敛之。"如若《周礼》的记载不足为据，则《尚书·吕刑》中"明启刑书"，《左传》中《禹刑》《汤刑》《九刑》的记载至少可以说明刑书在某些时间、某些场合是可以公开的。但是公开的是刑罚，附在其后的先例应该是不公开的，至于什么罪判什么刑的罪名之制更是不会公开，甚至在刑书中也不会出现"罪—刑"的立法规定，因为刑书中只存有在司法审判中"上下比罪"的先例，具体什么罪定什么刑也是在审判实践中根据先例、案情、当事人身份等因素随时议定，并不由刑书事先明确规定。

"以刑统罪""以刑统例"的刑书体例，与"议事以制，不为刑辟"的司法审判模式是相一致的。所谓"议事以制，不为刑辟"，就是不预先制定和公布非常明确的罪与刑相对应的刑事法条，而是在具体案件中因时制宜、灵活机动适用刑罚来制裁犯法者。既然不存在非常明确的罪与刑相对应的刑事法条，由贵族担任的司法官员在审判中据以作出审判的主要法律依据，就是刑罚及其所附先例。公开的刑罚，不公开的先例及罪名，以及审判中依据先例、案情、当事人身份灵活机动定罪量刑，构成了西周刑事立法和司法的主要特点，"圣王虽制刑法，举其大纲，但共犯一法，情有浅深，或轻而难原，或重而可恕，临其时事，议其重轻，虽依准旧条，而断有出入，不豫设定法，告示下民，令不测其浅深，常畏威而惧罪也"。[1]由此看来，夏、商、西周的《禹刑》《汤刑》《九刑》《吕刑》并不能说是严格的成文刑法，其中仍包含了诸多先例甚至习俗。

三、其他法律形式

除了礼和刑之外，这一时期存在的法律形式还有：

（1）誓。誓是从夏朝到春秋晚期通行的重要法律形式，夏代有《甘誓》，商代有《汤誓》，周代有《牧誓》《泰誓》，春秋时期秦有《秦誓》，晋有韩之誓，赵简子之誓等。誓一般明确申明赏罚，义务要求较为具体，《尚书·甘誓》："用命，赏于祖；弗用命，戮于社，予则孥戮汝。"《尚书·汤誓》："尔不从誓言，予则孥戮汝，罔有攸赦。"可以说是命令和刑罚都非常明确的军事刑法。除了军事法令外，誓还在更广泛的领域与国家立法相联系，如《左传·文公十八年》载鲁太史克之言说："周公制周礼，……作誓命曰：'毁则为贼，掩贼为藏，窃贿为盗，盗器为奸。主藏之名，赖奸之用，为大凶德，有常无赦，在"九刑"不忘。"

（2）诰。如《汤诰》《大诰》《康诰》《酒诰》《召诰》《洛诰》等，占据了《尚书》的巨大篇幅，对这一时期的行政和司法审判实践起到重要的指导作用。从《尚书》所载各篇诰辞来看，诰主要是统治集团对下发出的诰诫。必须指出，诰词中有相当一部分内容是关于罪和刑的规范，《尚书·酒诰》："群饮。汝勿佚。尽执拘以归于周，予其杀。又惟殷之迪诸臣惟工，乃湎于酒，勿庸杀之，姑惟教之。"对"群饮"之罪作了规定。

---

〔1〕《春秋左传正义》卷四十三《昭公六年》。

《尚书·康诰》:"人有小罪,非眚,乃惟终自作不典,式尔,有厥罪小,乃不可不杀。乃有大罪,非终,乃惟眚灾,适尔,既道极厥辜,时乃不可杀。"区分了故意与过失、惯犯与偶犯对量刑的影响。《康诰》又曰:"凡民自得罪:寇攘奸宄,杀越人于货。不畏死,罔弗憝。元恶大憝,矧惟不孝不友。"明确规定了寇攘奸宄、杀越人于货、不孝不友等具体罪名,而《九刑》《吕刑》却并未提供如此具体的罪名。

（3）命。命是上对下提出的义务性要求,包括天子之命与诸侯之命。如周成王作《微子之命》,封微子为公爵,管理殷族,又作《蔡仲之命》,封蔡仲为诸侯。春秋时期的统治者经常使用命这种法律形式,而且已经萌生了国君"出命"的观念,提出了"命不共,有常刑"[1]的口号,使命获得了刑事制裁的保障。

（4）令。令在战国秦汉之后是常见的法律形式,但实际上春秋时期就已经存在,如"王伯之令"[2]"令于诸侯"。[3]诸侯国有对内之令,如楚有"楚令"。[4]有时卿大夫也可发布令。如晋国荀偃曾令曰:"鸡鸣而驾,塞井夷灶,唯余马首是瞻。"[5]赵鞅述"王伯之令"曰:"引其封疆,而树之官,举之表旗,而著之制令,过则有刑。"[6]

（5）盟。盟也是这一时期的重要法律形式,多由诸侯之间订立。如践土之盟曰:"皆奖王室,毋相害也。"[7]毫邑之盟

---

[1]《左传·哀公三年》。
[2]《左传·昭公元年》。
[3]《左传·襄公九年》。
[4]《左传·襄公二年》。
[5]《左传·襄公十四年》。
[6]《左传·昭公元年》。
[7]《左传·僖公二十八年》。

第二章 前法典化与"礼刑体系"发端

曰:"毋蕴年,毋雍利,毋保奸,毋留慝,救灾患,恤祸乱,同好恶,奖王室。"[1]晋楚之盟曰:"凡晋楚无相加戎恶同之。同恤灾害,备救凶患。若有害楚,则晋伐之;在晋,楚亦如之。交贽往来,道路无壅。谋其不协,而讨不庭。"[2]

(6)常。《国语·越语》:"无忘国常。"韦昭注云:"旧典也。"常是既往的法律。《汉书·百官公卿表》引应劭注曰:"常,典法也。"说明常也是这一时期的一种法律形式。《诗经·周颂·思文》:"陈常于时夏。"此处"常"指田赋之法。此外还有"废常不详""民常"等说法,均意指某种法律。

(7)典。《尚书·多士》:"惟殷先人,有册有典。"《汤浩》:"各守尔典,以承天休。"在这里,典指"常法",即国家经常施行的重要法律。关于典的种类和内容,《左传·宣公十二年》载:楚"蒍敖为宰,择楚国之令典。军行,右辕左追蓐,前茅虑无,中权后劲,百官象物而动,军政不戒而备,能用典矣"。这里指治军打仗的法。晋侯语魏绛曰:"夫赏,国之典也。"[3]指的是关于赏功之法。《国语·鲁语上》:"慎制祀以为国典。"这里的国典大概指祭祀之法。

(8)则。《尔雅·释诂》:"则,法也。"《诗经·大雅·抑》:"敬慎威仪,维民之则。"《左传·昭公六年》:"圣作则。"这里的则都是指法律。《左传·文公十八年》指"毁则为贼",并认为毁则之贼"不可不杀"。《国语·晋语五》载赵宣子请灵王伐宋的理由是宋人弑其君,"反天地而逆民则",《左传·庄公二十三年》载曹刿论朝会云:"会以训上下之则,制财用之节。"均指调整君臣上下关系的法律。

---

[1]《左传·哀公十一年》。
[2]《左传·成公十二年》。
[3]《左传·襄公十一年》。

誓、诰、命、令、盟、典、常、则、礼、刑十种，大体构成"礼刑体系"时代的法律形式。总体而言，这十种法律形式具有非常明显的原生性的特点，直接来自社会生活、政治生活，未经太多的"造法"加工。典、常、则等形式更多是对一种文化成果的称谓，它们首先被认为是政治文明、道德文明发展的结果，其次才被视为是法制文明发展的一种表现。誓、盟、诰、命、令、典、礼等形式首先是结盟、发誓、忠告、命令等活动，这些活动逐渐具有了越来越多的规范内容，并逐渐发展成为一种法律规范。要言之，这十种法律形式基本上都是人们在社会生活、政治生活中自然收获的成果，而不是某种制度规划或立法构想的有目的的产物。"生活中有法则常度，离不开法则常度，人们遵守它们，国家认为应当遵守它们，它们在我们的观察中便成了法。"[1]也正因为如此，这十种法律形式之间不存在严格的界限，说不上是具有严格内容和规范外在的法律形式，它们不是按照统一立法规划制定出来的承担不同功能和任务的部门法，内容上可能有某种约定俗成的专门性，却不存在分工意义上的专门性，誓、诰、命、令、盟、典、常、则的很多内容构成礼的渊源，如鲁国祀典、楚国祭典都是调整祭祀活动的规范，可以说都是礼，同时它们又经常和刑罚联系在一起，可以说有刑法的成分。因此，礼和刑才是"礼刑体系"的主要构成，其他法律形式和礼、刑并不完全处在同一层次上。同时，这十种法律形式的存在形式或是习惯，或是先例。礼是习惯法，夏商西周刑法中含有大量的先例。誓、诰、命、令等是由创制主体随机决定而生成的法律形式，但从《尚书》等文献的记载来看，创制主体发布的誓、诰、命、令也经常是在申明天命或

---

[1] 徐祥民：《春秋时期法律形式的特点及其成文化趋势》，载《中国法学》2000年第1期，第143页。

重申先前的旧制先例,《尚书·汤诰》:"凡我造邦,无从匪彝,无即慆淫,各守尔典,以承天休。"《尚书·牧誓》:"古人有言曰:'牝鸡无晨;牝鸡之晨,惟家之索'。"《尚书·微子之命》:"惟稽古,崇德象贤。统承先王,修其礼物,作宾于王家,与国咸休,永世无穷。"这些誓、诰、命、令在生成之后,又成为后人经常引用的一种先例,如周公誓命、周灵王对齐灵公命、周平王对晋文侯命、周成王对周公太公命、唐诰、盘庚之诰,等等,在各种文献中更多是作为先例而出现的。盟是几个主体之间的约定,规定的义务对与盟各方有约束力,但这种约定对立盟者的后人来说也是一种先例。鲁僖公二十六年(公元前634年),齐伐鲁,展喜与齐人言成王赐周公、太公之盟,"世世子孙,无相害",[1]此盟在春秋时期已不再是有现实约束力的法律规范,展喜只是回顾两国先人曾经订立的盟约,说服齐人遵循齐鲁两国关系史上的先例,休兵罢战。

总之,这一时期的法律形式经常不是表现为规范性法律文件,不是写在成文法典中的具体条文,而是来自并表现为长期形成的习惯和风俗,体现为对具体事件的处理及由此形成的先例,"中国早期的法形式,多表现为非规则型的'先王成例'"。[2]通说认为,古代中国真正的成文法萌生于春秋晚期,而大量产生于战国时期,这一观点与"礼刑体系"时代法律体系的构成及各种法律形式的总体特点是吻合的。

四、"礼刑体系"与西周"大一统"政治

《春秋·隐公元年》:"元年,春,王正月。"《公羊传》释

---

[1]《左传·僖公二十六年》。
[2] 王捷:《清华简〈子产〉篇与"刑书"新析》,载《上海师范大学学报(哲学社会科学版)》2017年第4期,第58页。

曰:"元年者何? 君之始年也。春者何? 岁之始也。王者孰谓? 谓文王也。曷为先言王而后言正月? 王正月也。何言乎王正月? 大一统也。"《公羊传》最早提出"大一统"的概念,[1]然"大一统"的观念却并非始于《公羊传》成书的战国时期,而是源自西周。《诗·小雅·北山》:"溥天之下,莫非王土;率土之滨,莫非王臣。"早在西周时期,"大一统"就已经形成一种政治理念,体现于宗法分封制和"礼刑体系"的政治法律实践中。

(一) 西周的"大一统"政治

马克思国家起源学说认为,商品生产、私有制及阶级压迫是国家产生的根本动力,国家因暴力而产生,依靠暴力而维持,为了暴力(一个阶级对另一个阶级的压迫)而存在,同时,不同民族和文明由于不同的历史条件,其迈向国家的路径在遵循一般规律的同时,必然呈现出一定的特殊性。在东亚大陆上,包裹着氏族组织之残存,缠连着血缘纽带之藕丝,借助征服战争等武力暴力的强力推动,中国早期国家之诞生水到渠成。夏商王朝自发承继了原始社会末期氏族组织和血缘纽带,其社会组织仍然主要呈现为一个个彼此认为有着共同祖源但谱系尚不清晰的群体,而不是彼此有着共同祖源且血缘谱系清晰的群体,组织的内部秩序及规则不过是"合一族之人,奉其族之贵且贤者而宗之。其所宗之人,固非一定而不可易,如周之大宗、小宗也",[2]尚未形成如同周代一般严格等级关系的宗法制度;其礼法文化"亲亲"有余,"尊尊""贵贵"不足,是一种自然、

---

[1]《公羊传》于战国时期在儒家后学中口耳相传,至汉景帝时始著于竹帛。《春秋公羊传注疏》徐彦引戴宏序曰:"子夏传与公羊高,高传与其子平,平传与其子地,地传与其子敢,敢传与其子寿。至汉景帝时,寿乃与齐人胡毋子都著于竹帛。"参见《春秋公羊传注疏·序》,阮元校刻:《十三经注疏》,上海古籍出版社1997年版,第2189页。

[2] 王国维:《观堂集林》,中华书局1959年版,第234页。

原生形态的礼法文化，同时渗透了基于祖先崇拜和多神崇拜的鬼神观念；其国家结构则更多体现为一种由多层次政治实体构成的"复合型"国家，但均未像周朝一样在全国范围内大规模分封亲属，依据宗法原则对国家结构进行根本性改造。换言之，无论在社会组织（氏族）还是政治组织（国家）中，严格的等级关系尚未完全确立，故此，夏商时期王权虽已经存在，但夏商王权与西周王权不可同日而语。即以商代为例，邦畿之外方国林立，虽然商王屡屡对外用兵，征服了一些方国，将其纳入王朝的"外服"，建立起某种程度的隶属关系。但是，商代服国非出于商王朝的分封，服国所辖的土地和人民非商王赐予，而乃其固有的土著居民；服国的首领原为方国的首长，同商王没有血缘关系；服国境内仍保持着本族人的聚居状态；服国与商王朝的政治隶属关系在制度上缺乏明确的规定和保障。基于此，商王在"外服"行使的政治权力较为有限，商王和服国首领之间，"犹后世诸侯之于盟主，未有君臣之分也"。[1]君臣关系等政治等级关系尚不明晰不严密，自然不可能形成"礼乐征伐自天子出"的"大一统"格局。

殷商灭亡后，姬周统治者在"小邦周"治理"大国殷"、殷商"内服"族属心怀不服、"外服"势力游移观望，以及鬼神信仰与血统天命论衰颓导致政权合法性危机之复杂态势下，对夏商以来的氏族组织和血缘关系纽带进行重大改造，变氏族为宗族，扩"亲亲""长长"至"尊尊""贵贵""男女有别"，一种强调嫡庶、尊卑、贵贱等政治上等级差别的宗法制度被建立起来，并与分封制相结合，构成国家体制的核心部分，诚如王国维所言，"一曰立子立嫡之制，由是而生宗法及丧服之制，

---

[1] 王国维：《观堂集林》，中华书局1959年版，第466~467页。

并由是而有封建子弟之制、君天子臣诸侯之制。二曰庙数之制，三曰同姓不婚之制。此数者皆周所以纲纪天下，其旨则在纳上下于道德，而合天子诸侯卿大夫庶民以成一道德团体"。[1]姬周宗法制度固然是建立在夏商制度基础之上的，也是原始社会末期以来残存氏族组织和血缘关系纽带之演化，然其分嫡庶、序尊卑、别男女、后大宗、建分封等举措，充分贯彻了姬周统治者在总结历史经验基础上构建严格等级关系之"血缘宗法王国"的自觉与积极作为，为"大一统"王权与政治格局之形成创造了条件：

一是强化周天子王权的正当性。姬周统治者将殷商时期盛行的"天命"、神权进一步具体化为"德"。"皇天无亲，惟德是辅"，[2]"德"首先是发自农耕社会氏族组织内部的"笃仁、敬老、慈少"等亲属伦理，然后扩充为"明德慎罚"及恤民、爱民、保民的政治伦理，亲属伦理是"德"之本源，政治伦理被认为亲属伦理之延伸。姬周取代殷商，就是因为周文王、武王敬天保民，商纣王残民以逞，天命由此转移，同时，姬周统治者还把天子塑造为慈爱而威严的大家长，给政治权力和等级差别披上一层温情脉脉的亲情外衣，贯通政治等级与亲属间的长幼尊卑，宣称"命令—服从"的政治权力关系根源于家长对家人的天然权力，"惟孝友于兄弟，克施有政"。[3]

二是严格宗族组织内部的等级关系。姬周统治者以嫡庶有别、大小宗有别、男女有别等原则为指导，在长期发展演变的氏族制度基础上建立起了周代意义上的宗法制度。周代宗法制度固然也以血缘关系为基础，但更强调嫡庶之别、大小宗之别，

---

[1] 王国维：《观堂集林》，中华书局1959年版，第231~232页。
[2] 《尚书·蔡仲之命》。
[3] 《尚书·君陈》。

第二章　前法典化与"礼刑体系"发端

严格规范族长与族人、大宗与小宗之间的权利义务关系，凸显家族成员之间的尊卑等差，是一种政治化、等级化的家族制度。与随着人口繁衍而自然分化、内部相对平等的氏族组织不同，周代宗法制度下的宗族组织，因族而立宗，大宗统率小宗，族长统率族人，吉凶相及、有无互通、尊卑分而不乱、亲属别而不二、贵贱繁而不间，通过层次分明的统领结构，从总体上强化了宗族组织的整合和团结功能，使"一宗如出一族、一族如出一家、一家如出一人"。[1]由此，周代宗族组织不再仅仅是一种自发的血缘组织，而是已经上升为一个自觉构造出来的等级森严的政治团体。

　　三是分封宗族组织于全国各地。分封建国亦是姬周统治者基于主体自觉的一大制度创举，并与宗法制紧密相连，诚如钱穆先生所言："夏、殷之际，虽已有共主、诸侯之名分，然尚不能有如此强有力的建国形势，故曰封建制度起于周代。殷以前所谓诸侯，大体仅为部族，不能如周室封建各国之文化规模耳。"[2]姬周统治者依据血缘宗法关系分配领土，逐渐把作为血缘组织和政治团体的宗族分封于全国各地，扩大王朝政权的统治基础，"封建亲戚，以蕃屏周"，[3]明确和保障天子与诸侯之间的君臣关系，《左传·昭公七年》："王臣公，公臣大夫，大夫臣士。"《仪礼·丧服传》郑玄注："天子、诸侯及卿大夫，有地者皆曰君。"《礼记·曲礼下》："诸侯见天子曰臣某侯某。"通过分封，周天子由夏、商时的"诸侯之长"变成了名副其实的"诸侯之君"。天子册命诸侯，诸侯接受册命，奉行天子政

---

[1]　李源澄：《宗法》，载李源澄著，王川选编：《李源澄儒学论集》，四川大学出版社2010年版，第311页。

[2]　钱穆：《国史大纲》（上册），商务印书馆1994年版，第42页。

[3]　《左传·僖公二十四年》。

令；天子为诸侯规定不同等级的爵命，诸侯根据爵命分配权力、财富并对天子承担规定的义务。天子巡狩诸侯，对诸侯行使统治及管理的权力，《孟子·告子下》："天子适诸侯曰巡狩。"具体做法则是"入其疆，土地辟，田野治，养老尊贤，俊杰在位，则有庆，庆以地。入其疆，土地荒芜，遗老失贤，掊克在位，则有让。"诸侯则有义务向天子述职，《国语·鲁语上》："先王制诸侯，使五年四王、一相朝。终则讲于会，以正班爵之义，帅长幼之序，训上下之则，制财用之节，其间无由荒怠。"天子向诸侯征赋税，诸侯有义务向天子纳贡，《左传·昭公十三年》："昔天子班贡，轻重以列。列尊贡重，周之制也。"天子有权征调诸侯国军队，诸侯则有从征助讨之义务。诸侯对天子的义务是强制性的，不履行或履行不到位将被制裁，"一不朝，则贬其爵；再不朝，则削其地；三不朝，则六师移之"。[1]

总之，西周统治者通过"引国入家"和"化家为国"的双向构造，"造成了比夏、商二代更为统一的国家，更为集中的王权"，[2]将一个规模日益扩大的国家打造成"血缘宗法王国"，缔造出前所未有的统一国家，初步形成了本大末小、强干弱枝、"礼乐征伐自天子出"的大一统政治格局。西周宗法分封制下的大一统虽然有异于后世中央集权政体下的大一统，但周王室统一的政治、经济、军事、社会制度在各诸侯国得到推行，正是大一统政治格局的体现，而这一格局与对天子至上的政治认同正是宗法分封制的产物，"新建之国皆其功臣昆弟甥舅，本周之臣子，而鲁卫晋齐四国又以王室至亲，为东方大藩，夏殷以来古国方之蔑矣。由是天子之尊非复诸侯之长，而为诸侯之君。……此周

---

〔1〕《孟子·告子下》。
〔2〕 金景芳：《中国奴隶社会史》，上海人民出版社1983年版，第139页。

第二章　前法典化与"礼刑体系"发端

初大一统之规模,实与其大居正之制度,相待而成者也"。[1]

(二)"礼刑体系"对西周"大一统"政治的卫护

制礼作乐是西周统治集团为巩固政权而采取的一项重要措施,"礼刑体系"是服务于西周大一统政治的法律体系,以捍卫和保护"大一统"政治为目标。

1. 捍卫周天子权威

在西周"大一统"的政治秩序中,周天子位于秩序的顶端,王权至上,王之威严不可冒犯,《尚书·洪范》:"惟辟作福,惟辟作威,惟辟玉食。臣无有作福、作威、玉食。"《诗·大雅·文王有声》:"自西自东,自南自北,无思不服。"天子权力和尊严的维系攸关大一统政治秩序的存续,"天子者,与天地参,故德配天地,兼利万物;与日月并明,明照四海而不遗微小。其在朝廷则道仁圣礼义之序,燕处则听雅、颂之音;行步则有环佩之声;升车则有鸾和之音。居处有礼,进退有度,百官得其宜,万事得其序"。[2]周代礼制处处维护周天子的权力和尊严。《礼记·王制》:"赐弓矢然后征,赐钺然后杀,赐圭瓒然后为鬯。"只有得到天子的授权,诸侯才能讨伐和诛杀其他诸侯。《礼记·王制》:"天子命之教然后为学。"只有得到天子的许可,诸侯才能设立学校。天子各方面的礼遇规格异于其他贵族,"天子社稷皆大牢,诸侯社稷皆少牢""天子七庙,诸侯五,大夫三,士一。天子之豆二十有六,诸公十有六,诸侯十有二,上大夫八,下大夫六。……天子之席五重,诸侯之席三重,大夫再重。天子崩,七月而葬,五重八翣;诸侯五月而葬,三重六翣;大夫三月而葬,再重四翣""天子之堂九尺,诸侯七尺,大夫

---

[1] 王国维:《观堂集林》,中华书局 1959 年版,第 467 页。
[2] 《礼记·经解》。

· 055 ·

五尺，士三尺"[1]"天子玉藻，十有二旒，前后邃延，龙卷以祭"[2]"礼，不王不禘。王者禘其祖之所自出，以其祖配之。诸侯及其大祖。大夫、士有大事，省于其君，干祫，及其高祖"[3]"天子后立六宫、三夫人、九嫔、二十七世妇、八十一御妻，以听天下之内治，以明章妇顺"。[4]天子的权威若得不到维护，"大一统"政治秩序必将加速解体，正如孔子所言："天下无道，则礼乐征伐自诸侯出。自诸侯出，盖十世希不失矣；自大夫出，五世希不失矣；陪臣执国命，三世希不失矣。"[5]

2. 维护宗法等级制度

周代礼的核心精神是"别"，"天尊地卑，君臣定矣。卑高已陈，贵贱位矣。动静有常，小大殊矣。方以类聚，物以群分，则性命不同矣。在天成象，在地成形，如此则礼者天地之别也"，[6]礼就是要"别男女""别长幼""别尊卑""别贵贱""别上下""别君臣"，在人群之中构建起不同类型、不同层次的宗法等级制度，并加以巩固和维护，"亲亲也，尊尊也，长长也，男女有别，此其不可得与民变革者也"。[7]《礼记·礼运》："父慈、子孝、兄良、弟弟、夫义、妇听、长惠、幼顺、君仁、臣忠，十者谓之人义。"这是讲十种重要的等级关系。《礼记·内则》："妇事舅姑，如事父母。"这是讲妇女侍奉公婆的等级关系。"礼始于谨夫妇。……男女不同椸枷，不敢县于夫之楎椸，不敢藏于夫之箧，不敢共湢浴。夫不在，敛枕箧簟席、襡器而

---

[1]《礼记·王制》。
[2]《礼记·玉藻》。
[3]《礼记·大传》。
[4]《礼记·昏义》。
[5]《论语·季氏》。
[6]《礼记·乐记》。
[7]《礼记·大传》。

藏之",[1]这是讲夫妻相处的等级差别。"虽婢妾,衣服饮食必后长者。妻不在,妾御莫敢当夕",[2]这是讲妻妾之间的等级差别。《礼记·玉藻》:"父命呼,唯而不诺,手执业则投之,食在口则吐之,走而不趋。亲老,出不易方,复不过时。"这是讲儿子侍奉父亲的等级关系。《礼记·少仪》:"尊长于己踰等,不敢问其年。燕见不将命。遇于道,见则面,不请所之。"这是讲卑幼与尊长之间的等级。《礼记·缁衣》:"下之事上也,身不正,言不信,则义不壹,行无类也。"这是讲以下事上需要注意的等级关系。总之,"朝觐之礼,所以明君臣之义也;聘问之礼,所以使诸侯相尊敬也;丧祭之礼,所以明臣子之恩也;乡饮酒之礼,所以明长幼之序也;昏姻之礼,所以明男女之别也。夫礼,禁乱之所由生,犹坊止水之所自来也",[3]西周正是通过在全社会构造起严格的宗法等级制度,进而形塑出统一规划的"血缘宗法国家"。礼体现等级差别,维护等级制度,是"大一统"政治的稳定器,若礼崩乐坏,"大一统"政治亦必土崩瓦解,"昏姻之礼废,则夫妇之道苦,而淫辟之罪多矣;乡饮酒之礼废,则长幼之序失,而争斗之狱繁矣;丧祭之礼废,则臣子之恩薄,而倍死忘生者众矣;聘觐之礼废,则君臣之位失,诸侯之行恶,而倍畔侵陵之败起矣"。[4]

3. 礼主刑辅、明刑弼教,同民心而出治道

周代统治者并不认为礼的实施能纯粹靠人之自律,不认为天子的权威和宗法等级制仅靠训导性的礼就能实现,相反,礼禁恶于未萌,刑惩恶于已发,礼之所禁,刑之必惩,必须用暴

---

[1]《礼记·内则》。
[2]《礼记·内则》。
[3]《礼记·经解》。
[4]《礼记·经解》。

力性的刑事制裁保证礼的实施，卫护周天子的权威、各级贵族的等级特权和"大一统"政治格局。周初统治者建立及巩固周朝的功业，就是一个"大刑用甲兵，其次用斧钺，中刑用刀锯，其次用钻笮，薄刑用鞭扑"的过程。西周立国是通过对殷商的武力"革命"，绝非所谓"以德服人""不战而屈人之兵"；周公平管叔、蔡叔、武庚之乱，靠的是武力征伐和诛罚，而不是兄弟亲情的感召。在制礼作乐的同时，夏商时期的刑法刑罚被继承下来，进一步改造为卫护"大一统"政治的利器，对各种侵犯周天子权威和破坏宗法等级制度的违礼行为施以刑事制裁。凡是不听从天子命令、意图侵犯天子或冒犯天子尊严的，一律严惩不贷。《国语·周语》："犯王命必诛。"《周礼·夏官·司马》："放弑其君则残之。"《史记·周本纪》："伐不祀，征不享，让不贡。"凡破坏父权、夫权、家庭关系等悖逆礼制的，一律施以刑罚。《尚书·康诰》："元恶大憝，矧惟不孝不友。……乃其速由文王作罚，刑兹无赦。"《周礼·夏官·司马》："外内乱，鸟兽行，则灭之。"《周礼·秋官·掌戮》："凡杀其亲者，焚之。"《礼记·王制》："变礼易乐者为不从，不从者君流。……革制度衣服者为畔，畔者君讨。"

总之，"礼节民心，乐和民声，政以行之，刑以防之。礼乐刑政四达而不悖，则王道备矣"，[1]通过礼和刑的规制，共同卫护"大一统"政治格局，最终实现"同民心而出治道"，王朝长治久安，永享太平。

五、"铸刑书（鼎）"："礼刑体系"的瓦解

春秋晚期郑国"铸刑书"和晋国"铸刑鼎"事件，是中国

---

[1]《礼记·乐记》。

第二章　前法典化与"礼刑体系"发端

法律史上划时代意义的重大事件,也是学术史上聚讼纷纭的一大公案。通说认为这是中国出现的最早的公布成文法事件,其意义在于打破贵族司法专横擅断,但也有学者提出反对观点,认为西周甚至商代就有公布成文法的传统,《汤刑》《九刑》《吕刑》都是公布的成文刑法,就公布成文法而言,"铸刑书(鼎)"并不具有特别的意义。[1]近些年来,有学者通过考证清华简《子产》,认为子产刑书分为令和刑两部分,子产"铸刑书"把礼法关系由"礼主刑辅"改变为"礼刑并行",标志着成文法由隐秘转向公开以及罪刑相应的成文刑法逐渐确立,子产刑书令刑并作,刑"尊令裕仪",强化了法的一元特征,标志着成文法时代的到来,但在中国春秋时期,"成文法规并不像古罗马社会那样是平民阶层争取权利的结果,而是宗族社会解体后,国家公权力需要直接高效地管理社会成员、调动社会资源的产物","铸刑书"的背后是"宗族法令时代将结束,集权律令时代将到来",而这才是叔向、孔子等人反对的原因。[2]在已有研究的基础上,通过对"礼刑体系"法律构成及形式的分析,本书认为:夏商西周时期各种法律形式的存在形态主要是习惯、先例,并非严格意义上的成文法,更不是法典;夏商西周时期刑法中的刑罚是对全社会公开的,但具体的什么行为怎么样定罪量刑的先例是不公开的,而是由贵族担任的司法官员掌握,也不存在

---

[1] 参见徐燕斌:《殷周法律公布形式论考》,载《暨南学报(哲学社会科学版)》2013年第12期,第48~56页。

[2] 参见王沛:《刑鼎、宗族法令与成文法公布——以两周铭文为基础的研究》,载《中国社会科学》2019年第3期,第85~105页;刘光胜:《德刑分途:春秋时期破解礼崩乐坏困局的不同路径——以清华简〈子产〉为中心的考察》,载《孔子研究》2019年第1期,第30~38页;王捷:《清华简〈子产〉篇与"刑书"新析》,载《上海师范大学学报(哲学社会科学版)》2017年第4期,第53~59页;王沛:《子产铸刑书新考:以清华简〈子产〉为中心的研究》,载《政法论坛》2018年第2期,第162~170页。

基于对犯罪行为归纳和抽象而形成的规范化罪名，这就是"议事以制，不为刑辟"。基于此，春秋晚期的"铸刑书（鼎）"事件，在法律史上仍然有其重大意义。就古代中国法律体系的演进而言，本书认为，"铸刑书（鼎）"事件标志着商周以来"礼刑体系"的瓦解，表现在三个方面：

（一）从"以刑统例""以刑统罪"到"以罪统刑"的转变

夏商西周刑书的基本体例是"以刑统例""以刑统罪"，这种体例适应了当时抽象概括的法律方法和立法技术不够发达的文化背景，同时，也满足了贵族独擅司法权的潜在政治需求。"昔先王议事以制，不为刑辟，惧民之有争心也"，[1]所谓"惧民之有争心"，更多是不想平民百姓争论案件审理的细节，进而威胁到贵族对司法权的垄断独占。但是，"以刑统例""以刑统罪"的体例无法适应春秋时期社会阶级结构剧烈变迁的历史形势：旧的宗法贵族持续没落，平民阶层和新贵族势力崛起，他们不满于旧贵族继续垄断政治权力、文化权力和法律权力，反对贵族"议事以制"，要求制定公布罪与刑全面公开的刑书。"铸刑书（鼎）"满足了这一需求，开始对夏商西周以来的刑书体例进行根本性的改变。子产刑书据清华简《子产》所载，包括令和刑两种法规范形式，[2]其刑辟之法应根本上不同于以往"以刑统例""以刑统罪"的刑书，而应是一部既包含刑名又包含罪名、罪名开始和刑名产生一定对应关系的刑书，是一部开始具备普遍性、公开性、准确性和客观性的，极大削弱了贵族特权的成文刑法，不然，为何会引起以叔向为代表的旧派贵族势力的极大反感呢！"民知争端矣。将弃礼而征于书，锥刀

---

[1]《左传·昭公六年》。
[2] 参见王捷：《清华简〈子产〉篇与"刑书"新析》，载《上海师范大学学报（哲学社会科学版）》2017年第4期，第53~59页。

之末,将尽争之"。[1]晋国赵鞅的刑书,据孔子所言,来自公元前621年赵盾的"夷蒐之法",其内容据《左传·文公六年》,包括:"制事典,正法罪,辟狱刑,董逋逃,由质要,治旧洿,本秩礼,续常职,出滞淹。""制事典,正法罪"自然指刑事立法,就如后代之制定刑罚律令。可见,赵盾制定及赵鞅其后公布的刑书较为类似《法经》之后的法典,兼有罪名与刑名两方面的内容。当然,春秋晚期,成文刑法初创,其体例自然不可能有《法经》之后的法典严谨,罪刑立法也未必有后世法典规范,但无论如何,"铸刑书(鼎)"开启了古代中国刑法体例从"以刑统例""以刑统罪"到"以罪统刑"的重大转变,标志着真正意义上成文刑法的开始产生。

(二) 从多元立法权、司法权到一元立法权、司法权的转变

春秋之前的中国是天子为共主、各级贵族宗族分别治理的社会,"当周族建立国家后,过去部落联盟军事首长通过军事民主制时代转化为阶级社会国家之首长——王,原来之部落酋长及王之亲属被分封或承认为诸侯,其地位低者附于大诸侯,即为所谓'附庸'。原来之胞族长及王诸侯之亲属有军事等才能者被任为卿,原来之氏族长及王诸侯之一般亲属被任为大夫,原来之亲兵武士等及王诸侯之疏属则成为各级之士。此天子诸侯卿大夫士之大致来历也",[2]在贵族宗族治理模式下,"天子的政令及于诸侯,诸侯的政令及于卿大夫,卿大夫的政令及于其宗族,宗族权力依次下达,直到最基层的社会生产组织,也即具有血缘关系的公社群体。在层层叠叠的封建关系中,政令多以逐级、而非越级的方式发挥作用。……理论上,周王是所有领主的宗主;实际上,各宗族依照真实或拟制的血缘关系管辖

---

[1]《左传·昭公六年》。
[2] 童书业遗著:《春秋左传研究》,上海人民出版社1980年版,第163~164页。

自己的固有领地。在法律领域亦是如此"。[1]与贵族宗族治理模式相对应，此一时期的立法权、司法权均具有一定的多元性，"周代法律传统中，既有'先王作明刑'的一面，又有法律多元的一面"。[2]立法权方面，君主固然掌握主要立法权，但执政、诸侯、卿大夫等贵族也享有一定立法权，与贵族同族的国人则有一定的立法参与权，从某种意义上说，正是因为立法权的分散和多元，才导致了法律渊源的多样性；司法权方面，天子固然掌握生杀大权，但司法官员由贵族担任，并通过引用先例控制司法过程，从实质上影响判决的做出，先例制度和司法官员对先例创制权、解释权的占有，必然导致司法权的多元化。然而，春秋晚期的"铸刑书（鼎）"却意味着立法权、司法权开始从多元到一元的转变，自此，"以罪统刑"的成文刑法逐渐取代了其他法律形式，成为定罪量刑的唯一依据，而这种新形态的刑法，是由日益集权的诸侯国中央政府制定的。子产在郑国执政，"张公室，抑私门"，加强中央权力，打击贵族势力，邓析之所以被杀就是因为其私造《竹刑》侵犯了国家独占的立法权，晋国"铸刑鼎"虽是强势的卿大夫欲代君自立，但本质上也是在加强中央集权，剥夺其他贵族的立法权。成文刑法出现后，"议事以制，不为刑辟"的贵族通过创造与解释先例掌握司法权的时代逐渐成为过去，无论贵贱，所有人都必须遵守公开的成文刑法，司法官员也只能根据公开的成文刑法来定罪量刑，而不得随意"上下比罪"。总之，"铸刑书、铸刑鼎就是要把原来的多元立法权、司法权、旧体制转变为法自君出的一元立法

---

[1] 王沛：《刑鼎、宗族法令与成文法公布——以两周铭文为基础的研究》，载《中国社会科学》2019年第3期，第100~101页。

[2] 王沛：《子产铸刑书新考：以清华简〈子产〉为中心的研究》，载《政法论坛》2018年第2期，第169页。

权、司法权新体制,以顺应宗法贵族君主制政体转变为君主专制政体的历史发展要求",[1]通过"铸刑书(鼎)",日益中央集权的国家逐渐剥夺了贵族的立法权和司法权,为国家统一行使立法权和司法权创造了条件。

(三) 以成文刑法为代表的制定法逐步取得主导地位

在"铸刑书(鼎)"之前,春秋时期法律成文化的趋势就较明显。礼、典、常、则等更多包含习惯和先例的法律形式出现了衰颓的趋势,礼崩乐坏自毋庸多言,典、常、则等法律形式因其内容更多包含既往习俗和先例,而不是直接反映当时统治者的直接意志,故其在春秋时期,更多出现在批评当权者的反对者所援引的场合,换言之,不是充当权力的支撑、为掌权者的所作所为提供依据,而是站在权力的对立面、阻止权力的运行、成为权力的阻碍,没有成为掌权者用来开创新事业的器具,却沦为守旧派和反对派用来维护旧秩序的依据。这既是礼、典、常、则等法律形式衰颓的表现,同时也必然使它们更加遭受新兴政权的冷落,直至遗忘。相反,誓、命、令等法律形式虽古已有之,也曾以习俗和先例为主要内容,但因其创制过程更能为统治者所掌控,更能直接体现统治者的意志、满足统治者革故鼎新的现实需求,因而越来越多地被统治者使用,用以解决现实的政治和军事问题,如越王勾践的"蕃息人口"之誓、"旅进旅退"之誓、[2]"无侵范蠡地"之誓、[3]求父兄昆弟谋退

---

[1] 郝铁川:《从多元立法权和司法权到一元立法权和司法权的转折——春秋时期"铸刑书"、"铸刑鼎"辨析》,载《华东政法学院学报》2005年第5期,第65页。

[2] 《国语·越语上》。

[3] 《国语·越语下》。

吴之令，[1]赵简子之誓，[2]楚公子弃疾对随从之命。[3]这些誓、令、命规范清晰，赏罚明确，不再是习俗和先例的汇集和重申，而是统治者命令的直接表达，不再依赖于上古先王的精神权威而生效，而通过当代统治者的权力和赏罚保证其强制力，因此，它们不再是习惯法或先例，而是一种国家制定的、直接反映统治者意志的、有普遍约束力和强制力的成文法、制定法。誓、命、令等法律形式的制定法化及大量使用必然压缩习惯法和先例的适用空间。在不断强化的现世权力的支持下，制定法逐步取得主导地位。"铸刑书（鼎）"及成文刑法的出现进一步强化了制定法的地位，其公开否定了"议事以制，不为刑辟"的传统，将三代以来一直作为重要法律形式之一的刑法从"以刑统例""以刑统罪"的体例逐步改造为"以罪统刑"的制定法，在礼乐教化不足以维持秩序的背景下，进一步强化刑法的威慑和镇压功能，"严断刑罚，以威其淫"，[4]实现社会控制模式从"礼治"到"刑治""法治"的转型。礼乐既已崩坏，刑法等法律形式也逐渐成文化，制定法的时代即将到来，"缘法而治"的时代也即将开始。

小结

自夏、商、西周至春秋，是为古代中国法律体系发展演变史上的"礼刑体系"时代。"礼刑体系"的法律形式包括誓、诰、命、令、盟、典、常、则、礼、刑等，存在形态主要为习惯法和先例，礼和刑是"礼刑体系"的主要构成，法在礼中，

---

[1]《国语·越语上》。
[2]《左传·哀公二年》。
[3]《左传·昭公六年》。
[4]《左传·昭公六年》。

出礼入刑。"礼刑体系"通过吉礼、凶礼、宾礼、军礼、嘉礼等一整套烦琐的仪式规范,规定各阶层必须履行的仪式义务,并以惩戒性的刑罚规范为保证,强制各阶层尤其贵族阶层履行烦琐的礼节仪式,从中激发守法情感,养成守法习惯,强化身份认同,使各阶层认识自我角色,承担自我责任,实现自我价值,进而巩固"亲亲""尊尊"的宗法等级秩序,捍卫和保护"大一统"政治。春秋晚期"铸刑书(鼎)"开启了古代中国刑法体例从"以刑统例""以刑统罪"到"以罪统刑"的重大转变,标志着真正意义上成文刑法的开始产生,意味着立法权、司法权开始从多元到一元的转变,使以成文刑法为代表的制定法日益取得主导地位,"礼刑体系"也由此走向解体。

第三章

首次法典化与"律令体系"成型

自战国至唐宋,是为古代中国法律体系发展演变史上的"律令体系"时代。"律令体系"在古代中国持续时间最长,对周边国家的影响也最大。具体而言,此一时期又可分为三个阶段:(1)战国至秦汉是"律令体系"的奠基阶段。律和令成为国家法律体系的主要构成,但律、令界限不清晰,更重要的是,此时的律令尚未法典化,而是以单行法的形式出现,"秦汉时没有国家统一颁行的、篇目固定的法律编纂物,而是由单篇律与令篇构成的律令法体系",[1]由此,律和令的数量非常之多,不过,汉代朝廷开始有目的地对律令进行整理、汇编,使之更宜适用。(2)魏晋至隋唐是"律令体系"的正式成型和完善阶段。自魏晋开始,律、令开始分野,正式开启中国古代首次法典化进程,魏律为第一部公开颁行的律典,晋令为第一部令典,延至唐代,唐律的出现及其高超的立法技术标志着律的法典化达到极高的水准,随着"律令体系"的成型和完善,律、令的数目大幅度减少,概括性和规范化水平大大提高,各种法律形式也呈现精简趋势,唐代律令格式的分类和相互配合反映出"律令体系"臻于完善。(3)宋代是"律令体系"的嬗变阶段。

---

[1] 杨一凡、朱腾主编:《历代令考》(上),社会科学文献出版社2017年版,第21页。

第三章 首次法典化与"律令体系"成型

律(刑统)和令仍然是主要的法律形式,但编敕的出现及刑法化实质上大大增加了律的数目,令、格、式的性质和内容发生重要变化,尤其是编例的增加和地位的上升使作为成文法的传统律令的地位受到冲击,整个法律体系变得极为庞杂而混乱,"律令法系"发生嬗变,并趋于解体。

在"律令体系"时代,古代中国法律体系的发展演变一方面呈现出强烈的法典化趋势,可以说这一趋势主导了此一时期法律体系的演进过程,最终促成了门类齐全、内容完备、体例严谨的规范化法典之产生;另一方面,此一时期法律体系演进过程中也存在一股与法典化趋势大异其趣的暗流:廷行事、决事比、法例、编例等先例相继改头换面出现,单行令、敕、格后敕等数量众多的单行法规如野草般"野火烧不尽,春风吹又生",与律典、令典相伴而行,相互协调及相互冲突。在这一明一暗两种趋势的相互作用下,"律令体系"逐渐成形、完善,最终走向解体。

一、首次法典化与"律令体系"的形成

自春秋以降,制定法地位不断上升,旧有的习俗、先例地位和作用持续下降,"铸刑书(鼎)"加快了这一进程。进入战国时代,新兴的各大诸侯国迫于列国交兵、弱肉强食的冷酷现实,相继推动富国强兵的变法,进一步强化君权和中央集权,"法自君出"逐渐发展成为一种普遍的法律现象,"法者,编著之图籍,设之于官府,而布之于百姓者也",[1]由国家制定并统一颁布、同等适用于贵族和平民、以书面文本表现出来的制定法、成文法,彻底占据了法律体系中的主导地位。同时,社会

---

[1]《韩非子·难三》。

生活的复杂化以及列国之间的激烈竞争导致兵刑钱谷等行政事务日益复杂化和专门化，在"以法治国"的"法治"治理模式下，这必然产生对成文法的大量需求。由此，自战国至秦汉，成文法数量急剧增加，最后发展到"文书盈于几阁，典者不能遍睹"[1]的地步。从成文法的普遍化到法典的产生，经历了一个法律概念规范化精确化、法典内容严谨化和法典体例结构更加科学化的过程。

（一）《法经》：早期的成文刑法

《法经》是战国时期的代表性立法。关于其篇章体例和基本内容，《晋书·刑法志》有载：

悝撰次诸国法，著《法经》。以为王者之政，莫急于盗贼，故其律始于《盗》、《贼》。盗贼须劾捕，故著《网》、《捕》二篇。其轻狡、越城、博戏、借假不廉、淫侈逾制以为《杂律》一篇，又以《具律》具其加减。是故所著六篇而已，然皆罪名之制也。

从《晋书·刑法志》较为简略的记载来看，《法经》由六篇构成：《盗法》《贼法》《网法》《捕法》《杂法》《具法》。"窃货曰盗"，"害良曰贼"，盗和贼是两类重要的罪名，也是国家要重点打击的两类犯罪，"王者之政，莫急于盗贼"，故将其置于前两篇。《网法》《囚法》是抓捕、关押、纠劾犯人的规定，《杂法》是规定盗贼以外各种犯罪罪名的篇章，《具法》是规定定罪量刑原则的篇章，"具其加减"。由《法经》的篇章体例和大致内容可以看出，除《网法》《捕法》《具法》外，《盗法》《贼法》《杂法》三篇都是以犯罪的类型命名，可以推定，

---

[1]《汉书》卷二十三《刑法志》。

第三章　首次法典化与"律令体系"成型

《盗法》《贼法》《杂法》三篇的内部体例都是以具体罪名为目，刑罚附于每一罪名之后，是一种完全的"以罪统刑"的体例，也由此可以进一步推定，战国时期的刑名之学已经发展到可以提炼较为抽象和概括化的罪名的水平，并可以在提炼具体罪名的基础上，初步对犯罪和罪名进行分类。正是基于刑名之学的发展、立法技术的进步，以及新兴集权官僚制国家对更加规范、科学、明晰、精确的成文法的需求，以《法经》为代表的战国刑法才彻底实现了从"以刑统例""以刑统罪"到"以罪统刑"的转变，成为完全意义上的成文刑法。如果说春秋晚期"铸刑书（鼎）"是这一转变的开始，以《法经》为代表的战国成文刑法的出现则标志着这一转变的基本完成。

但是，《法经》的法典化水平还比较低。《盗法》《贼法》《网法》《捕法》《杂法》《具法》六篇之间的排列次序及逻辑联系比较牵强，尤其是把属于总则的《具法》置于最后，违反了法典编纂的一般原理，"罪条例既不在始，又不在终，非篇章之义"；[1]《网法》《捕法》虽与打击犯罪有密切的联系，却不是纯粹意义上的"罪名之制"，虽说"诸法合体"是古代刑法的共有特点，但《法经》内容上的专门化、类型化程度比后世唐明律等法典更低，其各篇尤其是《网法》《捕法》中，极可能包含一些本应由令规定的非刑法内容，这在律令不分的"律令体系"早期，也是常见之事。总之《法经》虽是一部真正的、彻底的、完全意义上的成文刑法，但还说不上是一部法典。

（二）作为单行法而存在的秦汉律令

关于秦汉律令的篇目和构造，典籍记载和出土文物之间存在较大差异。《晋书·刑法志》对汉律的记载是：

---

[1]《晋书》卷三十《刑法志》。

汉承秦制，萧何定律，除参夷连坐之罪，增部主见知之条，益事律《兴》、《厩》、《户》三篇，合为九篇。叔孙通益律所不及，傍章十八篇。张汤《越宫律》二十七篇。赵禹《朝律》六篇。合六十篇。

结合《汉书·刑法志》"相国萧何攈摭秦法，取其宜于时者，作律九章"的记载，《九章律》加《傍章律》《越宫律》的汉律六十篇的观点遂成为学界一时通说。然睡虎地云梦秦简出土后，此一观点即受到冲击。盖因"汉律九章"之说是建立在萧何在秦律基础上增加《兴》《厩》《户》三篇而制成《九章律》的认知前提之上的，换言之，汉律在秦律的基础上增加三篇为九篇，那秦律自然就是六篇，即在《法经》六篇的基础上改造而来。然睡虎地云梦秦简出现的秦律篇名，却有三十余种之多：田律、厩苑律、仓律、金布律、关市、工律、工人程、均工、徭律、司空、军爵律、置吏律、效、传食律、行书、内史杂、尉杂、属邦、厩律、赍律、除吏律、游士律、除弟子律、中劳律、臧（藏）律、公车司马猎律、牛羊课、傅律、敦（屯）表律、捕盗律、戍律。[1]秦律既然不止六篇，汉律九章又从何而来？

张家山汉简《二年律令》的出土令"汉律九章说"备受质疑。《二年律令》包括二十七种律：贼、盗、具、告、捕、亡、收、杂、钱、置吏、均输、传食、田、□市、行书、复、赐、户、效、傅、置后、爵、兴、徭、金布、秩、史。此外，简文中还有"奴婢律"、"变（蛮）夷律"等律名。[2]贼、盗、具、

---

[1] 参见睡虎地秦墓竹简整理小组编：《睡虎地秦墓竹简》，文物出版社 1990年版。

[2] 参见张家山二四七号汉墓竹简整理小组编：《张家山汉墓竹简〈二四七号墓〉》，文物出版社 2001 年版。

第三章 首次法典化与"律令体系"成型

捕、杂、户、兴等篇名与文献记载的《九章律》篇名基本吻合，初步证实了《晋书·刑法志》和《唐律疏议》关于九章篇目的记载，但是，《二年律令》中存在的九章之外的律篇该如何解释？虽然，云梦秦简和《二年律令》中出现的律名未必就是律的篇名，很可能是律条名的简化，但无论如何，出土文物中展示的秦律和汉律的篇章远不止六篇或九篇。随着新出土文物和文献的出现，秦律和汉律的篇名又必将增加，而其实际的律篇数，应多于文物和文献所展示。这一切当如何解释？秦汉律的篇目尤其"律令体系"的构造究竟是怎样？

关于此一问题，学界形成了多种观点。一种观点是视九章之外的律篇为单行律、追加律。程树德在《九朝律考》中将九章之外的律篇视为单行律，采纳《晋书·刑法志》所载曹魏律《序》有关正律、旁章的说法，将九章律视为正律，以单行律属旁章。[1]堀敏一曾根据曹魏律《序》提出，"旁章具有正律即九章律的副法的意思"，作为追加法的"田律、田租税律、钱律以下的诸律，都应该看作是旁章"，并认为《晋书·刑法志》关于叔孙通作傍章的说法不可信。[2]张建国指出，张汤所作《越宫律》二十七篇、赵禹所作《朝律》六篇均属旁章，张家山汉简《二年律令》中所见律篇名凡不载于正律即九章律篇名的，即应是旁章中的篇名。[3]李学勤推测《二年律令》中一些内容可能属于"旁章"。[4]冨谷至进一步提出：汉律由正律（《九章律》）、单行律（旁章）和追加律（越宫律、朝律）组成；正律

---

[1] 参见程树德：《九朝律考》，中华书局2006年版，第163~178页。
[2] 杨一凡总主编：《中国法制史考证》（丙编·第2卷），中国社会科学出版社2003年版，第286~287页。
[3] 参见张建国：《叔孙通定〈傍章〉质疑——兼析张家山汉简所载律篇名》，载《北京大学学报》1997年第6期，第44~53页。
[4] 参见李学勤：《简帛佚籍与学术史》，江西教育出版社2001年版，第182页。

· 071 ·

的篇目顺序是固定的，它们是基本法、正法，是刑罚法规，也是具备"篇章之义"的法典；此外，自秦以来正法之外就存在着非刑罚法规的单行法、追加法，但从篇次固定的典籍角度看，它们还不能算作法典。[1]总之，这一派学者认为九章之外的律篇为单行律、追加律，但尚承认《九章律》的存在，且认为《九章律》是正律，单行律、追加律是对正律的追加和补充。

有一部分学者因此质疑《九章律》本身的存在。孟彦弘认为，《九章律》最初是指律学的分类，汉人称"九"乃虚指篇章之多及影响之广，"九章"并非汉律的法定名称，更非实指汉律只有九章。[2]李振宏认为，班固"九章律"之说没有事实根据，只是一种理想的说法，典章所载"正律""旁章"等说法也存有疑问。[3]胡银康认为，"九章律"这一提法出现于汉武帝之后，出自儒家手笔。[4]滋贺秀三、陶安等学者认为，"九章律"的成立与律学的发展有密切关系，前者认为"九章律"是律学成为经学分支后由儒家学者构建出来的，[5]后者认为"九章律"是律学初次孵化的成果，是东汉学者从数以万计的律令条文中归纳提炼出来的。[6]总之，这一派学者不仅认为汉律不止九章，也否认《九章律》作为正律而存在，提出汉律无所谓

---

[1] 转引自杨振红：《从〈二年律令〉的性质看汉代法典的编纂修订与律令关系》，载《中国史研究》2005年第4期，第27~56页。

[2] 参见孟彦弘：《秦汉法典体系的演变》，载《历史研究》2005年第3期，第19~36页。

[3] 参见李振宏：《萧何"作律九章"说质疑》，载《历史研究》2005年第3期，第177~181页。

[4] 参见胡银康：《萧何作律九章的质疑》，载《学术月刊》1984年第7期，第44~46页。

[5] 参见陶安：《法典与法律之间——近代法学给中国法律史带来的影响》，载《法制史研究》2004年第5期，第16~22页。

[6] 参见黄留珠、魏全瑞主编：《周秦汉唐文化研究》（第3辑），三秦出版社2004年版，第270页。

第三章　首次法典化与"律令体系"成型

正律、单行律、追加律之分，"九章律""旁章"都是汉武帝后学者（主要是儒家学者）的学术建构。

另有一部分学者意图重新诠释"九章律"的内容，对其内涵进行再发掘。徐世虹在认可"九章律"提法的前提下，提出萧何所谓"作律九章"是就秦律增减轻重，而非重新编纂法典并增加三篇。[1] 杨振红也是在认同"九章律"的前提下，从"九章律"的形成过程，逆推战国秦汉律典的形成轨迹，提出了"秦汉律篇二级分类说"。杨振红认为，李悝、商鞅、萧何编纂法典时，将法典分为六个或九个一级律篇，一级律篇下面又包含数量不等的二级律篇，睡虎地秦简和《二年律令》中所见超出六篇或九章的律篇实为一级律篇（六篇或九章）之下的二级律篇。[2] "二级分类说"意图解答传世和出土文献记载之分歧，以此佐证《九章律》乃至商鞅"改法为律"、李悝《法经》的存在及地位，观点颇为新颖。

上述观点中，第一种和第三种观点均基本承认《九章律》的真实存在。第一种观点认为《九章律》是正律、基本律，出土文献展现的其他律篇是《九章律》之外的单行律、追加律，换言之，《九章律》是存在的，但汉律篇目当不止九章（秦律同此理，六篇是存在的，但篇目总数不止六篇）。但是，出土文献展现出来的各律篇多为随机排列，并未明显体现出主次、正从之分，在第一手的文献没有提供任何佐证甚至有反证倾向的情况下，仍然根据传世文献"九章""旁章"的记述，断定秦汉律有正律、单行律、追加律之分，坚持认为《九章律》就是正

---

[1] 参见徐世虹:《九章律再认识》，载马志冰等编:《沈家本与中国法律文化国际学术研讨会论文集》，中国法制出版社2005年版，第683~698页。

[2] 参见杨振红:《秦汉律篇二级分类说——论〈二年律令〉二十七种律均属九章》，载《历史研究》2005年第6期，第74~90页。

律、基本律，是否过于武断？第三种观点提出"秦汉律篇二级分类说"，以此推定《九章律》不但是真实存在的，而且汉律的一级篇目就是九章（秦律的一级篇目就是六篇），对"汉律九章"说的捍卫力度超过了第一种。但这一观点存在许多难以解释的疑问。例如，同样是捍卫"汉律九章"说，徐世虹教授却对"秦汉律篇二级分类说"提出三点疑问：其一，如果萧何确实制定过如此篇目整齐、体系完整之法典，为何惠帝乃至吕后时官吏会毫不知情而随意连写所有法律呢？其二，如果曹魏律放弃"二级分类"原则，为何《魏律序》中不置一词？法典结构如此重大的调整在刑法志上毫无记载，似乎不合常理。其三，从司法实践来说，如果汉律在法律结构上存在二级之分，在司法实践中又当如何操作呢？[1]张忠炜博士进一步补充疑问：其一，从史料学的角度来看，在没有当代或时代接近的史料支持下，似不能轻易相信后代史书对"法经""九章律"的记述；其二，以魏晋以后律（主要是《唐律疏议》）为参照来归类秦汉律，这种逆推在方法上带有相当的风险，能在多大程度上说明一、二级分类的合理性，值得怀疑；其三，从杨文所列秦汉律一、二级律篇分类表来看，有的一级律篇不含或仅含少量的二级律，而有的一级律篇却含有四五种甚至更多的二级律，秦汉律典篇章体系如此不平衡，不无可疑；其四，"集类为篇，结事为章"的记载，通常被认为是魏晋时人对汉律编纂方式的说明及对其内容错糅芜杂的指责，能否据此说明秦汉律典是二级分类，似可再斟酌。[2]

---

〔1〕 参见徐世虹：《近年来二年律令与秦汉法律体系研究述评》，载中国政法大学法律古籍整理研究所编：《中国古代法律文献研究》（第3辑），中国政法大学出版社2007年版，第231~232页。

〔2〕 参见张忠炜：《秦汉律令的历史考察》，载杨一凡、朱腾主编：《历代令考》（上），社会科学文献出版社2017年版，第17~18页。

第三章 首次法典化与"律令体系"成型

第二种观点彻底质疑《九章律》本身的真实存在，认为"九"是虚指而非实数，秦汉律既非只有六篇或九篇，也不存在正律、单行律、追加律之间的区分。本书赞同这种观点，并进一步提出：秦汉所有的律都是单行律，单行令和单行律共同构成"律令体系"，不存在统一的法典。睡虎地秦简及出土汉简中展示的秦汉律篇，并非国家统一编纂的法典，而是颁行年代不尽相同的各种单行律篇的抄录和汇集，其共通之处在于把国家颁行的律（令）有选择地抄录和汇编，或备一时所需，或为经常使用，或为个人学习，或兼而有之，从而形成了今天人们看到的出土秦汉"律令集合体"。这些"律令集合体"篇目不固定，排放随意，看起来杂乱无章，不成逻辑，但它们本来就不是国家有意识编纂的法典，而是基于统治需要而随时颁发的单行律令，并为郡县官府部门抑或法吏基于适用或学习的需要，有选择抄录和汇编的结果。

2006年，考古学家云梦睡虎地汉墓清理出土大量法律文献。2013年湖南省文物考古研究所和益阳市文物管理处组成考古队，对益阳兔子山遗址进行抢救性发掘，在发掘的16口古井中，有11口井出土了简牍，其中发现有枚可以缀合的汉律律名木牍。2018年10月至2019年3月，考古学家发掘荆州市胡家草场12号西汉墓，出土4000多枚简牍，律令简册为大宗，共3000余枚。睡虎地汉简、益阳兔子山汉简和胡家草场汉简的发现，对于秦汉律令的研究，具有相当的价值。在三处出土的汉简中，所有律篇均被安排在《□律》或《旁律》之中，形成清晰的两分结构。其中《□律》由所有罪律和几篇事律组成，其他事律集中于《旁律》，呈现出一种特别的格局。对于这种两分结构，有学者认为是国家立法的编排，甚至认为《□律》就是《狱律》，"汉初以来，由单篇律构成的汉律体系，其内部存在狱律、旁律之分。以是否具备刑罚性为判断依据，具备刑罚性的多被视为狱律，不具备或基本不具备的则被归为旁律。旁律可包括行政性、制度性（含军法类）律篇，也可以包括礼制性律篇。狱、旁之分是公权力的产物"。[1]但也有学者认为，在这三处出土汉简看到的汉律的结构性分类，"是司法实务人员为存放、寻检的便利而加以标识的分类、排序，并非国家立法层面所作出的分类，在征引律条等司法实践中也没有实质意义"，秦汉时候的律令，"并无分类和排序，这是由秦汉律令颁行的方式所决定的，是受制于书写载体竹木简牍的结果"。[2]本书赞同后一种观点。云梦睡虎地汉墓、益阳兔子山遗址和荆州市胡家草场12号西汉墓出土的汉律，不足以推翻汉律为单行法之观点。

单行法的存在形式，与法家"法治"理论及秦汉帝国"以法治国"的实践是相一致的，也符合当时的法律理论和立法技术水平。法家主张以"法治"代替"礼治"，以国家制定的成文法（如律令）取代商周时期以习俗、先例为存在形式的礼、

---

[1] 参见张忠炜、张春龙：《汉律体系新论——以益阳兔子山遗址所出汉律律名木牍为中心》，载《历史研究》2020年第6期，第22页。陈伟教授在《秦汉简牍所见的律典体系》（《中国社会科学》2021年第1期）一文中也认为："目前披露的篇、卷方面的资料明确显示，西汉文帝时期，所有律篇均被安排在《□律》或《旁律》之中，形成清晰的两分结构。其中《□律》由所有罪律和几篇事律组成，其他事律集中于《旁律》，呈现出一种特别的格局。通过对《二年律令》实际篇次的考察和对古人堤木牍律目的释读，这种结构有可能在西汉初年即已存在，并至少部分延续到东汉后期。至于秦律，则可能是罪律与事律分别组织，呈现出另一种两分结构。先前因为资料欠缺而以为秦汉律只是彼此并列的单篇、缺乏统一结构的看法，当可就此放弃。"

[2] 参见孟彦弘：《汉律的分级与分类——再论秦汉法典的体系》，载《学术月刊》2023年第9期，第170~182页。李婧嵘教授在《简牍所见秦汉法律体系研究》（《古代文明》2022年第4期）中也认为："写于简牍卷册上的秦汉法律集并非闭合的卷宗编纂物，新律可被制定、续编于简牍上，律条汇集并达到一定数量即可设立新律篇。在此种动态、开放的立法模式下，律条分类归篇并非事先依据统一、清晰的逻辑规则，以致秦汉法律体系中存在律篇混淆、分类模糊、律条抵牾的问题。"

第三章　首次法典化与"律令体系"成型

典、则、刑等法律形式,来治理日益集权的,公共事务日益复杂化、专门化和精细化的新兴官僚制国家,这不仅是法律体系的变迁,更是治理和控制模式的根本性转换。由此,必然产生对成文律令的大量需求,"治国无法则乱",[1]法家不但要求治国有法可依,更要求要用足够的法来治理国家,"圣王之立法也,其赏足以劝善,其威足以胜暴,其备足以必完法",[2]既然明主之国"无书简之文,无先王之语",[3]诗书礼乐、仁义德教全都不能用也用不着,作为治理国家唯一器具的法律,当然必须充足完备,并且必然在数量上具备相当规模。同时,法家极为重视法律的确定性,要求法律在内容、对象、后果上足够明确,不允许有任何模糊的空间,不给吏民任何议论、解释和扭曲法律的机会,"法之所加,智者弗能辞,勇者弗敢争",[4]"法已定矣,不以善言售法",[5]法家认为只有这样确定、不模糊的法律,才会是"立公弃私"的"公"法,才可能达到"私议不行""使民不争""法令行而私道废""奉法者强则国强"的治理效果。

法家对法律内容、对象和后果确定性的追求,甚至到了绝对化的地步。《韩非子·二柄》记载了这么一个故事:

昔者韩昭侯醉而寝,典冠者见君之寒也,故加衣于君之上,觉寝而说,问左右曰:"谁加衣者?"左右对曰:"典冠。"君因兼罪典衣与典冠。其罪典衣,以为失其事也;其罪典冠,以为越其职也。非不恶寒也,以为侵官之害甚于寒。故明主之畜臣,

---

[1]《吕氏春秋·察今》。
[2]《韩非子·守道》。
[3]《韩非子·五蠹》。
[4]《韩非子·有度》。
[5]《韩非子·饬令》。

· 077 ·

臣不得越官而有功，不得陈言而不当。

负责给韩昭候戴帽子的侍从出于好心给韩昭候加了件衣服，结果被韩昭候惩罚。韩非认为，韩昭侯之所以惩罚给自己加衣服的典冠侍从，是因为他的行为超越了自己"典冠"的职守，而超越职守的危害，甚于区区一时受寒。当然，这极可能只是韩非自己虚构的一个事例。韩非虚构这个事例的目的在于论证"臣不得越官而有功"的观点。韩非认为，为人臣者，在任何时候都应当忠于职守，谨守分寸，在自己的法定职守内做出了成绩，才应当被奖赏，超出自己的职守做事，就算做出了成绩也应当被罚。法家的其他代表性人物和著作也持类似观点，申不害有"治不逾官"[1]的说法，慎子有"有司以死守法"[2]"忠不得过职，而职不得过官"[3]的表述，《管子》宣称："遵主令而行之，虽有伤败，无罚；非主令而行之，虽有功利，罪死。"理由是："夫非主令而行，有功利，因赏之，是教妄举也；遵主令而行之，有伤败，而罚之，是使民虑利害而离法也。群臣百姓人虑利害，而以其私心举措，则法制毁而令不行矣。"[4]法家对形式法治的强调，对法律绝对确定性的追求，可见一斑。

需要指出的是，强调形式法治和追求法律的绝对确定性不仅仅是法家学派的主张，而是成了秦国以及秦王朝的法制观念。在"荆轲刺秦王"的变故中，秦王嬴政与荆轲生死相搏，宫殿之上的大臣和宫殿之下的卫兵却作壁上观，因为"秦法，群臣侍殿上者不得持尺寸之兵；诸郎中执兵皆陈殿下，非有诏召不

---

[1]《韩非子·定法》。
[2]《慎子·佚文》。
[3]《慎子·知忠》。
[4]《管子·任法》。

第三章 首次法典化与"律令体系"成型

得上",[1]没有秦王的诏召,咸阳宫的卫兵们不敢主动上殿击杀荆轲的,殿上的群臣也没有人敢暂代秦王召卫兵上殿。自商鞅变法以来,严酷、刚性成为秦国法制的特征,法家文化深深地渗入秦国这片土地,将秦人塑造成尊敬法律、畏惧法律、无条件守法的理性动物,咸阳宫的群臣和卫兵很清楚,如果他们主动上殿(或召卫兵上殿),即使能成功击杀荆轲,立下救主大功,也难保不会立功却获罪甚至受死,因为这属于不从王令、越职而有功,"有功于前,有败于后,不为损刑。有善于前,有过于后,不为亏法。守法守职之吏有不行王法者,罪死不赦,刑及三族",[2]死守"非有诏召不得上"的法令,是最符合他们个人利益的选择,也是他们最熟悉和习惯做出的选择。当然反面的例子不是没有,据《张家山汉简·奏谳书》记载,在秦始皇二十七年(公元前220年),攸县的县令就因建议对战败的士兵"不以法论"而被认定犯"篡遂纵囚、死罪囚"之罪,"耐为鬼薪"。[3]也正是因为这样,当一队前往渔阳的戍卒由于不可抗的自然事件导致的失期,负责押送的将尉不想也不敢灵活处置,任由这对无辜的戍卒承受"失期,法皆斩"的严酷处罚,给了早有鸿鹄之志的陈胜鼓动戍卒们奋起反抗的绝佳理由,以及点燃"苦秦久矣"的天下百姓反抗暴秦的星星之火,并最终覆灭了法制过分严酷、刚性、缺乏变通的秦王朝。

对法律绝对确定性的追求,必然导致法律内容、对象及后果的过分具体化和精确化。换言之,法家不但要求各种国家事

---

[1]《史记》卷八十六《刺客列传》。

[2]《商君书·赏刑》。

[3]"令:所取荆新地多群盗,吏所兴与群盗遇,去北,以儃乏不斗律论;律:儃乏不斗,斩。篡遂纵囚,死罪囚,黥为城旦,上造以上耐为鬼薪。"参见张家山二四七号汉墓竹简整理小组编:《张家山汉墓竹简〈二四七号墓〉》,文物出版社2001年版,第104页。

务都应当由法律规定，各种社会关系都应当用法律来调整，还要求法律具体精确、明白易知。在法家的影响下，"以法治国"的秦帝国在立法的广密和明晰上下足了功夫，"事皆决于法"，"诸产得宜，皆有法式"，[1]"秦法繁于秋荼，而网密于凝脂"，[2]出土的秦简也证明了这一点：大到"谋反""群盗"，小到"耕牛""减絮""盗采人桑叶"，法律都作了相应规定；不管是政治上的忠诚、反逆，军事上的降敌、叛国，行政上的设官叙职、奖优惩劣，经济生活中的物资调配、市场贸易、货币管理，还是日常生活中的债务、家庭、婚姻等各种社会关系，都在法律调整的范围之内；甚至连穿鞋走路这样的事情，法律也要进行规定，"毋敢履锦履"，"步过六尺者有罚"。[3]秦法不仅严密，而且用语通俗易懂，内容具体明确，集中体现为一事一例广设条款，使人一看便知，一目了然。例如，在对盗罪的规定上，秦律对盗窃对象不同的盗窃行为分别进行规定，如"盗马""盗牛""盗羊""盗布""盗钱""盗具""盗徙封"等；对不同主体的盗窃又分别做了规定，如"害盗盗""求盗盗""公士盗""士伍盗""臣妾盗""父盗子""子盗父""奴盗主"等。又如：在粮仓管理人员失职行为的处理上，竟然细化到了根据仓库老鼠洞的数量和大小进行惩罚，"仓鼠穴几可（何）而当论及谇？廷行事鼠穴三以上赀一盾，二一下谇。鼹穴三当一鼠穴"；[4]在"履锦履"这一违法行为的构成和认定上，竟然细化到了规定什么成分和装饰的鞋才能算"锦履"，"毋敢履锦履？'锦履'之状可

---

[1]《史记》卷六《秦始皇本纪》。
[2]《盐铁论·刑德》。
[3] 睡虎地秦墓竹简整理小组编：《睡虎地秦墓竹简》，文物出版社1990年版，第131页。
[4] 睡虎地秦墓竹简整理小组编：《睡虎地秦墓竹简》，文物出版社1990年版，第128页。

(何）如？律所谓者，以丝杂织履，履有文，以为'锦履'，以锦缦履不为，然而行事比焉"。[1]

从表面上看，这种"一事一例广设条款"的立法方式，确实使法律条文具体精确，明白易懂，操作性强，具备了高度的确定性，但另一方面，法律规范的概括能力被大大降低，每个法条的实际覆盖面很窄，难以展开，只能以一当一，不能以一当十，更不能以一当百，从而影响了法网的严密性。有限数量的法律既不能穷尽应当由法律来调整的社会关系的各种情况，"缘法而治""事断于法"的中央集权帝国又决不允许"网漏吞舟之鱼"，[2]对此，最简易的解决之道就是大量立法，增加法律的数量，而这正是秦律及汉律篇数众多的根本原因。当然，如果立法技术发达、法典编纂经验丰富，秦汉帝国或许就不用也不会制定数量众多、过于具体而覆盖面很窄的律篇律条来调整社会关系，其完全可以像唐代一样，制定一部"疏而不漏"的法典。但是，数量众多的律篇和过于琐细的律条却在相当程度上反映出秦汉时期的法律理论和立法技术还处在一个较低的水平，而这与古代中国成文法发展演进的历史进程基本吻合：古代中国的成文刑法产生于春秋晚期（"铸刑书（鼎）"）；战国时期李悝的《法经》彻底实现了从"以刑统罪""以刑统例"到"以罪统刑"的转变，但《法经》还远不能说是一部法典，《盗》《贼》《网》《捕》《杂》《具》的篇目即使是真实存在的，也不足以证明《法经》是一部规范、概括、严谨的法典；"改法为律"本身并不能说明立法技术有显著的提高，何况商鞅及之后的秦国还制定了大量的单行律令。换言之，从春秋晚期到战

---

[1] 睡虎地秦墓竹简整理小组编：《睡虎地秦墓竹简》，文物出版社1990年版，第131页。
[2] 《汉书》卷二十三《刑法志》。

国中期，成文法、成文刑法的数量尽管大量增加，内容也得到进一步充实发展，立法技术尤其法典编纂技术却并没有证明有显著的提升，考虑到战国时期列国交兵、弱肉强食的激烈竞争的现实，各国统治者不得不采取急功近利的富国强兵之策，积极地制定大量成文法来强化集权、推动革新，却不可能把时间和精力耗在研究法律理论、提高立法技术这种与国家生存、富强不密切相关从而显得不那么急迫需要的事情上，由此，立法技术的相对停滞，自是理所当然。同理，从战国中期到秦汉帝国成立短短一百多年时间，其间还经历了残酷的兼并统一战争和秦末起义、楚汉战争，立法技术也不可能突飞猛进，以至能制定出一部包含一级、二级律篇的法典来。

总之，结合秦汉帝国的性质、治理需要和立法特点，以及从古代中国成文法发展演进历史进程推断而来的当时的立法技术水平，秦汉律既不是由一级、二级律篇有机构成的法典，也不是正律、单行律、追加律相辅而成的法典，而是由基于需要随时颁发、年代不一、内容庞杂、规定琐细的律条和律篇构成的集合体，单行法是其存在的基本形态。"秦汉立法不同于后世大规模、集中性的系统立法，其方式是动态、开放的，抄于卷册上的秦汉律集并非稳固的闭合编纂物，新律可被制定、再造、续编于简牍上，律条汇集并达到一定数量即可设立一个律篇。此种立法模式下，律条分类归篇并非事先依据明确的逻辑规则，也缺乏统一的合理分类方式"，[1]所谓动态、开放、可追加，意味着秦汉律令总体而言"表现为众多且无序的分散性条文"。[2]

---

[1] 李婧嵘：《简牍所见秦汉法律体系研究》，载《古代文明》2022 年第 4 期，第 102 页。

[2] 朱腾：《"律令法"说之再思：以秦汉律令为视点》，载《法律科学（西北政法大学学报）》2022 年第 3 期，第 194 页。

第三章　首次法典化与"律令体系"成型

战国秦汉时期不仅律是单行法，令也是单行法。自战国以来，令就是国家大量使用的一种较律更为灵活的法律形式，虽然日本学者曾对秦令的存在提出过异议，[1]但从里耶秦简、岳麓秦简、张家山汉简《奏谳书》以及传世文本关于秦令的记载来看，秦令的存在是确定无疑的，秦汉令数量、种类极多。在商鞅变法革新和建立中央集权帝国的历史背景下，秦国及后来秦代的令从现有记载来看内容侧重于国家行政管理，如商鞅变法中制定的《分户令》《垦草令》和岳麓秦简中出现的《内史仓曹令》《内史户曹令》《内史旁金布令》《四谒者令》《辞式令》《县官田令》《迁吏令》等，同时也包含了小部分可能和司法刑狱有关的令，如岳麓秦简中出现的《赎令》《捕盗贼令》《挟兵令》。汉令从目前记载来看，其调整范围比秦令更宽泛，按其功用和调整范围可以分为三类：

一是规定国家基本制度的令。或规定某一行业或领域内的具体规章制度，如程树德《九朝律考》所辑《宫卫令》《津关令》《符令》《戍卒令》《功令》《祠令》《斋令》《水令》《田令》《公令》《卖爵令》《秩禄令》《品令》《任子令》等。或规定中央国家机关职责，如《御史挈令》《大尉挈令》《廷尉挈令》《卫尉挈令》《光禄挈令》《大鸿胪挈令》等；或规定地方官府职责，如《乐浪挈令》《北边挈令》《兰台挈令》。或规定诸侯、国戚行为，《后汉书·皇后纪》："向使因设外戚之禁，编置《令甲》。"或规定军事事项，如《兵令》《军斗令》《合战令》《囗捕令》《捕斩单于令》等。

二是规定刑法制度的令。或确定刑罚原则，汉代重要的刑罚原则一般都是以诏令的形式颁布的，如亲亲得相首匿原则，

---

[1] 参见［日］大庭脩:《秦汉法制史研究》，林剑鸣等译，上海人民出版社1991年版，第9~11页。

· 083 ·

《汉书·宣帝纪》："（地节四年）夏五月，诏曰：父子之亲，夫妇之道，天性也。虽有患祸，犹蒙死而存之。诚爱结于心，仁厚之至也，岂能违之哉！自今子首匿父母，妻匿夫，孙匿大父母，皆勿坐。其父母匿子，夫匿妻，大父母匿孙，罪殊死，皆上请廷尉以闻。"或确立罪名、罪状和惩罚规则，《汉书·韦玄成传》记吕后时，定著令，敢有擅议汉宗庙者弃市。此为以令规定罪名。此外，《令甲》："女子犯罪，作如徒六月，顾山遣归。"[1]此为以令规定女犯的服刑方式。

三是规定讯系程序的令。《汉书·刑法志》："（后元）三年复下诏曰：……其著令，年八十以上八岁以下，及孕者未乳，师、侏儒当鞠系者，颂系之。"《汉书·平帝纪》："（平帝）四年，诏曰：……其明敕百寮，妇女非身犯法，及男子年八十以上七岁以下，家非坐不道，诏所名捕，它皆无得系。其当验者，即验问。定著令。"

在战国时期，令是新兴诸侯国强化集权、推动变法革新的法律利器。在中央集权的秦汉帝国，令变成贯彻君主意志和国家意志的方便载体。"凡君国之重器，莫重于令。令重则君尊，君尊则国安；令轻则君卑，君卑则国危。"[2]令在最初制定和发布的时候，往往以君主诏书的形式出现。这种诏书形态的令，既具备令的实质法律内容，又借助了诏书的形态，是一种简单而又灵活的单行立法，可谓之单行令。单行令通常是君主和国家就某一具体情况而颁行的具有法律效力的单一法规，它大量存在于整个汉代，被频繁地发布和适用，可以说是汉令的原初存在形态。事类令则是汉令的第二层次的存在形态，所谓事类令，指具体令文汇编而成的令集，如张家山汉简所见"津关

---

[1]《汉书》卷十二《平帝纪》。
[2]《管子·重令》。

令",是关于津关通行的令文汇编,张家山336号汉墓的"功令",是关于嘉奖、考课的令文汇编。编入事类令的令文的颁行年代有先后之别,且令条或令文数并不固定,可根据情况用单行令进行增补,换言之,朝廷先以单行令的方式进行某方面的具体立法,然后再根据情况将其编为事类令。不过,并非所有的单行令都会编入事类令中,有的单行令施行一段时间后被编为律而非事类令,有的继续以单行令的形式存在,或被删减,要言之,从单行令到事类令,其中并不是简单的令条追加和集结,而是经历了著令的立法程序,是一个二次立法的过程。干支令是汉令的又一种存在形态,它是以甲、乙、丙命名的令集。关于编纂甲、乙、丙令的依据为何,学界向有争议。有年代先后说、篇目次第说、诸令各有甲乙丙说和集类为篇说。[1]干支令内容较事类令内容更为芜杂,或许是那些无法归入事类令的单行令的汇编。挈令也是汉令的存在形态,是基于一定标准对单行令、事类令或干支令进行再整理的产物。从今天所见挈令名来看,挈令应是朝廷认可下各官署或机构编订的产物,如《大鸿胪挈令》《太尉挈令》《御史挈令》《光禄挈令》《兰台挈令》等,应为中央官署编订,如《北边挈令》《乐浪挈令》等,则是地方官府编订。

无论是事类令、干支令还是挈令,都不是严格意义上的令典,而是为了解决汉代单行令的种类、数量不断膨胀下法律适用的问题而出现的令的集合体。其中,事类令"集类为篇",内部逻辑性较强,但也不过是将诸多令文归类组合成了一个令篇,如同秦汉律各篇一般,远远称不上是令典。挈令和干支令的内部逻辑还不如事类令。与作为单行法而存在的律一样,汉代令

---

[1] 参见张忠炜:《秦汉律令的历史考察》,载杨一凡、朱腾主编:《历代令考》(上),社会科学文献出版社2017年版,第43页。

的存在形态也是单行法而非法典。秦汉"律令体系"的主要构成是以单行法形态存在的律和令,这与秦汉时期律令界限不清的状况也是相吻合的,试想,连律、令都未能完全区分开来,又怎能编纂成各自独立的律典和令典!

律令以单行法形态存在助长了秦汉律令的繁多和庞杂,"今律令烦多而不约,自典文者不能分明","律令烦多,百有余万言,奇请他比,日以益滋,自明习者不知所由"。[1]汉代统治者经常对律令进行删修和整理,并由此产生了"科"这样一种法律形式。关于汉科作为一种专门的法律形式是否存在,学界向存争议。沈家本、程树德、陈顾远、徐世虹等中国学者多认为汉代有科,[2]日本学者滋贺秀三、冨谷至,中国学者张建国、马作武等则认为汉代无科,[3]针对否定汉科之说,刘笃才、张忠炜近些年来的研究提出了新观点,力证汉科的存在。刘笃才教授提出了汉科存在的三条论据:一是历史文献关于汉代存在科、科令、科条的记载不胜枚举,不能轻易做出汉代无科的结论;二是东汉政府中设置有管理"科程"的官吏,《后汉书·百官志一》:"法曹主邮驿科程事。"所谓科程事,就是"典定科令,兼度支考课"之类的管理工作;三是《汉书·刑法志》和《后汉书·陈宠传》一方面说法律滋繁,典者不能遍睹,另一方面又言之凿凿地把有关刑罪的条目数字精确到了个位数,"大辟

---

[1] 《汉书》卷二十三《刑法志》。

[2] 参见沈家本:《历代刑法考》,邓经元、骈宇骞点校,中华书局1985年版,第813页;程树德:《九朝律考》,中华书局2006年版,第29~30页;陈顾远:《中国法制史》,商务印书馆1935年版,第125~128页;徐世虹:《汉代法律载体考述》,载杨一凡总主编:《中国法制史考证》(甲编·第3卷),中国社会科学出版社2003年版,第167~171页。

[3] 参见张建国:《'科'的变迁及其历史作用》,载《北京大学学报(哲学社会科学版)》1987年第3期,第119~126页;张忠炜:《汉科研究——以购赏科为中心》,载《南都学坛》2012年第3期,第2页。

第三章 首次法典化与"律令体系"成型

四百九条,千九百八十二事,死罪决事比万三千四百七十二事","死刑六百一十,耐罪千六百九十八,赎罪以下二千六百八十一",在律令达几百万言的情况下,能够准确说出死刑、耐刑、赎刑各有多少条,很可能是汉廷设立了专门的管理人员(公府法曹掾史)对律、令中有关正罪定刑的条文加以筛选整理,而科可能就是这样形成的。[1]张忠炜通过复原居延汉简"购赏科"残册及新增简文,并将其与律令相比较,发现"购赏科"的规定多来源于律令,有着相对独立的形式和内容,不仅是对律令规定的诠释、细化,也弥补律令规定之不周。[2]刘笃才教授的观点,颇具新意,立论更为稳妥,在没有充分反证的情况下,确实不宜轻易否定传世及出土文献中频繁出现的汉科的存在。张忠炜教授以"购赏科"为例,结合简、牍所见律令资料,运用比较研究的方法审视"购赏"律文与"购赏科"的关系问题,得出"购赏科"源自律令的观点,立论有据,为科的独立存在提供了佐证。本书赞同刘、张两位教授的观点,认为科在汉代是一种独立的法律形式,是对律令的诠释和细化,其产生原因是汉代律令过于繁多芜杂,不但"典者不能遍睹",也影响了司法实践中的据引适用,于是就产生了科这样一种在律令基础上进行归类、细化、补充,更宜于具体适用的法律形式,西汉时期科的出现频率和数量还不是太多,到了东汉则数量剧增,结合《后汉书·百官志一》"法曹主邮驿科程事"的规定,或可推定科在西汉还只是律令的衍生物,尚不具备独立的品格,到了东汉则转变为一种独立的法律形式,《晋书·刑法志》称曹魏定新律时"删约旧科,旁采汉律",其中"旧科"

---

[1] 参见刘笃才:《汉科考略》,载《法学研究》2003年第4期,第149~160页。
[2] 参见张忠炜:《汉科研究——以购赏科为中心》,载《南都学坛》2012年第3期,第1~14页。

未必限于魏科,很可能还包括汉科。

综上所述,秦汉时期律令并未编成法典,虽有删修、整理、归类、汇编的行为,但仍然是以单行法的形态而存在,过于繁多芜杂,与此同时,科作为对律令的诠释和细化,逐渐发展成为汉代独立于律令的另一种成文法。基于近代法学之"法典"定义,必然得出秦汉无法典的结论,正如滋贺秀三所指出:

> 上述作为律令特征的诸点,在汉代的律令中,一点也尚未具备……首先是魏律,开始作为具有上述(二)的特征的法典的律而出现。跟随其后的,特别是由于令的完备,而创造律令体系的最初形态的是晋律令……[1]

(三)魏晋至隋唐的法典化运动

虽然,汉代律令界限不分,对律令频繁的删修、整理、归类、汇编,并未从根本上改变律令的单行法形态,但频繁的删修、整理、归类、汇编,未免不可视为汉代朝廷对繁多芜杂、"不能遍睹"的律令的一种"法典化"的努力,只是受制于当时的法律理论水平和立法技术,汉代朝廷一时缺乏制定出法典的理论和立法能力,法律儒家化背景下的"引经决狱"和"引经注律"虽致力于使承秦制而来的汉代法律内容上尽量与正统儒家思想相协调,却在形式上对汉代的法律体系造成了一定的破坏。律令本已繁多芜杂,又增加经验多于逻辑、强烈不周延的儒家经典和数百万言的章句作为可据引用的法律形式,汉代的法律体系岂能不更加凌乱?法典化的难度岂能不更高!

延至魏晋,律学基本从哲学、政治学、伦理学中分离出来,

---

[1] [日]滋贺秀三:《关于曹魏〈新律〉十八篇篇目》,载杨一凡总主编《中国法制史考证》(丙篇·第2卷),中国社会科学出版社2003年版,第263~266页。

成为一门相对独立的学科，着重于研究法典结构、刑名原理、法律运用和量刑原则，并使汉代众说纷纭的法律注释朝删繁就简的方向发展。玄学和佛教律学的兴起，为魏晋律学注入了新的活力。魏晋玄学用"执一统众""以简御繁"的思维方式，打破了自西汉以后律学研究中的经学范式，为律学从烦琐到简约、模糊到明晰、杂乱到有条理的转变奠定了方法论基础，玄学"辨名析理"的研究方法，对法律名词的界定和逻辑分析，以及对律条的精密解释，发生了深远影响。佛教律学解释经律规则之成熟精密的研究方法和模式，也为世俗律学的成熟提供了方法论上的支持。在内外动力和因素的共同驱动下，律学日益成熟、精致。魏晋律学的成就主要反映在张斐的《律注表》和杜预的立法理论上。

张斐的《律注表》反映的律学成就主要有：[1]（1）把律作为一个整体，对其本质、功能、内在结构进行理论阐发。张斐指出，律是一个由各个相互依存的组成部分结合而成的整体，"相须而成，若一体焉"，是一个"变通之体"，"王者立此五刑，……皆拟周易有变通之体焉"，进而分析了律的内在结构，指出在其内部蕴涵着精玄微妙之理，"夫理者，精玄之妙，不可以一方行也；律者，幽理之奥，不可以一体守也"，法律应当是"理"和"道"的体现，"其旨远，其辞文，其言曲而中，其事肆而隐"，执法者不能僵硬固守法律条文，简单操作，而要以"理"之精神指导司法实践，实有必要，甚至可以通过一些临时性的立法来加以变通。（2）对"刑名"篇进行理论阐发。在中国古代律学史上，张斐第一次从理论的高度回答了为什么要将《刑名》篇置于篇首的问题，"律始于《刑名》者，所以定罪制

---

[1]《晋书》卷三十《刑法志》，以下张斐的观点多出自此书，不再一一注明。

也",在整部刑律中,《刑名》主要是用来规定定罪量刑原则的,具有提纲挈领的作用,所以应当置于首篇,他还指出,《刑名》是关于各种刑罚轻重标准的原则性规定,通过确定加刑和减刑的具体适用条件,阐发法典的基本精神,并对法律条文规定不周之处予以补充,"刑名所以经略罪法之轻重,正加减之等差,明发众篇之多义,补其章条之不足,较举上下纲领"。(3)对刑法概念和罪名进行规范化解释。在玄学发展的基础上,张斐一扫汉代律学烦琐之风,突破前人只从儒家经义角度来阐释法律的局限,充分运用玄学辨名析理的方法,从法律自身的特点出发,澄清了许多历来含混不清的法律概念,在《律注表》中,张斐对二十个复杂微妙而容易混淆的法律概念作了言简意赅的解释,"知而犯之谓之故,意以为然谓之失,违忠欺上谓之谩,背信藏巧谓之诈",等等,张斐还指出并区分了相关罪名之间的细微差别,细密分析十二种同属威势得财行为之间的罪名之别,"将中有恶言为恐喝,不以罪名呵为呵人,以罪名呵为受赇,劫召其财为持质"。(4)提出了完善刑罚体系的理论构想。《律注表》:"五刑不简,正于五罚,五罚不服,正于五过,意善功恶,以金赎之。"论及了五刑、五罚、五过和以金赎罪等刑,提出了一个设置合理、衔接紧密的刑罚体系。《律注表》又称:"枭首者恶之长,斩刑者罪之大,弃市者死之下,髡作者刑之威,赎罚者误之诫。"按由重至轻的次序准确阐明了五刑排序的依据。《律注表》还说:"生罪不过十四等,死刑不过三,徒加不过六,囚加不过五,累作不过十一岁,累笞不过千二百,刑等不过一岁,金等不过四两。"详细阐述了刑等结构及刑罚上限的限制性规定。张斐还细致准确阐释了刑期的计算方法,以及量刑和数罪并罚中的一些原则,"月赎不计日,日作不拘月,岁数不疑闰","不以加至死,并死不复加。不可累者,故有并数;不可

第三章 首次法典化与"律令体系"成型

并数,乃累其加。以加论者,但得其加;与加同者,连得其本。不在次者,不以通论"。

与张斐齐名、共同注晋律的律学家杜预也在其所著的刑法律本中谈到,注律的指导思想是"网罗法意,格之以名分",并阐发了他对于立法的一些看法:(1)"文约而例直,听省而禁简"。法律是规范人们行为的准则,是司法机关审判案件的依据,不是士大夫论理说教的经书,不能用解读经典的烦琐方式来立法,而必须使法律条文简明扼要,文字清晰准确,"法者,盖绳墨之断例,非穷理尽性之书也,故文约而例直,听省而禁简。例直易见,禁简难犯;易见则人知所避,难犯则几于刑措。措刑之本,在于简直,故必审名分",法律条文如果过于冗赘芜杂,必然为贪官污吏舞文弄墨、营私舞弊提供方便,"简书愈繁,官方愈伪,法令滋彰,巧饰弥多",因此,立法首先应当做到"文约"和"禁简"。(2)"必审刑名"。"刑名"篇规定的是定罪量刑的一般原则和制度,制定刑律应该尤其重视"刑名"篇的作用,"刑之本在于简直,故必审刑名",应当通过"刑名"篇将正统儒家思想贯穿于立法之中,"网罗法意,格以名分"。[1](3)"律以正罪名,令以存事制"。《太平御览》卷六三八《律序》载杜预之言:"律以正罪名,令以存事制。""律"规定罪名和刑罚,"令"是规定国家的基本制度,两者必须分开。

秦汉以来成文法体系化的内部动力、律学的发展和立法技术的提高,以及官僚制度的发展需要,使得古代中国的法典化运动终于在魏晋之际正式兴起,结出律典、令典、故事等丰硕成果,"律令体系"亦由此进一步成型和完善:

---

[1] 以上关于杜预的观点均出自《晋书》卷三十四《杜预传》。

· 091 ·

1. 曹魏的律令法典

汉末，曹操曾先后制定"新科"[1]和"甲子科"，[2]还大量发布令，后人编为《魏武令》，然此令仍不脱汉令模式，多以干支标目命名，仍非严格意义的法典。直至魏明帝即位后，方迎来法典化之重要契机，最终制定出《新律》《州郡令》《尚书官令》《军中令》，共计一百八十余篇，为汉魏间律令法典化之重大事件。

《晋书·刑法志》："（《新律》）凡所定增十三篇，就故五篇，合十八篇。"《唐六典》卷六《刑部》："乃命陈群等采汉律，为魏律十八篇，增汉萧何律劫掠、诈伪、告劾、系讯、断狱、请求、惊事、偿赃等九篇也。"魏律在体系化、义理化方面获得重大突破：一是明确制定律典的贯通性原则和总体设计，《魏律序》称"都总事类，多其篇条"，意思是使律典尽可能全面、周延地涵盖各类刑事内容，不能有所遗漏，立法者将此精神贯彻于律典全体，使律典呈现出浑然的整体感；二是在篇目和条文之间勾连逻辑，《魏律序》对《新律》篇章内容之调整有集中阐述，体现出以追求条理通贯、名实相符为基本精神之编纂特征；三是首次对刑罚制度进行系统设计，"依古义制为五刑"，包括死刑三等，髡刑四等，完刑、作刑各三等，赎刑十一等，罚金六等，杂抵罪七等，自战国秦汉以来，完整系统之刑罚体系第一次正式集中亮相于律典中；四是集中反映义理律学发展之成果，《魏律序》的出现本身便是魏律义理化的表现，该篇《序》首先检讨汉律之弊病，其次阐释《新律》篇章布局之原理，再次解释新律刑罚体系及其义理依据，最后还对《贼律》十项具体内容修改作出说明，简析立法意图与义理依据，通篇不离解释

---

[1]《三国志》卷十二《何夔传》。
[2]《晋书》卷三十《刑法志》。

第三章　首次法典化与"律令体系"成型

说明《新律》各项规定义理依据之话题，洋溢出律学义理化的表达风范，是为魏晋义理律学首次之全面展示。[1]总而言之，曹魏《新律》真正具有了法典所独有之整体性、系统性和概括性，在古代中国法律体系发展演变史上具有划时代意义。[2]

　　律令分野基本实现。律令分野需要将律令等法律形式在职能分工上进行明确区分，使其内容与形式体现专门化、单纯化，这一目标在陈群、刘邵等人努力之下初步实现。魏明帝时，卫觊提出设置律博士，理由之一是"刑法者，国家之所贵重，而私议之所轻贱"，[3]已有律即刑法之意，而后魏明帝命陈群等人定《新律》，"改定刑制"，可见律作为刑事法律规范之观念已被官方正式认可，刘邵《魏律序》更清晰记载曹魏《新律》如何将汉代不同法律形式中的刑事条款逐一吸收编排进律典，并首次对刑罚作出集中、系统之规定，构建起刑名严整、等级明确、层次清晰之刑罚体系，律从此成为专门以定罪正刑为务的法典之专称。尽管《州郡令》《尚书官令》《军中令》内容今已不得而知，但依其名猜测，这三种令集都不大可能以刑法规范为主，而是规定民政和军事制度，可知令的内容亦基本实现纯化，律令分野已基本实现。[4]

---

〔1〕《晋书》卷三十《刑法志》所载《魏律序》，不一一注明。
〔2〕刘笃才教授指出："秦汉法律体系转换为魏晋法律体系，魏律的制定是一个转折点。它增加了律的整体性，解决了律外有律的问题，通过律令分工的方法，增加了律的专业性。这影响于后世，意义非常深远。"参见刘笃才：《汉科考略》，载《法学研究》2003年第4期，第150页。
〔3〕《晋书》卷三十《刑法志》。
〔4〕李玉生教授指出，"中国古代律令分野自曹魏修订魏法时即已基本实现"，"魏晋律令法典的制定时间前后相隔仅仅四十年左右。在这短短的四十年间，采取几乎同样编纂方法的律令法典竟会出现一个律令界限不清，一个界限明确的截然不同的结果，这恐怕也是令人难以想象的。西晋泰始律令的制定和颁行实际上不过是更加有意识地继承和发展了魏代律令分野的成果罢了"。参见李玉生：《魏晋律令分野的几个问题》，载《法学研究》2003年第5期，第151页。

· 093 ·

但是，统一、专门化的令典在曹魏时期仍未出现。尽管《晋书·刑法志》记载曹魏制定出了《州郡令》《尚书官令》《军中令》，但《晋书·刑法志》又称："除《厩律》，取其可用合科者，以为《邮驿令》。其告反逮验，别入《告劾律》。上言变事，以为《变事令》。"这里又出现了两种令名——《邮驿令》和《变事令》，它们显然不是与《州郡令》《尚书官令》《军中令》并列的令篇，而是属于《州郡令》《尚书官令》《军中令》这三种令的子令，由此可以推定，《州郡令》《尚书官令》《军中令》亦非如唐令各篇一样的具体篇名，而是令的类名，换言之，魏令只是大致地把众多的令分成了三种，三种类名之下仍然有子令的存在。冨谷至先生亦提出：魏时设立的军中令、尚书官令、州郡令等令的三种类别，是汉代的干支令与挈令合二为一并加入战时曹操时期的军中令的产物。[1]这种推测是有道理的，总之，尽管曹魏时期律令分野已基本实现，魏令可能对令做了较细密的划分，已经接近了晋令和唐令，但尚未形成法典的形态，仍只可称其为令集。

2. 晋代的律典和令典

西晋泰始四年（268年）正月，晋武帝下诏颁新律于天下，而晋律之制定自司马昭于曹魏辅政时即已开始，《晋书·刑法志》载晋代律令之制定过程：

> 文帝为晋王，患前代律令本注烦杂，陈群、刘邵虽经改革，而科网本密，又叔孙、郭、马、杜诸儒章句，但取郑氏，又为偏党，未可承用。于是令贾充定法律，令与太傅郑冲、司徒荀颉、中书监荀勖、中军将军羊祜、中护军王业、廷尉杜友、守

---

[1] 参见［日］冨谷至：《通往泰始律令之路：魏晋的律和令》，载杨一凡、朱腾主编：《历代令考》（上），社会科学文献出版社2017年版，第229~231页。

第三章 首次法典化与"律令体系"成型

河南尹杜预、散骑侍郎裴楷、颍川太守周雄、齐相郭颀、骑都尉成公绥、尚书郎柳轨及吏部令史荣邵等十四人典其事,就汉九章增十一篇,仍其族类,正其体号,改旧律为《刑名》《法例》,辨《囚律》为《告劾》《系讯》《断狱》,分《盗律》为《请赇》《诈伪》《水火》《毁亡》,因事类为《卫宫》《违制》,撰《周官》为《诸侯律》,合二十篇,六百二十条,二万七千六百五十七言。蠲其苛秽,存其清约,事从中典,归于益时。其余未宜除者,若军事、田农、酤酒,未得皆从人心,权设其法,太平当除,故不入律,悉以为令。施行制度,以此设教,违令有罪则入律。其常事品式章程,各还其府,为故事。减枭斩族诛从坐之条,除谋反適养母出女嫁皆不复还坐父母弃市,省禁固相告之条,去捕亡、亡没为官奴婢之制。轻过误老少女人当罚金杖罚者,皆令半之。重奸伯叔母之令,弃市。淫寡女,三岁刑。崇嫁娶之要,一以下娉为正,不理私约。峻礼教之防,准五服以制罪也。凡律令合二千九百二十六条,十二万六千三百言,六十卷,故事三十卷。

据《晋书·刑法志》,晋律包括二十篇,六百二十条。另据《唐六典》卷六《刑部》注载,二十篇晋律为:《刑名》《法例》《盗》《贼》《诈伪》《请赇》《告劾》《捕》《系讯》《断狱》《杂》《户》《擅兴》《毁亡》《卫宫》《水火》《厩》《关市》《违制》《诸侯》。与繁多芜杂的汉律相比,晋律以空前简约之面貌横空出世,为"律令体系"及整个古代中国法律体系发展演变史上之重要事件。晋律之简约与其法典化的编纂风格密不可分,无论与乱不成典的汉律相比,还是较之初步具备法典形态的曹魏律,晋律在法典化方向上又取得了突破性成就:一是以更完整之总则统率全体律篇,在《刑名律》之后又增加《法例律》,以包容刑律总则中"集罪例"之内容;二是律典浑然一体,表现出强

· 095 ·

烈的整体意识，晋人将晋律二十篇分为三大部分，《刑名律》《法例律》为总则部分，《告劾》《捕》《系讯》《断狱》作为司法审判及由此实现正文内容的部分，其余十四篇则构成定罪量刑之正文部分，认为如此篇章结构必能有效实现律典系统化，增强其应对复杂社会现象的适应性，达成良好的法律实践效果，"自始及终，往而不穷，变动无常，周流四极，上下无方，不离于法律之中也"。〔1〕可以说，晋律已是一种系统化、整体性的成熟法典。

晋令之篇章顺序，据《唐六典》卷六《刑部》注载，为三十三种四十篇：（1）《户》；（2）《学》；（3）《贡士》；（4）《官品》；（5）《吏员》；（6）《俸廪》；（7）《服制》；（8）《祠》；（9）《户调》；（10）《佃》；（11）《复除》；（12）《关市》；（13）《捕亡》；（14）《狱官》；（15）《鞭杖》；（16）《医药疾病》；（17）《丧葬》；（18）《杂上》；（19）《杂中》；（20）《杂下》；（21）《门下散骑中书》；（22）《尚书》；（23）《三台秘书》；（24）《王公侯》；（25）《军吏员》；（26）《选吏》；（27）《选将》；（28）《选杂士》；（29）《宫卫》；（30）《赎》；（31）《军战》；（32）《军水战》；（33—38）《军法》；（39—40）《杂法》。晋令在令的法典化进程具有里程碑式意义。曹魏《州郡令》《尚书官令》《军中令》还不是统一、专门化的令典，而是在汉代的干支令与挈令的基础上进一步汇编而成的抽象水准和体系化程度都有质的提升的令集，三大令集之下，尚有子令之存在，而且令的篇目过多，也说明当时立法者归纳整合能力仍显不足，不能以更简练之条文和篇目、更抽象之方式对各项制度加以涵摄提炼。晋令将汉魏之令进行再编排、再整合，汇编而成一部统一

---

〔1〕《晋书》卷三十《刑法志》。

的令典,曹魏令一百六十余篇内容被压缩为四十篇,做到了"令外无令"。从内部结构来看,晋令各篇之间存在的明显的逻辑关系,四十篇可以分成十个层层递进的单元:

第一单元,《户令》。《户令》规定户籍和郡国制度,为立国之根本,故而自成一体,且标于篇首。

第二单元,《学令》《贡士令》。《学令》规定学校教育制度,《贡士令》规定人才选拔制度,二者皆需以《户令》中郡国制度为基础,故而紧承其后,高明士认为:"这样的设计,着重于儒家的政治主张,此即施政以民生、教育、用贤为首要。"[1]

第三单元,《官品令》《吏员令》《俸廪令》《服制令》《祠令》。《官品令》以官名与官员品级制度为内容,《吏员令》以吏员编制为内容,《俸廪令》则规定官、吏俸秩爵禄制度,《服制令》规定公卿官吏车舆、冠服、印绶等制度。观此四篇,内容紧密相连,逻辑层次清晰,且皆由第二单元《贡士令》所涉选举制度而产生,故而紧承其后。《祠令》内容以郊社宗庙与山川祭祀之礼仪制度为主,与车服制度等同属礼仪内容,故又与前篇《服制令》紧密衔接。

第四单元,《户调令》《佃令》《复除令》。此三篇内容以土地经济制度和赋税徭役制度为主,与前两个单元区分较为明显,但又远承第一篇《户令》之户籍制度。

第五单元,《关市令》《捕亡令》《狱官令》《鞭杖令》《医药疾病令》《丧葬令》。《关市令》内容既有关市赋税制度,也有关津管制制度,既与前三篇衔接,又与后一篇《捕亡令》密切相关,可视为第四单元到第五单元之过渡。《捕亡令》之后是《狱官令》,《狱官令》之后是《鞭杖令》,《鞭杖令》之后是

---

[1] 高明士:《律令法与天下法》,上海古籍出版社2013年版,第32页。

《医药疾病令》,《医药疾病令》之后是《丧葬令》,这一次序之中,隐约存在着一种按照事理程序发展所必然出现之逻辑递进线索。

第六单元,《杂令上》《杂令中》《杂令下》。《杂令》内容应是前面篇章中所不能容纳却又必须加以规定之条文内容。前五单元篇章内容逻辑脉络十分清晰,自成体系,《杂令》条文难以融入其中,故单立篇章,自成单元。

第七单元,《门下散骑中书令》《尚书令》《三台秘书令》《王公侯令》《军吏员令》。此单元主要以官制为内容,其中,《门下散骑中书令》《尚书令》《三台秘书令》规定中央官制,其顺序显然是依据官位自高至低的顺序排列的,《王公侯令》建基于西晋封国制度,规定三级封国诸侯之职权责任及相应待遇,《军吏员令》则对中央和地方基层军事官员与吏员体制加以规定。

第八单元,《选吏令》《选将令》《选杂士令》。此三篇对吏、将和杂士选拔任用制度进行规定,而所选之人与前一单元密切相关,皆为中央机构任免和使用之人。

第九单元,《宫卫令》《赎令》。《宫卫令》规定皇宫、官府门卫廷禁制度,《赎令》以罚则之收赎制度为内容,此二篇与前后篇目之间关系并不十分明朗,姑且视为一个单元。

第十单元,《军战令》《军水战令》《军法令》《杂法令》。此四篇以规定军事制度为主,内容较为明确纯粹,《军战令》《军水战令》以战阵兵法为主要内容,《军法令》与《杂法令》则主要规定军事纪律。

综上所述,无论就外在形式还是内在逻辑,晋令在历史上第一次展示出法典之统一性和整体性,其汇众令于一体,通过对令文的概括和抽象、对篇章内容的高度浓缩,以简约之令条,层层递进、紧密相连之篇章,承载和容纳国家基本制度,是为

第三章　首次法典化与"律令体系"成型

独立而成、自具体系之全新令典。继魏律实现律的法典化之后，晋令最终完成了令的法典化。随着律典、令典相继被制定出来，"律令体系"可谓基本成型。

3. 唐代的律令格式

"永嘉之乱"后，中原战乱，南北分治，然中央集权帝国的历史惯性和重建的政治需要，以及法律体系自身演变的内在动力，继续推动"律令体系"持续完善。南北分治期间，北朝与南朝律令皆蔚为可观，北魏、北齐、北周、梁、陈均制定了律典。《北魏律》二十篇，见于史书记载的篇目十五篇：《刑名》《法例》《卫宫》《违制》《户律》《厩牧》《擅兴》《贼律》《盗律》《斗律》《系讯》《诈伪》《杂律》《捕亡》《断狱》。《北齐律》十二篇：《名例》《禁卫》《婚户》《擅兴》《违制》《诈伪》《斗讼》《贼盗》《捕断》《毁损》《厩牧》《杂》。《北周律》二十五篇：《刑名》《法例》《祀享》《朝会》《婚姻》《户禁》《水火》《兴缮》《卫宫》《市廛》《斗竞》《劫盗》《贼叛》《毁亡》《违制》《关津》《诸侯》《厩牧》《杂犯》《诈伪》《请求》《告言》《逃亡》《系讯》《断狱》。《梁律》二十篇：《刑名》《法例》《盗劫》《贼叛》《诈伪》《受赇》《告劾》《讨捕》《系讯》《断狱》《杂》《户》《擅兴》《毁亡》《卫宫》《水火》《仓库》《厩》《关市》《违制》。《陈律》具体篇目不可考，但据《隋书·刑法志》，似与《梁律》大体相同，"又存赎罪之律，复父母缘坐之刑。自余篇目条纲，轻重简繁，一用梁法"。[1]

令典的立法在这一时期也获得一定成就。南朝宋、齐存在令，"略同晋氏"。[2]南朝梁在武帝天监二年（503年）完成令三十卷，其篇目据《唐六典》卷六《刑部》注为：《户》《学》

---

[1]《隋书》卷二十五《刑法志》。
[2]《隋书》卷二十五《刑法志》。

《贡士赠官》《官品》《吏员》《服制》《祠》《户调》《公田公用仪迎》《医药疾病》《复除》《关市》《劫贼水火》《捕亡》《狱官》《鞭杖》《丧葬》《杂上》《杂中》《杂下》《宫卫》《门下散骑中书》《尚书》《三台秘书》《王公候》《选吏》《选将》《选杂士》《军吏》《军赏》。南朝陈在武帝元年（557年）撰令三十卷，其篇目沿袭梁令。北朝魏先在431年由崔浩等人编纂律令，但之后多次修订，其篇目已佚，《魏书·刑罚志》载有《狱官令》，《唐六典》载有《职品令》，《太平御览》载有《职令》。北齐在武帝河清三年（564年）定令，其卷数各书记载不一，其篇目《唐六典》称"取尚书二十八曹，为其篇名"，据《隋书·百官志》关于尚书二十八曹的记载，北齐令的篇目当为：《吏部》《考功》《主爵》《殿中》《仪曹》《三公》《驾部》《祠部》《主客》《虞曹》《屯田》《起部》《左中兵》《右中兵》《左外兵》《右外兵》《都兵》《都官》《二千石》《比部》《水部》《膳部》《度支》《仓部》《左户》《右户》《金部》《库部》。北周令篇目、卷数不明确。

隋文帝即位后，一方面加快一统天下的进程，另一方面积极推动立法，完善律令，"高祖既受周禅，开皇元年，乃诏尚书左仆射、勃海公高颎，上柱国、沛公郑译，上柱国、清河郡公杨素，大理前少卿、平源县公常明，刑部侍郎、保城县公韩浚，比部侍郎李谔，兼考功侍郎柳雄亮等，更定新律"，"三年，因览刑部奏，断狱数犹至万条。以为律尚严密，故人多陷罪。又敕苏威、牛弘等，更定新律。除死罪八十一条，流罪一百五十四条，徒杖等千余条，定留唯五百条。凡十二卷。一曰名例，二曰卫禁，三曰职制，四曰户婚，五曰厩库，六曰擅兴，七曰贼盗，八曰斗讼，九曰诈伪，十曰杂律，十一曰捕亡，十二曰断狱"，自此，"刑网简要，疏而不失"。[1]另据《唐六典》卷六《刑部》，高颎等人在编纂律典的同时也编纂了令典，《开皇令》有三十卷，其篇名为：《官品上》《官品下》《诸省台职员》《诸寺职员》《诸卫职员》《东宫职员》《行台诸监职员》《诸州郡县镇戍职员》《命妇品员》《祠》《户》《学》《选举》《封爵俸廪》《考课》《宫卫军防》《衣服》《卤簿上》《卤簿下》《仪制》《公式上》《公式下》《田》《田赋役》《仓库厩牧》《关市》《假宁》《狱官》《丧葬》《杂》。与晋令相比，《开皇令》保留了晋令旧篇名中的《官品》《祠》《户》《宫卫》《关市》《狱官》《丧葬》《杂》《学》及《俸廪》十篇，其他的或删除，或变更名称，或数篇并为一篇，或增加新篇，令的结构至此一变。隋炀帝于大业二年（606年）命牛弘等人编撰律令，并于次年四月颁布，但律令的篇名、条数并不明确。

唐继隋而立，吸收隋代有法不依、法令严酷、"人不堪命，遂至于亡"的教训，重视法制建设，继承魏晋以来法典化的成果，继续完善律典、令典，构建更为完整、一致、协调的法律体系。唐高祖武德七年（624年），撰成《武德律》十二卷、《武德令》三十一卷、《武德式》十四卷，"撰定律令，大略以开皇为准。于时诸事始定，边方尚梗，救时之弊，有所未暇，惟正五十三条格，入于新律，余无所改"。唐太宗贞观十一年（637年）正月，正式修成《贞观律》十二卷、《贞观令》三十卷、《贞观格》十八卷、《贞观式》十四卷，不仅对《武德律》进行了大规模修改，而且正式确立了"律令格式并行"的法律体系。唐高宗永徽元年（650年），修成《永徽律》十二卷、《永徽令》三十卷、《永徽散颁天下格》七卷、《永徽留本司行

[1]《隋书》卷二十五《刑法志》。

格》十八卷、《永徽式》十四卷，除了删改旧制外，更将格分为《留司格》和《散颁格》两部，之后又于永徽三年（652年）撰成《永徽律疏》三十卷。龙朔二年（662年），因改易官号，故重定格式，修成《永徽散行天下格中本》七卷、《永徽留本司行格中本》十八卷，内容并无太多实质性修改。仪凤元年（676年）至二年（677年），因官号复旧，重新修订格式，并删去了一些"于时不便"的条文，将永徽以来的制敕修订和增补到格中，撰成《永徽留本司行格后本》十一卷。武则天垂拱元年（685年），修成《垂拱律》十二卷、《垂拱令》三十卷、《垂拱散颁格》二卷、《垂拱留司格》六卷、《垂拱式》二十卷。唐中宗神龙元年（705年），修成《神龙散颁格》七卷，景龙元年（707年），又再次删修格式。唐睿宗太极元年（712年），修成《太极格》，并将永徽以来的散颁格、留司格合成一部，从此格不再有散颁、留司之别。唐玄宗开元三年（715年），修成《开元令》三十卷、《开元式》二十卷、《开元格》十卷，此次修成的令、格、式被称为《开元三年令》《开元三年式》《开元前格》。开元七年（719年），修成《开元律》十二卷、《开元令》三十卷、《开元后格》十卷、《开元式》二十卷，令、式被称为《开元七年令》、《开元七年式》。开元十九年（731年），修成《格后长行敕》六卷，创立了格后敕这种新的法律形式。开元二十五年（737年），撰成《开元律》十二卷（《开元二十五年律》）、《开元律疏》三十卷、《开元令》三十卷（《开元二十五年令》）、《开元新格》十卷、《开元式》二十卷（《开元二十五年式》），此次立法对律令格式的删修幅度非常大，还编撰了法规汇编性质的《格式律令事类》四十卷，可以说是贞观立法以来最大规模和最重要的一次立法活动，奠定了唐代中后期法制的基础。此后，唐德宗贞元年间曾颁行过《贞元令》和《贞元格》，唐文宗开成元年（836年）修成《开成详定格》十卷，是为唐代后期最后一次修订格的记录，自玄宗开元二十五年后，唐代的立法活动主要以删修制敕和编撰格后敕为主，很少对律令格式进行修订。[1]综上所述，在唐代国力及法制的鼎盛时期，律令格式是其主要的法律形式，也是"律令体系"的有机构成部分：

（1）律。在唐代，"律以正刑定罪"，律主要是刑法规范，并不是所谓"诸法合体"的综合性法典。虽然，唐律的抽象性、概括性还比不上现代刑法，但其结构基本具备了现代刑法"总则—分则"的范式，大部分条文也具备了"罪状—法定刑"的内容构成（只有《厩库律》中一条（总第二十三条）及《断狱律》中一条（总第五百零二条）是例外）。[2]作为"律令体系"最具代表性的法典，以及魏晋以来法典化运动的最高成就，唐律与"律令体系"奠基伊始、法典化运动尚未正式发生之时的秦汉律，在形式、结构、技术、方法上有着明显的不同：

第一，从条文数目和基本结构层面来看，与秦汉律相比，唐律条文数量缩减，结构严谨，呈现出化繁为简的面目。秦汉律内容芜杂，篇目及条文繁多，概括化和规范化程度较低，唐律只有十二篇五百零二条，体现了较高的类型化水平。[3]在篇

---

[1] 参见《旧唐书》卷五十《刑法志》，《唐会要》卷三十九《定格令》，《册府元龟》卷六百一十二《刑法部·定律令四》，《旧唐书》卷四十六《经籍志上》，《唐六典》卷六《刑部》"郎中员外郎"条注，《新唐书》卷五十六《刑法志》，《新唐书》卷五十八《艺文志》。

[2] 钱大群：《唐律疏义新注》，南京师范大学2007年版，第103、1011页。

[3] 候欣一教授认为："（唐律）编纂者将零散的条文按犯罪行为归类入篇，使篇目的内容和篇名统一起来，让人一见篇名就能知道其所含的内容。……为了便于使用，唐律在编排上还注意将同类或相类似的犯罪行为的条文排列在一起，形成了一个个相对独立的单位。"参见候欣一：《唐律与明律立法技术比较研究》，载《法律科学（西北政法大学学报）》1996年第2期，第86页。

章的排列方面，以对皇权危害的大小逐一排列，形成了自身的内在逻辑性。

第二，唐律的抽象化、概括化程度较秦汉律大为增强。"重罪十条""十恶""八议""五刑"等制度和原则的大量涌现，使唐律摆脱了秦汉律以条文为核心单位的范式，突出了制度和原则在法典中提纲挈领的作用，使立法思想更为清晰明确，大大减少了条文规定前后矛盾之处，强化了法典的整体性和统一性。

第三，广泛使用"参照省略""补充条款""援引条款"的立法技术，在条款的设置上体现"详略结合"的特点，内容详备的条款为法定刑省略的简易条款提供了参照和援引的前提，起到了由繁生简、由简驭繁的作用，再辅之以注、疏议等解释，从而使形式更为简练，内容却更为丰富周到。

（2）令、格、式。在唐代，令"设范立制"，式"轨物程事"，都是"官司常守之法"。[1]关于唐令，上文阐述唐代立法活动时已经论及，唐代曾经修订完成《武德令》、《贞观令》、《永徽令》、《垂拱令》、《开元三年令》、《开元七年令》、《开元二十五年令》、《贞元令》等多种令典。《唐六典》卷六《刑部郎中员外郎》条详列唐令的篇目：

凡令二十有七（分为三十卷）：一曰官品（分为上下）；二曰三师三公台省职员；三曰寺监职员；四曰卫府职员；五曰东宫王府职员；六曰州县镇戍岳渎关津职员；七曰内外命妇职员；八曰祠；九曰户；十曰选举；十一曰考课；十二曰宫卫；十三曰军防；十四曰衣服；十五曰仪制；十六曰卤簿（分为上下）；十七曰公式（分为上下）；十八曰田；十九曰赋役；二十

---

[1]《新唐书》卷五十六《刑法志》。

第三章　首次法典化与"律令体系"成型

曰仓库；二十一曰厩牧；二十二曰关市；二十三曰医疾；二十四曰狱官；二十五曰营缮；二十六曰丧葬；二十七曰杂令。而大凡一千五百四十有六条焉。

日本学者浅井虎夫、仁井田陞认为，《唐六典》所载令篇应为《开元七年令》之篇目。仁井田陞进一步推定，现见《唐律疏议》所引令实为《开元二十五年令》之篇，并综考史籍，列出《开元二十五年令》之详细篇目（二十八篇），同时根据隋《开皇令》、日本《养老令》以及宋令篇次，排定《开元二十五年令》的篇目序列：《官品令》《州县职员令》《祠令》《户令》《学令》《选举令》《封爵令》《禄令》《考课令》《宫卫令》《军防令》《衣服令》《仪制令》《卤簿令》《乐令》《公式令》《田令》《赋役令》《仓库令》《厩牧令》《关市令》《医疾令》《捕亡令》《假宁令》《狱官令》《营缮令》《丧葬令》《杂令》。[1]之后，池田温更正了仁井田陞排定的《开元二十五年令》的部分令篇的次序，即，将《关市令》《医疾令》《捕亡令》《假宁令》《狱官令》更正为《关市令》《捕亡令》《医疾令》《假宁令》。[2]与之前《晋令》《梁令》《北齐令》《开皇令》相比，唐令与晋令篇目差别较大，与《北齐令》全无相同之处，而是大部分承继了《开皇令》的篇名，《开皇令》与《梁令》有八篇完全相同（《官品》《户》《学》《祠》《关市》《狱官》《丧葬》《杂》），其余各篇的内容从篇名来看也应有相当程度的雷同。可见，唐令的直接渊源是《开皇令》，而往前则可追溯至《梁令》《晋令》。

---

[1] [日] 仁井田陞：《〈唐令拾遗〉序说》，周东平译，载杨一凡、朱腾主编：《历代令考》（上），社会科学文献出版社2017年版，第388~393页。

[2] [日] 池田温：《唐令と日本令—〈唐令拾遺補〉編纂によせて》，转引自赵晶：《唐宋令篇目研究》，载中国政法大学法律古籍整理研究所编：《中国古代法律文献研究》（第6辑），中国政法出版社2012年版，第321页。

唐令从正面规定国家的典章制度，仁井田陞《唐令拾遗》、池田温《唐令拾遗补》中记载了其考证的唐令篇名、条文和内容。总体而言，唐令的规定比较精炼，文字简洁，其内容多为原则性规定，如开元二十五年（737年）《丧葬令》规定："使人所在身丧，皆给殡殓调度，递送至家。"[1]殡殓调度具体怎么执行？令文没有进一步规定。又如从《天圣令》所存唐开元二十五年《田令》来看，其内容极为简要，没有其他法律形式的补充显然是不容易执行的。由此，这就涉及另外一种重要法律形式——式的地位和角色。《唐六典》称式"轨物程事"，宋人编撰的《新唐书·刑法志》称"式者，其（百官有司）所常守之法也"，并有意突出格、式相类似的一面，给人的感觉是唐式是关于国家机关行政程序、公文程式方面的法律规范，但学界前辈已经考证出，式更多是和令、而非与格存在亲缘关系。[2]首先，从篇名来看，令式类似，如考课令——考功式，宫卫令——监门式、宿卫式、司门式，仓库令——仓部式、库部式，封爵令——司封式，等等。此外，有些令、式篇名在字面上虽不同，内容上却极为近似，如：军防令——兵部式，狱官令——刑部式，营缮令——工部式、水部式，等等。其次，令与式内容近似。同样一件事情，令作规定，式也作规定，如《监门式》与《宫卫令》都有宵禁的规定、《赋役令》与《度支式》都有缴纳庸调的规定、《驾部式》与《公式令》都有供给官吏驿马的规定、《封爵令》与《吏部式》都有用荫的规定、《田令》《营缮令》与《水部式》都有水利工程管理的规定，等

---

[1] [日] 仁井田陞：《唐令拾遗》，栗劲等编译，长春出版社1989年版，第751页。

[2] 参见霍存福：《唐式性质考论》，载《吉林大学社会科学学报》1992年第6期，第24~26页。

等。考之具体内容，式很多时候是在对令的规定进行细化和补充，如前述开元二十五年《丧葬令》的规定，《兵部式》针对具体对象进一步明确："从行身死，折冲膊物三十段，果毅二十段，别将十段，并造灵舆，递送还府。队副以上，各给绢两匹，卫士给绢一匹，充殓衣，仍并给棺，令递送还家。"[1]又如开元二十五年《田令》规定："诸屯应役丁之处，每年所管官司与屯官司准来年所种色目及顷亩多少，依式料功申所司支配。其上役之日，所司仍准役月闲要，量事配遣。"[2]《田令》只规定调配屯田劳动力的基本原则，具体如何调配却没有说，只说"依式料功申所司支配"，要由《屯田式》来规定。总之，唐代令和式都是正面规定国家制度的法律形式，令规定基本制度，更多是原则性的规定，式为实施细则，对令的规定进行细化和补充。自晋代令被编纂成法典以来，令的抽象性、概括性不断强化，唐令虽然篇数众多，但具体到每一令篇内，则条文有限，文字简练，内容高度概括，虽然规定了国家某一方面的基本制度，但具体的运用和实施，仍有赖于式的细化和补充，以及整部唐令的配合。

格在唐代是皇帝制敕的删辑，"盖编录当时制敕，永为法则，以为故事"。[3]格在编纂上以尚书六部二十四司为名，"皆以尚书省二十四司为篇名"，[4]内容包含了刑法规范和非刑法规范，是一种综合性的法律形式。格的功能在于律令式相对稳定的前提下，保证法律可以在时势需要的情况下灵活修改。有唐一代，

---

[1] 刘俊文点校：《中华传世法典：唐律疏议》，法律出版社1999年版，第528页。
[2] 戴建国：《唐〈开元二十五年令·田令〉研究》，载《历史研究》2000年第2期，第39页。
[3] 《旧唐书》卷五十《刑法志》。
[4] 《旧唐书》卷五十《刑法志》。

格的修改相当频繁，一直到唐文宗开成年间，朝廷仍然修成了《开成详定格》。格可以用来修改律、令、式的规定，作为皇帝临时制敕的删辑，其效力也比律、令、式高，所以仁井田陞和滋贺秀三认为唐格是律令的补充和追加，[1]这种看法是有道理的。

总之，借由中央集权帝国的历史惯性和治理需要，以律学的发展提升和成文法的自我完善为基础，古代中国的法典化运动发端于秦汉，正式开启于魏晋，历经数百年理论与实践、立法与司法、法律与政治的交相作用与促进，终于在唐代结出硕果。唐律成为中华法系立法代表之作，律令格式的法律体系成为"律令体系"的范本。

二、先例与单行法：法典化背后的解法典化暗流

法典化是战国秦汉至唐代"律令体系"的总体演变趋势，但在法典化的总趋势下，存在一股与法典化颇不一致的解法典化暗流，即先例的滋生与单行法的成长。

（一）先例的滋生

先例是"礼刑体系"下法律形式的主要存在形态之一，成文法诞生后，先例并未消失，相反，借由早期成文法存在的过于具体、狭窄的缺点，先例在"律令体系"中继续滋生和成长，起初构成成文法重要的补充，继而对成文法的适用和"律令体系"造成相当程度的破坏。法典产生后，先例的运用受到严格限制，一时呈现萎缩之势，但随着法典日益抽象化和高度概括，司法实践中准确适用法典的需求再次给予先例生存和拓展的空间。

---

[1] 马小红：《"格"的演变及其意义》，载《北京大学学报（哲学社会科学版）》1987年第3期，第113页。

第三章 首次法典化与"律令体系"成型

1. 廷行事

"廷行事"是睡虎地出土秦简《法律答问》出现的一项法律术语,学界对其性质尚存争议,有判案成例说、[1]断案惯例说、[2]官府行事说[3]等。本书遵从通说,认为廷行事是断案成例,是一种先例。

《法律答问》记载了十二条廷行事,从其内容及与秦律的关系来看,可以分成四类[4]:(1)廷行事修正秦律。有三条廷行事的规定对秦律进行了修改,修改的原因是秦律的规定过于僵化,导致罪刑失衡,不符合秦代"行刑,重其轻者"的思想,三条廷行事对秦律的修改都是加重了量刑,明显体现出重刑主义的倾向。(2)廷行事补充秦律。有四条廷行事对秦律进行了增补,主要是对秦律未涉及之处进行补充,扩展犯罪行为的外延,增加处罚。(3)廷行事细化秦律。有四条廷行事对秦律的规定进行细化,主要是进一步量化了仓储粮草的具体情形及对应的罚则,设置了一些量化的操作标准。(4)廷行事直接裁决疑难案件。有一条廷行事记载了一起告发盗窃的案件,并直接回答了如何裁决。

通过对十二件廷行事内容的分析,可知廷行事在功能上可以增补、修正、细化秦律,有时对疑难案件直接作出裁决。虽然,秦简廷行事的记载中大部分不涉及具体案件,而直接表现

---

[1] 参见睡虎地秦墓竹简整理小组编:《睡虎地秦墓竹简》,文物出版社1990年版,第104页。

[2] 参见徐进、易见:《秦代的"比"与"廷行事"》,载《山东法学》1987年第2期,第45~49页。

[3] 参见刘笃才、杨一凡:《秦简廷行事考辨》,载《法学研究》2007年第3期,第144~151页。

[4] 本书所引秦简廷行事均据睡虎地秦墓竹简整理小组编:《睡虎地秦墓竹简》,文物出版社1990年版,转引自顾凌云、金少华:《廷行事的功能及其流变》,载《河北法学》2014年第8期,第87~95页。

为增补、修正、细化秦律的司法惯例，但基于司法惯例产生的过程及特点，可以推定廷行事记载的"习惯性做法"，应当是从多个司法先例中归纳和提炼出来的规则，是司法审判长期经验做法的总结，完全可以说是一种先例。

2. 决事比

决事比之名出于汉代，在西汉时期就已被广泛使用，《汉书·刑法志》称武帝时"律令凡三百五十九章，大辟四百九条，千八百八十二事，死罪决事比万三千四百七十二事"，《魏书·刑罚志》称汉宣帝时廷尉于定国整理法律，死罪决事比有三千四百七十二条，加上其他断罪当用的决事比，合计有二万六千二百七十二条。汉代决事比的类型包括：

（1）死罪决事比。据《汉书·刑法志》和《魏书·刑罚志》，汉代死罪决事比的数量极为庞大，但已基本佚失，目前可推测为死罪决事比者只有三例：第一例是腹诽案，武帝时大司农因反对白鹿皮币的政策，被张汤以"腹诽"的罪名论死罪，"自是后有腹诽之法比，而公卿大夫多谄谀取容"。[1]第二例和第三例是1959年、1981年甘肃武威出土的《王杖十简》与《王杖诏书令》，两者都记载了殴辱王杖主者被处以弃市的先例，并以令的方式下达。[2]日本学者大庭脩认为它们属于死罪决事比："这一制诏下公布之后，作为'比'，更详细地说，作为'死罪决事比'，继续有效力。"[3]

（2）廷尉决事比。《新唐书·艺文志》："《廷尉决事》二十卷、《廷尉驳事》十一卷。"程树德考证认为："考唐志刑法类

---

[1]《史记》卷三十《平准书》。
[2] 参见武威县博物馆：《武威新出土王杖诏令册》，载甘肃省文物工作队、甘肃省博物馆编：《汉简研究文集》，甘肃人民出版社1984年版，第35~37页。
[3]［日］大庭脩：《秦汉法制史研究》，林剑鸣等译，上海人民出版社1991年版，第281页。

廷尉决事,列于汉建武律令故事之下,应劭汉朝议驳之上,其为属汉无疑。"[1]日本学者广濑熏雄在其文《出土文献中的廷尉决事》中也认为:"从秦到三国,廷尉府不断地收集、整理廷尉决事,并传给全国各地;各地则在此基础上附加地方的先例,编纂自己的决事。"[2]从张家山汉简《奏谳书》和岳麓书院藏秦简《奏谳书》的记载来看,秦汉一直到三国都存在疑狱奏谳、廷尉决事的制度,廷尉决事比就是廷尉决事形成的先例,张家山汉简和岳麓书院藏秦简《奏谳书》记载的案件实际上是地方上报廷尉裁断,或者经廷尉上报皇帝裁断的案件经过编辑所形成的先例。

(3)春秋决事比。春秋决事比是汉代经义断狱形成的先例。其中最著名者当属董仲舒所作《春秋决狱》或《公羊董仲舒治狱》,《汉书·艺文志》录有《公羊董仲舒治狱》十六篇,《晋书·刑法志》称董仲舒"作《春秋折狱》二百三十二事",《隋书·经籍志》《旧唐书·经籍志》《新唐书·艺文志》录有董仲舒撰《春秋决狱》十卷。程树德《九朝律考·汉律考》卷一《春秋决狱考》辑录春秋决狱事例五十八则,其中,董仲舒春秋决狱案例六则,汉代其他春秋决狱事例二十三则,汉论事援引春秋事例二十九则。从程书所辑春秋决狱案例的格式来看,其继承了秦代以来《法律答问》《封诊书》将已有司法档案改写成代表性案例的做法,即,对已有司法案卷加以精炼,简化案情,形成简短的案情介绍加裁断意见的模板。因此,春秋决事比与秦代《法律答问》《封诊书》记载的廷行事以及类似廷行事的典型案件一样,都是官府认可的先例,不同的是春秋决事

---

[1] 程树德:《九朝律考》,中华书局2006年版,第34页。
[2] 转引自马增荣、郭文德、李敬坤:《"汉帝国的制度与社会秩序"国际学术会议综述》,载《中国史研究动态》2010年第11期,第23页。

比的断案依据是经义。

（3）轻侮决事比。《后汉书·张敏传》："建初中，有人侮辱人父者，而其子杀之，肃宗贳其死刑而降宥之，自后因以为比。是时遂定其议，以为《轻侮法》。"虽然史书称其名为《轻侮法》，但从"自后因以为比"的记述来看，显然是一种决事比、先例。

（4）禁锢三世决事比。《后汉书·刘恺传》："安帝初，清河相叔孙光坐臧抵罪，遂增锢二世，衅及其子。是时居延都尉范邠复犯臧罪，诏下三公、廷尉议。司徒杨震、司空陈褒、廷尉张皓议依光比。"虽然在刘恺的坚持下没有引用叔孙光的案例来禁锢范邠，但显然禁锢决事比是存在的。

（5）辞讼比。《后汉书·鲍昱传》引《东观汉记》，载汉章帝时司徒鲍昱奏《辞讼比》七卷，《太平御览》卷二百四十九《职官部四十七·府属》称陈宠撰"科牒辞讼比例"，《后汉书·陈宠传》载陈宠"撰《辞讼比》七卷，决事科条，皆以事类相从"。程树德《九朝律考·汉律考》卷一《律名考》辑有《辞讼比》三条佚文，从其内容和格式来看，与秦汉时期的奏谳文书类似，都是地方上奏的疑难案件经司徒裁决后成为典型先例，为之后司法审判所引用。可见《辞讼比》也是一种决事比，其判决主体从各种记载来看是公府司徒而非廷尉，因此不同于廷尉做出的廷尉决事比，"睹汉之公府有辞讼比，尚书有决事比，比之为言，犹今之例"。[1]

廷行事和决事比是司法裁量权行使的后果，它们是秦汉时期成文法过于具体、琐细的产物，对成文法起到了增补、修正和细化的功能，一定程度上改变了法条运用面过于狭窄的局面，

---

[1]《宋史》卷一百五十八《选举四》。

使法律体系的适用性更强、法网更加严密。不仅如此,汉代的春秋决事比以经权达变的方法追求情理法之统一,通过对犯罪之人主观动机的发掘与分析,力图纠正法家影响下秦汉司法过分客观主义、客观归罪的极端倾向,缓和了法家影响下秦汉法律的严酷和僵化。睡虎地秦简记载的十二例廷行事,没有一例是将秦律往轻的方向解释和适用,相反都是比秦律加重量刑,汉代春秋决事比却经常是规避重法,适用轻法,如人们经常引用的包庇养子案、弃子殴父案、误伤父亲案、夫溺死妻改嫁案,这不能不说是汉代司法和法律体系在儒家化影响下可贵的改变。

然而,廷行事尤其数量浩瀚的决事比的存在,不可避免使得本已繁多芜杂的秦汉法律体系变得更加复杂而难以整理。此外,成文法体系追求法律的确定性,虽说对确定性的过分强调会导致法律的僵化,适当的先例的存在有助于纠正成文法僵化的倾向,但太多先例的存在,反过来又会损害成文法体系的确定性,并助长司法擅断,"所欲活则傅生议,所欲陷则予死比",[1]汉代决事比并非像秦代廷行事一味从重量刑,但从重还是从轻,很多时候与司法官员的教育经历、价值观和职业素养密切相关。一般来说,儒生出身的司法官员,主张经义决狱,具有用刑从轻的倾向,文法吏出身的司法官员,主张严格遵守严酷僵化的律令,具有用刑从重的倾向。但这并不绝对,经义决狱也可能从重,盖因儒家经典乃经验而非逻辑之产物,基本不具备法典应有的周延和体系性,故其内容参差不齐,甚至自相矛盾之处亦不鲜见,由此,对儒家经典的解读从未曾定于一尊,也不可能定于一尊,相反形成了众家学说多元解读的局面,均言之成理,考之有据,自成体系。儒家经典"微言大义"的广阔解释空间固

---

[1]《汉书》卷二十三《刑法志》。

然为具备仁爱之心的士君子软化及温情化严酷的司法和法律提供了更多可能，却也为奸吏罪刑擅断及营私舞弊制造了机会。事实上，无论是从重还是从轻，由于太多决事比的存在，对"律令体系"法典化的趋势构成了一定阻碍。

3.《法例》与魏晋隋唐时期的先例

太多的先例构成法典化趋势的阻碍，相反，法典化运动的推进必然趋向于限制先例的产生与作用。秦汉以降的法律体系演进过程中，曹魏律和晋律令是法典化的里程碑。曹魏律是第一部真正的律典，晋律"蠲其苛秽，存其清约，事从中典，归于益时"，[1]立法成就又高于曹魏律，晋令是第一部真正的令典。魏晋律典、令典的产生使"律令体系"的发展超越了秦汉以来因循的轨道，完成了秦汉以来法典化运动的关键转折，同时也从侧面表明魏晋朝廷对法典的性质、功能和地位的深刻认识，以及以法典来统一指导行政和司法活动的强烈愿望。法典制定后，朝廷上下对律令法典充满信心，认为完备的律令法典足以应对一切行政和司法的需要，主张严守律令，反对先例的使用，《晋书·刑法志》中裴頠、刘颂二人的奏表均体现出这种主张。裴頠表陈曰：

> 夫天下之事多涂，非一司之所管；中才之情易扰，赖恒制而后定。先王知其所以然也，是以辨方分职，为之准局。准局既立，各掌其务，刑赏相称，轻重无二，故下听有常，群吏安业也……刑书之文有限，而舛违之故无方，故有临时议处之制，诚不能皆得循常也。至于此等，皆为过当，每相逼迫，不复以理，上替圣朝画一之德，下损崇礼大臣之望。

---

[1]《晋书》卷三十《刑法志》。

第三章 首次法典化与"律令体系"成型

刘颂为三公尚书,亦上疏曰:

臣窃伏惟陛下为政,每尽善,故事求曲当,则例不得直;尽善,故法不得全。何则?夫法者,固以尽理为法,而上求尽善,则诸下牵文就意,以赴主之所许,是以法不得全。刑书征文,征文必有乖于情听之断,而上安于曲当,故执平者因文可引,则生二端。是法多门,令不一,则吏不知所守,下不知所避。奸伪者因法之多门,以售其情,所欲浅深,苟断不一,则居上者难以检下,于是事同议异,狱犴不平,有伤于法。……夫善用法者,忍违情不厌听之断,轻重虽不允人心,经于凡览,若不可行,法乃得直。……法轨既定则行之,行之信如四时,执之坚如金石,群吏岂得在成制之内,复称随时之宜,傍引看人设教,以乱政典哉!何则?始制之初,固已看人而随时矣。今若设法未尽当,则宜改之。若谓已善,不得尽以为制,而使奉用之司公得出入以差轻重也。夫人君所与天下共者,法也。已令四海,不可以不信以为教,方求天下之不慢,不可绳以不信之法。……又律法断罪,皆当以法律令正文,若无正文,依附名例断之,其正文名例所不及,皆勿论。法吏以上,所执不同,得为异议。如律之文,守法之官,唯当奉用律令。至于法律之内,所见不同,乃得为异议也。今限法曹郎令史,意有不同为驳,唯得论释法律,以正所断,不得援求诸外,论随时之宜,以明法官守局之分。

总之,裴刘二人均认为《泰始律令》已经足够完备,强调法吏严守律令,主张断罪必须引用律令正文,若正文无规定,则比附《刑名》《法例》断案,反对以情理为法制造先例,破坏法典的统一适用,故而先例在晋代没有太多的正常生长的土壤和存在空间。《晋书·范坚传》记载了一个没有成为先例的案

· 115 ·

例，殿中帐吏邵广盗官幔三张，合布三十匹，按照法律规定应当处死，邵广的两个儿子"挝登闻鼓乞恩，辞求自没为奚官奴，以赎父命"，舆论对此深表同情，认为孝道可嘉，朝廷应法外开恩，特事特办，只要"不为永制"即可，尚书右丞范坚反对，他说：

案主者今奏云，惟特听宗等而不为永制。臣以为王者之作，动关盛衰，颦笑之间，尚慎所加，况于国典，可以徒亏！今之所以宥广，正以宗等耳。人之爱父，谁不如宗？今既居然许宗之请，将来诉者，何独匪民！特听之意，未见其益；不以为例，交兴怨讟。此为施一恩于今，而开万怨于后也。

范坚认为，一个不依法裁断的特殊案件出现后，有天然成为先例的倾向，即使朝廷申明属于特事特办，也不能排除它被后人效仿、攀比，因此，必须有意识制止任何不严格依法办事的行为和先例，联系《晋书·杜预传》所载杜预"法者，盖绳墨之断例，非穷理尽性之书也"、"审名分者，必忍小理"和之前刘颂"尽善，故法不得全"的话，可见晋人严格的形式法治和形式正义倾向，其认为严格遵守律令就是最大的名分和道理，即使会使具体案件的处理看起来不那么妥当，对当事人不那么公正，也是值得的，因为个案正义都是"小理"，严格执法、严守律令才是大义所在。

唐代，随着"律令体系"趋于成熟，对适用先例的限制日益严格。首先是规定判案必须具引律令，《唐律疏议·断狱律》"断罪不具引律令格式"条："诸断罪皆须具引律、令、格、式正文，违者笞三十。"[1]判案具引律令成为司法官员的明确义

---

[1] 刘俊文点校：《中华传世法典：唐律疏议》，法律出版社1999年版，第602页。

第三章　首次法典化与"律令体系"成型

务，理论上讲，司法官员不能再完全抛开律令，仅以所谓情理、先例断案。其次规定制敕断狱不能自动成为先例。《唐律疏议·断狱律》"辄引制敕断罪"条："诸制敕断罪，临时处分，不为永格者，不得引为后比。若辄引，致罪有出入者，以故失论。"《唐律疏议》特以说明："事有时宜，故人主权断制敕，量情处分。不为永格者，不得引为后比。"[1]君主有权根据需要以制敕权断，判决结果可以与律令规定的不一致，但制敕权断的案例不能自动成为先例，司法官员不得擅自将其作为之后裁断类似案件的先例。唐律的这两条规定，把先例的产生和适用限定在一个极其狭小的空间内，决定了先例在唐代不可能被广泛使用，正因为如此，唐代史籍中明确记载的先例极少。但据《旧唐书·刑法志》，唐高宗时司法机关曾编有《法例》三卷，引为断案之依据，"先是详刑少卿赵仁本撰《法例》三卷，引以断狱，时议亦为折衷"。据《旧唐书·刑法志》的记载，赵仁本所撰《法例》是律、令、格、式之外的典籍，因为由主管司法的官员编撰，被人们引用为断案的依据，得到较高的社会评价，同时也成为律学博士教授法律专业的课程内容，"（律学）博士掌教文武官八品已下及庶人子为生者。以律、令为专业，格、式、法例亦兼习之"。[2]《法例》的内容已经佚失，所幸日本古文献《令集解》保留了两条《法例》佚文，[3]其一为：

---

[1] 刘俊文点校：《中华传世法典：唐律疏议》，法律出版社1999年版，第603页。
[2] 《旧唐书》卷四十四《职官三》。
[3] 参见［日］泷川政次郎：《〈令集解〉所见唐代法律文书》，载《东洋学报》第18卷1号，1929年；［日］池田温：《唐代〈法例〉小考》，载《第三届中国唐代文化学术研讨会论文集》，1997年，第75~89页。转引自戴建国：《唐宋时期判例的适用及其历史意义》，载《江西社会科学》2009年第2期，第121页。

· 117 ·

《法例》云：倷孩儿籍年十五，貌案年十六。据籍便当赎条，从貌乃合徒役。州司有疑，令谳请报。司刑判，以籍为定，本谓实年，年有隐欺，准令许貌案，[不]一定，刑役无依。未及改错之间，止得据案为定。

此条载于《令集解》卷九《户令》造帐籍条，记载了一个叫倷孩儿的人隐瞒年龄以逃避刑责的案例：户籍上登记为15岁，地方官吏根据其形貌核定为16岁，15岁则可以适用赎条，以铜赎罪，16岁则必须实服徒役，不得用赎。本来，《唐律疏议·名例律》"称日年及众谋"条疏议对户籍年龄和形貌不一致情况下如何判定刑责有明确规定：

称人年处，即须依籍为定。假使貌高年小，或貌小年高，悉依籍书，不合准貌。……问曰：依户令"疑有奸欺，随状貌定"。若犯罪者年貌悬异，得依令貌定科罪以否？答曰：令为课役生文，律以定刑立制。惟刑是恤，貌即奸生。课役稍轻，故得临时貌定；刑名事重，止可依据籍书。律、令义殊，不可破律从令。或有状貌成人而作死罪，籍年七岁，不得即科；或籍年十六以上而犯死刑，验其形貌，不过七岁：如此事类，貌状共籍年悬隔者，犯流罪以上及除、免、官当者，申尚书省量定。须奏者，临时奏闻。[1]

按唐代律令的规定，当户籍簿登载年龄与实际形貌反映出来的年龄不符时，如果是征发徭役，则以实际形貌年龄为准；如果涉及刑事案件定罪量刑，则一般以户籍登载年龄为准，因为"刑名事重"，"惟刑是恤"，不能比照征发徭役的规定；如

---

[1] 刘俊文点校：《中华传世法典：唐律疏议》，法律出版社1999年版，第152页。

果户籍簿登载年龄与实际形貌年龄差异过大,犯的又是流罪以上及须除、免、官当者,则上奏朝廷裁断。但是《法例》所记载俾孩儿隐瞒年龄以逃避刑责案例的处理,却是以实际形貌年龄为准,裁断俾孩儿必须实际服徒役,不得用赎。显然司法机关的处理与唐律规定并不一致,等于是创造了一个新的先例。

《令集解》卷十《户令》另有一条有关《法例》的记载:

缵州申牒,称,郭当、苏卿,皆娶阿庞为妇。郭当于庞叔静边而娶,苏卿又于庞弟咸处娶之,两家有交竞者。叔之与侄,俱是期亲。依令,婚先由伯叔,伯叔若无,始及兄弟。州司据状判妇还郭当。苏卿不伏,请定何亲令为婚主。司刑判,嫁女节制,略载令文。叔若与咸同居,资产无别,须禀叔命,咸不合主婚。如其分析异财,虽弟得为婚主也。检《刑部式》,以弟为定,成婚已讫。

《法例》此处记载的是一起婚姻交竞案:郭当通过阿庞之叔作主娶得阿庞为妻,另一当事人苏卿则经由阿庞之弟作主娶阿庞为妻,一女二嫁,郭家和苏家为此打官司到州府。按唐令(疑为《户令》)的规定,伯叔作为长辈,主婚权优先于作为晚辈的侄子,州府由此将阿庞判予郭当,但司刑认为此案中阿庞之叔与阿庞等分居异财,其主婚权不比阿庞之弟优先,故而检《刑部式》,改变州府的判决,将阿庞判予苏卿。从《法例》的记载来看,《户令》对长辈的优先权有规定,但没有考虑到实际生活中长辈与晚辈同居抑或分居、感情亲近或疏远的具体情形,由一个长期分居不相往来、感情疏远的长辈来主导晚辈的婚姻,显然不利于家庭的和谐和社会稳定。《刑部式》作为令的实施细则,可能对此有更明晰具体的规定,司刑官由此跳过《户令》,直接依据《刑部式》作出判决,由此形成一个新的先例。

· 119 ·

从以上两处关于《法例》的记载来看,《法例》当为先例的汇编,表现为一个个具体的疑难案件及其处理结果。这些疑难案件在律令格式等成文法中或没有直接规定,或虽有规定但司法官员认为不宜适用,于是运用自由裁量权,灵活解释和适用法律,作出与成文法规定不尽一致的处理结果,形成典型案例,并被中央司法机关编撰成《法例》,作为辅助成文法实施的先例集,可以被之后的司法审判引为依据。

但是,《法例》的适用遭到唐高宗的否定,《旧唐书·刑法志》载:

高宗览之,以为烦文不便,因谓侍臣曰:"律令格式,天下通规,非朕庸虚所能创制。并是武德之际,贞观已来,或取定宸衷,参详众议,条章备举,轨躅昭然,临事遵行,自不能尽。何为更须作例,致使触绪多疑。计此因循,非适今日,速宜改辙,不得更然。"自是,《法例》遂废不用。

《法例》存在于唐代律令格式法律体系日臻完备之际,唐高宗对律令格式等成文法充满信心,认为司法机关遵守成文法裁判即可,根本不需要另做先例。何况《法例》表现为一个个的具体案件,数量众多,自然比体例严谨、简洁概括的律令法典更加复杂烦琐,所以最终被唐高宗"废而不用"。

《法例》虽被"废而不用",却仍成为律学生"兼习"的内容。同时,高宗之后的唐代司法活动中,实际上仍然有适用先例的记载。武则天执政时期,发生李思顺妖言案,《通典》卷一百六十九《刑法七》载:

汾州司马李思顺,临川公德懋之子也,被韦秀告称:"思顺共秀窃语云,汾州五万户,管十一府,多尚宿宵,好设斋戒。

大云经上道：'理复思顺好，李三五年少。'思顺恰第三，兄弟五个者。"监察御史李恒等奏称："据思顺潜谋逆节，苞藏祸心，研覈始引唐兴辩占，复承应谶。请从极法。"奉敕依奏者。司直裴谈断："处斩刑，家口籍没者。"主簿程仁正批："合从妖处绞。只向韦秀一人道状，当不满众，合断三千里者。"裴谈又判："请依前断录奏者。"焦元宣判："退司寺官卻议者。"有功议曰："谋危社稷，罪合反条。自述休徵，坐当妖例。反依斩法，妖从绞论。律著成文，犯标定状。状在事难越状，文存理无弃文。若违状以结刑，舍文而断狱，则乘马何俟衔勒，遏流岂用隄防？今判官处以反谋，勾司批从妖说；不耻下问，窃欲当仁。李思顺解大云经，韦秀称其窃语私解，明非众说。窃语不合人知，虚实唯出秀辞，是非更无他证。纵解'三五年少'，只是自述休徵。既异结谋之踪，元非背叛之事。即从叛逆，籍没其家，便是状外弃文，岂曰文中据状。请依程仁正批，妖不满众，处流三千里者正。"焦元宣判："具申秋官请议者。"右台中丞李嗣等二十人议称："请依王行感例，流二千里，庶存画一者。"守司府卿于思言等六十三人议称："依徐有功议者。"录奏，敕："思顺志怀奸愿，妄说图谶。唯其犯状，合寘严刑；为其已死，特免籍没者。"缘有功议，遂免破家。

此案最终依徐有功所议，但在讨论过程中，右台中丞李嗣等二十人"请依王行感例"，所谓"依王行感例"，指依王行感案的判决作为此案处理的依据，显然是把王行感例视为一个可以引用的先例。虽然，王行感例在此案中没有被武则天批准引用，但其他案件的处理未必没有引用过。

另一个明确适用先例的案件同样是武则天统治时期的韩纯孝反逆案。《通典》卷一百六十九《刑法七》载：

推事使顾仲琰奏称:"韩纯孝受逆贼徐敬业伪官同反,其身先死,家口合缘坐。"奉敕依曹断,家口籍没。有功议:"按贼盗律:'谋反者斩。'处斩在为身存,身亡即无斩法。缘坐元因处斩,无斩岂合相缘?缘者是缘罪人,因者为因他犯。犯非己犯,例是因缘。所缘之人先亡,所因之罪合减。合减止于徒坐,徒坐频会鸿恩。今日却断没官,未知据何条例。若情状难舍,敕遣戮尸,除非此途,理绝言象。伏惟逆人独孤敬同柳明肃之辈,身先殒没,不许推寻。未敢比附敕文,但欲见其成例。勘当尚犹不许,家口宁容没官?"申覆,依有功所议,断放。此后援例皆免没官者,三数百家。

韩纯孝受徐敬业伪官,被认为随同谋反,本人身死,未及处斩,推事使顾仲琰奏请缘坐其家属,在徐有功的力争下,韩纯孝家属免于连坐。值得注意的是,徐有功在阐述不应缘坐的理由时,特别引用或者说比附了不追究如同韩纯孝"身先殒没"的独孤敬柳明肃等人责任的敕文,还指出没有看到允许追究"身先殒没"的反逆之人家属责任的"成例",此处"成例",当然指先例。徐有功为了支撑自己"韩纯孝家属不应缘坐"的主张,不仅对《贼盗律》做了可能不太符合立法原意的解释,而且从正反两方面比附了先例,其主张最终被武则天采纳,而此案也成为一个先例,在之后的类似案件中被反复援引。

此外,唐中宗景龙三年(709年)八月敕:"应酬功赏,须依格式。格式无文,然始比例。其制敕不言自今以后永为常式者,不得攀引为例。"[1]允许在格式没有规定的情况下,比附"例"来处理"应酬功赏"的案件,当然,允许比附的"例"必须是制敕确定为"常式"的先例。《旧唐书》卷四十三《职

---

[1]《唐会要》卷三十九《定格令》。

第三章 首次法典化与"律令体系"成型

官二》:"给事中陪侍左右,分判省事。凡国之大狱,三司详决,若刑名不当,轻重或失,则援法例退而裁之。"此处提到的"法例",有学者认为是唐律的总则部分,[1]但本书认为更可能指先例,因为唐律的总则为"名例",较之于"法例","名例"含义清晰,指向明确,而且用语也颇简洁,如果给事中援引的是唐律总则,为何《唐六典》《旧唐书》不直接称"援名例退而裁之"?唐玄宗开元十四年(726年)九月三日敕:"如闻用例破敕及令式,深非道理,自今以后,不得更然。"[2]从反面说明当时司法活动中引用先例的情形相当普遍,甚至冲击了律、令、格、式等成文法的正常适用。唐代中后期随着停止修纂律令法典,不但格后敕成为主要的法律形式,对先例的运用也开始增加,《开成格》载:

> 大理寺断狱及刑部详覆,其有疑似比附不能决者,即须于程限内并具事理,牒送都省。大理寺本断习官,刑部本覆郎官,各将法直,就都省十日内办定断结。其有引证分明,堪为典则者,便录奏闻,编为常式。[3]

这里有两处提到了先例的运用:一是大理寺和刑部可以"比附"断案;二是"比附"断案"堪为典则"者,可以"编为常式"。结合起来说,就是大理寺和刑部可以比附断案,然后将其中典型案例加工提炼,编成先例,赋予普适性的效力,作为之后审判类似案件的依据。《开成格》作为唐代中后期修撰而成的成文法,明确赋予了中央司法机关比附成例断案和编撰先例的权力。

---

[1] 杨一凡、刘笃才:《历代例考》,社会科学文献出版社2012年版,第74页。
[2] 《唐会要》卷三十九《定格令》。
[3] 薛梅卿点校:《宋刑统》,法律出版社1999年版,第551页。

(二) 单行法的成长

秦汉成文法基本是单行法，魏晋法典产生后，单行法作为基本法的地位让渡于法典，但古代中国疆域之辽阔、地区差异之大、行政事务之繁杂决定高度抽象和概括的法典实际上不能真正做到将各种行政事务和特殊情况囊括无遗，因而仍需要有单行法来补法典之不足，更何况国家政治形势与社会情势快速变动，而成文法典强调稳定性，修改工作过于费时费力，不像修改单行法简便快捷。因此，即使在成文法典产生后，单行法仍有其存在空间。《晋书·刑法志》："品式章程，各还其府为故事。"《唐六典》卷六《刑部》注："贾充等撰律令，删定当时制诏之条为《故事》三十卷，与律令并行。"这里的故事指各种作为单行法的法律细则，律典、令典制定出来后，这些长期实施的法律细则仍有继续实施的必要，又无法被包容进高度概括的律典和令典中，于是贾充将其编为《故事》三十卷，与律典、令典并行。

南北朝期间，南北各王朝虽积极制定律令法典，但因战乱频仍，各种单行法仍大行其道，如南朝梁之《科》三十卷、北齐之《麟趾格》《案劾格》《别条权格》，北周之《刑书要制》《刑经圣制》，[1]其效力经常优于律令，甚至取代律令而适用。隋代建立后，虽然延续了北朝以来以"格""式"等词指称《律》《令》之外敕例或条制的习惯，甚至进一步发展为以"格式"来指代律令等各种法律，实际上却未真正像唐朝一样编纂出与《律》《令》并行的《格》《式》，其法律体系，是"由《律》《令》和大量补充、修正其规定的单行敕例或条制所构成的"，[2]因此，各种随事随时下达的敕例条制就是隋代的单行

---

[1] 参见《隋书》卷二十五《刑法志》。
[2] 楼劲：《隋无〈格〉、〈式〉考——关于隋代立法和法律体系的若干问题》，载《历史研究》2013 年第 3 期，第 53 页。

第三章　首次法典化与"律令体系"成型

法。这些敕例和条制固然灵活性极强，其制定却缺乏必要的制度性约束，而只能依靠君主的自律，在隋文帝、隋炀帝父子的任性妄为下，敕例条制等单行法构成对律令法典实施的严重冲击。有隋一代，律令宽简而苛法横行，律令稳定实则改制频繁，律令优良却大半成具文。程树德《九朝律考》卷八《隋律考序》称隋"刑罚滥酷，本出于《律》《令》之外"，说的正是隋代各种敕例条制等单行法纷至迭出，从一般的补充、修正律令到大幅度取代和扰乱律令实施的现实，法典成具文，"不复依准科律"，[1]结果法愈繁而犯愈众，司法更加混乱和腐败。

　　唐初总结隋代无格式却导致敕例条制等单行法不受制度性约束进而冲击律令法典正常实施的历史教训，构建律令格式之法律体系，以式为令典之补充和细化，以格修正律令式。相对于律令，唐代格式虽可谓之单行法，但其制定有一定之程序，其形式亦较隋代敕例条制规范许多，例如：格虽源于制敕，但制敕修入格时经过了立法机构的加工、改动和删节，已非皇帝当初颁布时的原貌，皇帝的制敕一般是不能随意改动的，但格的制定是一项立法活动，被赋予了改动制敕的权力。换言之，格虽然是源于制敕的单行法，但与原始形态的皇帝制敕相比，其概括性、规范性、体系性已大大增强，格的制定也是一项正式的立法活动，其程序较皇帝发布单行制敕要严格许多。

　　从唐中叶开始，社会变化开始加剧，律令格式已经无法应对这种变化，且律令格式的修订程序较为正式和复杂，而陷于平叛、削藩、党争中的唐代朝廷，已经没有时间和精力组织大规模的立法活动，来修订律令法典甚至格、式等单行法，格后敕这种较律令乃至格式更为灵活简便的法律形式，由此应运而生。

---

[1]《隋书》卷二十五《刑法志》。

自唐玄宗开元十九年（731年）开始，唐代朝廷便开始采用直接编纂皇帝制敕并使之法律化的方式，制定成格后敕。而据史籍记载，唐代朝廷编纂格后敕的活动共有六次：[1]（1）《格后长行敕》。唐玄宗开元十九年（731年），由侍中裴光庭、中书令萧嵩等人奉旨编纂，并颁行天下，共六卷。此次编纂主要是针对格后制敕实施"颇与格文相违、于事非便"的现象而进行的，是为唐代编纂格后敕之开始。（2）《贞元定格后敕》。据《唐会要》卷三十九《定格令》所载，唐德宗贞元元年（785年）十月，尚书省进《贞元定格后敕》，共三十卷，留中不出，编纂过程不详。（3）《元和格敕》。唐宪宗元和五年（810年）删定完毕，共三十卷，所删定的内容实为天宝以后的制敕。据《旧唐书·权德舆传》所载，此次所修格敕原本留中不出，并未施行，至元和十年（815年）十月刑部尚书权德舆奏请实行，并在元和五年初修本的基础之上，将"元和五年以后，续有敕文合长行者……参详错综，同编入本续"，依旧为三十卷。（4）《元和格后敕》。唐宪宗元和十三年（818年）八月，由凤翔节度使郑余庆等人刊定，共三十卷，《旧唐书·刑法志》及《唐会要》谈及此次编纂活动："其年，刑部侍郎许孟容、蒋乂等奉诏删定……刑部侍郎刘伯刍等考定。"（5）《太和格后敕》。唐文宗太和七年（833年）十二月刑部奉旨刊定，共五十卷，同年颁行。《旧唐书·刑法志》称此次编纂"详诸理例，参以格式，或事非久要，恩出一时，或前后差殊，或书写错误，并以落下及改正讫。去繁举要，列司分门"，可见用功之深。（6）《大中刑法总要格后敕》。唐宣宗大中五年（851年）四月编纂，共六十卷，颁行天下。此次编纂从贞观二年（628年）六月二十八日至大中五年（851年）四月十三

---

[1] 参见《旧唐书》卷五十《刑法志》、《唐会要》卷三十九《定格令》、《新唐书》卷五十六《刑法志》等书所载。

日所颁布的制敕中，选可行用者，分为六百四十六门，内容侧重于刑事法规，在格后敕的立法上，取得了一定的成就。

总之，唐后期立法活动以编录格后敕为主，格后敕由此成为唐后期法律的主要形式。格后敕虽和格式一样都属于单行法，但其规范性化程度不如格式，格的编纂是编录制敕中"堪久长行用者"，[1]并经过立法机构的改写、删辑、加工，而格后敕的编录只是将大量的散敕"分朋比类，删去前后矛盾及理例重错者，条流编次"，[2]基本没有对制敕的内容进行删减改动。换言之，唐后期的格后敕，基本上直接编录皇帝制敕而成，其中少有加工，同时按格的篇目分章，保留了当初皇帝颁布制敕的原貌。在唐代后期，格后敕的地位和效力实际上超过了律令格式，《宋刑统·断狱律》"断罪引律令格式"条引唐长庆三年（823年）十二月二十三日敕节文："御史台奏：伏缘后敕，合破前格。自今以后，两司检详文法，一切取最向后敕为定。敕旨：宜依。"其引长兴二年（931年）八月十一日敕节文："今后凡有刑狱，宜据所犯罪名，须具引律、令、格、式，逐色有无正文，然后检详后敕，须是名目条件同，即以后敕定罪。后敕内无正条，即以格文定罪。格内又无正条，即以律文定罪。律、格及后敕内并无正条，即比附定刑，亦先自后敕为比。"[3]大致意思是凡有刑案，必须先"检详后敕"，并以"后敕定罪"，如果后敕内无条文可依，方可依格文或律文定罪。格后敕的效力，已然超过律令格式。

法典化运动虽结出唐代律令法典之硕果，然唐代后期快速变化的社会情势以及中央政府威权之暗弱，使得稳定性较强的

---

〔1〕《旧唐书》卷五十《刑法志》。
〔2〕《唐会要》卷三十九《定格令》。
〔3〕 薛梅卿点校：《宋刑统》，法律出版社1999年版，第551页。

律令法典无法通过大规模修改来适应变化了的社会情势,朝廷只能不断颁布和编集多为权宜之计的格后敕以应对不断变化的社会情势。法典化潮流下,单行法成长之暗流经过数百年涌动、蓄势,终于在唐代后期破土而出,成为法典化潮流之强力反动。

三、"律令体系"的嬗变

五代时期的立法一方面是编纂刑律统类,另一方面则是发布编敕。编纂刑律统类自然是唐后期法制传统之延续,编敕则为唐后期格后敕之演变。北宋立国之初,其立法亦主要是沿袭唐五代之传统,一是制定刑统,二是发布编敕,同时仍以令、格、式为其法律体系构成。神宗元丰二年(1079年),对敕、令、格、式四种法律形式的性质重新进行规定,并编修"刑名断例",明确以之为成文法之补充,宋代的法律体系,由此发生重大变化。总起来说,宋代法律体系主要由刑统、令、格、式、编敕、编例等构成,此外还有申明、指挥、看详等法律形式。

(一)"律恒存乎敕之外":《宋刑统》与编敕

《宋史·刑法志》:"神宗以律不足以周事情,凡律所不载者,一断以敕,乃更其目曰敕、令、格、式,而律恒存乎敕之外。"对于这段话,我国许多学者的理解是神宗以后是"以敕代律"。[1]关于宋代律敕关系及是否"以敕代律",尚可继续探讨,但有一点可以肯定,宋代的刑事法律除了作为基本法典的《宋刑统》之外,还包括大量的编敕。

《宋刑统》是一部以律为主,合疏议及相关令、式、格、

---

[1] 如学者陈顾远的理解:"神宗遂断然以律不足以周事情,凡律所不载者,一断以敕,乃更其目曰敕令格式,而律遂存于敕之外,无所用矣。"参见陈顾远:《中国法制史概要》,三民书局1977年版,第77页。国内许多法制史教材也持此观点。

第三章　首次法典化与"律令体系"成型

敕、参详起请条为一体的刑事法典。分三十卷，十二篇，即名例、卫禁、职制、户婚、厩库、擅兴、盗贼、斗讼、诈伪、杂律、捕亡、断狱。律文并疏议五百零二条，令、式、格、敕十七条，参详起请三十二条。《宋刑统》全书以律条为纲，以类相从，分门别类编入相关的令、式、格、敕及参详起请条。有宋一代，对《宋刑统》曾做过多次修订，但主要是修改律、疏之后所附的敕、令、格、式，或通过《申明刑统》的形式对律文作一定变通解释，或对疏议进行修改，很少对《宋刑统》中律文进行直接修改。《宋刑统》是宋代的基本刑事法典，其中律文是最具稳定性和长期适用的法律形式。

《刑统》之外，尚有编敕。宋代编敕由唐后期格后敕发展而来，亦是朝廷对法律未尽、未便之处进行补充修改的诏敕的编集，"国朝以来，诏数下而建条，比牒连名，充曹创府，烦科碎目，与日而增。每罚一罪，断一事，有司引用，皆连篇累牍，不能遍举。率不纪岁，则别加论次，谓之'编敕'"。[1]有宋一代，编敕的编纂体例经过了两个阶段：第一阶段为北宋初至神宗熙宁年间，此时各种诏敕单独汇编，不与其他法律形式混编，其编成后即称为"编敕"，如《建隆编敕》《太平兴国编敕》《重删定淳化编敕》《咸平编敕》《大中祥符编敕》《天圣编敕》《庆历编敕》《嘉祐编敕》《熙宁编敕》。第二阶段为神宗元丰后，此时诏敕与令、格、式合编，以《敕令格式》及《条法事类》的形式出现，如《元丰敕令格式》《元祐祥定敕令式》《元符敕令格式》《政和重修敕令格式》《绍兴重修敕令格式》《乾道重修敕令》《淳熙重修敕令格式》《淳熙条法事类》《庆元敕令格式》《庆元条法事类》《淳祐重修敕令格式》《淳祐条法事类》）。

---

[1]（宋）赵汝愚编：《宋朝诸臣奏议》（下），臧健等校点，上海古籍出版社1999年版，第1052页。

· 129 ·

从内容来看，元丰之前的编敕属于综合性法律规范，包含行政法、刑法等内容。"宋法制因唐律、令、格、式，随时损益则有编敕"，[1] 编敕可对律令格式进行修改，如果敕补充、修改的对象为行政法，则该敕在性质上属于行政法律规范；如果敕补充、修改的对象为刑法，则该敕在性质上属于刑事法律规范。正因为如此，元丰之前编敕卷数多，《重删定淳化编敕》《大中祥符编敕》《天圣编敕》都是三十卷。元丰二年（1079年）六月，宋神宗对敕、令、格、式的性质作出重新规定，《宋史·刑法一》：

禁于已然之谓敕，禁于未然之谓令，设于此以待彼之谓格，使彼效之之谓式。……凡入笞、杖、徒、流、死，自名例以下至断狱，十有二门，丽刑名轻重者，皆为敕；自品官以下至断狱三十五门，约束禁止者，皆为令；命官之等十有七，吏、庶之赏等七十有七，又有倍、全、分、厘之级凡五等，有等级高下者，皆为格；表奏、帐籍、关牒、符檄之类凡五卷，有体制楷模者，皆为式。

自此，宋代法律体系发生重大变化，敕、令、格、式的性质和内容较之前均有所不同。就编敕而言，其不再是综合性的法律规范，而一变成为刑事法律规范，只对律进行修改补充。换言之，定罪量刑，除《宋刑统》外，尚有编敕，诚如《文献通考》所云："熙宁中，神宗厉精为治，议置局修敕，盖谓律不足以周尽事情，凡邦国沿革之政，与人之为恶入于罪戾而律所不载者，一断以敕。乃更其目曰：敕、令、格、式，而律存于敕之外。"[2] 如果将律视作《宋刑统》中的律文或者《宋刑统》

---

[1]《宋史》卷一百九十九《刑法一》。
[2]《文献通考》卷一百六十七《刑考六》。

本身的话,则律确实"存于敕之外"。编敕与律并列,构成对律的修改和补充,其与律是一种新(刑)法与旧(刑)法的关系,故朱熹云:"今之断狱,只是用敕;敕中无,方用律。"[1]

从形式上看,宋代编敕概括性、抽象性较弱,规范化和体系化程度较低,类似于唐后期的格后敕,是一种较低层次的成文法和单行法,其正式成为宋代刑法的主要构成这一事实表明,魏晋以来"律以正罪名"的刑事法典囊括刑事立法的局面已经发生了根本性改变:"正罪名"的不仅有律,还有编敕。

(二) 令、格、式的变化

北宋立国之初,令、格、式方面完全沿袭唐代的体例,"国初用唐律、令、格、式"。[2]至元丰二年(1079年),神宗对敕、令、格、式的性质重新作规定,令、格、式的性质及内容发生重大变化,整个法律体系亦由此改变。

关于令,宋代最初适用开元二十五年(737年)《唐令》,宋太宗淳化年间对唐令进行改造,修成《淳化令》三十卷,但内容、篇目均照搬唐令。宋代真正意义上令的立法,乃仁宗天圣年间在大规模损益唐令的基础上,制成《天圣令》三十卷,从天一阁发现的《天圣令·田令》的残本来看,宋令规定国家基本制度,基本不涉及定罪量刑,这与唐令"设范立制"的性质是相同的。元丰二年六月,神宗将令定位于"禁于未然之谓令",令在性质没有变化,仍然是关于国家基本制度的规定,但制定体例发生重大变化,即不再单独制定令典,而是与编敕、格、式一起编成"敕令格式"。同时,大量在唐代由式规定的内容编入令中,令的内容和篇目由此大为增加。宋代修撰过十一

---

[1] (宋)黎靖德编:《朱子语类》(第8册),王星贤点校,中华书局1986年版,第3080页。

[2] 《宋史》卷一百九十九《刑法一》。

部令典，分别是：《淳化令》《天圣令》《元丰敕令格式》中《元丰令》《元祐祥定敕令式》中《元祐令》《元符敕令格式》中《元符令》《政和重修敕令格式》中《政和令》《绍兴重修敕令格式》中《绍兴令》《乾道重修敕令格式》中《乾道令》《淳熙重修敕令格式》中《淳熙令》《庆元敕令格式》中《庆元令》《淳祐重修敕令格式》中《淳祐令》。关于令典中的篇数和篇名，《宋史·刑法一》称《元丰令》三十五门，"自品官以下至断狱三十五门，约束禁止者，皆为令"，《庆元条法事类》现存有三十八篇，分别是：《仪制令》《关市令》《赏令》《文书令》《军防令》《杂令》《职制令》《官品令》《田令》《仓库令》《公用令》《军器令》《吏卒令》《荐举令》《进贡令》《考课令》《驿令》《给赐令》《断狱令》《厩牧令》《营缮令》《捕亡令》《选试令》《假宁令》《赋役令》《祀令》《营膳令》《辞讼令》《辇运令》《户令》《服制令》《封赠令》《理欠令》《场务令》《疾医令》《河渠令》《道释令》《时令》。相比之下，唐《开元二十五年令》为二十八篇。就令文数而言，《唐六典》所载《开元七年令》为一千五百四十六条，现存《庆元条法事类》残本所载令文为一千七百八十一条，而且现存《庆元条法事类》残本只有三十六卷，一百八十八门，据史料记载，全本《庆元条法事类》有八十卷，四百三十七门，传世残本仅占原书的一半不到，可以大致推算《庆元条法事类》原书中令文当在三千条以上，是《开元七年令》的两倍。[1] 总之，元丰改制后，宋令的内容、篇目、条文数均大大超过唐令，与编敕、格、式相比，令的数量也是最多的，例如，《元祐祥定敕令式》中，敕十

---

〔1〕 参见吕志兴教授的考证。吕志兴：《宋代法律体系研究》，载《现代法学》2006年第2期，第68~77页；吕志兴：《宋令的变化与律令法体系的完备》，载《当代法学》2012年第2期，第37~42页。

第三章　首次法典化与"律令体系"成型

七卷，令二十五卷，式六卷；《绍兴重修敕令格式》和《乾道重修敕令格式》中，敕十二卷，令五十卷，格三十卷，式三十卷；《庆元条法事类》残本中，令文计有一千七百八十一条，敕文八百八十七条，格文九十六条，式文一百四十二条。由于敕、格、式性质的变化，令在宋代元丰后成为规定国家基本制度的唯一法律形式，其地位相比唐代可以说大大上升了。

　　关于式，宋代前期沿用唐式的内容和形式，式为令的实施细则和补充性规定，《宋刑统·断狱律》所附刑部式："诸文武职事散官三品以上，及母、妻并妇人身有五品以上邑号，犯公坐徒以上，及私罪杖以下，推勘之司送问目就问。"[1]显然属于对《狱官令》的补充规定。太宗淳化年间曾制成《淳化式》，如同《淳化令》一样，亦是对唐《开元式》的简单校勘，其篇目基本同于唐《开元式》，也是以中央行政机关、事务机关官署名为其名称。英宗时期至神宗熙宁年间，朝廷制定了大量单行的式，如《在京诸司库务条式》一百三十册、《诸司敕式》二十四卷、《熙宁贡举敕式》十一卷、《熙宁编三司式》四百卷、《将作监式》五卷、《熙宁新定孝赠式》十五卷、《熙宁新定时服式》六卷、《熙宁葬式》五十五卷，等等，[2]这些式的内容因文本资料佚失，已经无法考证，但其卷数明显多于元丰之后的式，可以大致推定其性质大抵同于唐式，仍然是令的实施细则和补充性规定。元丰二年（1079年），神宗给式重新下了定义："使彼效之谓式。"[3]式的性质发生重大变化：唐式和宋代初期的式以官署名称为篇名，南宋所编各种"条法事类"中，式完全以事类为篇名，如《庆元条法事类》残本记载的式的名

----

〔1〕　薛梅卿点校：《宋刑统》，法律出版社1999年版，第529页。
〔2〕　参见《宋会要辑稿》刑法一之十至十三，另据《宋史》卷二百零四《艺文三》。
〔3〕　《宋史》卷一百九十九《刑法一》。

· 133 ·

目包括《考课式》《文书式》《职制式》《断狱式》《杂式》《荐举式》《封赠式》《选试式》《赏式》《仓库式》《场务式》《给赐式》《理欠式》《赋役式》《道释式》《户式》《服制式》《厩牧式》等；[1]式不再单独编纂，而是与敕令格合编为"敕令格式"；从《庆元条法事类》残本保存的一些宋式来看，其内容都是一些公文程式的规定，可见式已经从令的实施细则和补充性规定，变成了国家机关的公文程式，所以才会有"表奏、帐籍、关牒、符檄之类凡五卷，有体制模楷者，皆为式"的说法。[2]要言之，元丰后宋式的性质、体例和内容发生重大变化，其调整范围大为缩小，大致相当于唐代《公式令》中关于公文程式的内容。

关于格，北宋初至神宗熙宁年间，主要是沿用唐五代时期的格，同时制定少量的单行格，如《循资格》《长定格》，性质与唐格基本一致，是对《宋刑统》、令、式的补充修改。元丰二年（1079年）后，格的分类、体例、性质发生重大变化：在分类上，元丰之后，宋格不再有"留司格"、"散颁格"之分，而且多颁行天下；在体例上，宋格不再以尚书省二十四司为篇名，而是以"敕令格式"合编的方式出现，以格的适用范围或类别为具体篇名；在编订、起草机构上，格的制订机构不再是中书门下政事堂或刑部，而是设立"详定重修敕令所""详定一司敕令所"等专门立法机构负责；关于格的性质，从《庆元条法事类》残本中保存的格文来看，宋格是各类制度中关于等级、数量、标准、职数内容的具体规定，[3]"有等级高下者，皆为格"，[4]

---

[1] 参见吕志兴教授的考证。吕志兴：《宋代法律体系研究》，载《现代法学》2006年第2期，第68~77页。

[2] （宋）洪迈：《容斋随笔》（下），穆公校点，上海古籍出版社2015年版，第407页。

[3] 参见吕志兴：《宋格初探》，载《现代法学》2004年第4期，第104~109页。

[4] 《宋史》卷一百九十九《刑法一》。

凡是涉及各类标准、准则和制度设置的内容，都由格来规定，故宋格的内容特点是非常具体，常用数量规定，这正反映了元丰后格作为各式"标准"之法的性质。

综上所述，元丰二年宋神宗的规定使令、格、式的性质和内容发生重大变化。格从补充、修改《宋刑统》、令、式变为规定各类标准、准则，式从令的补充规定和实施细则变为公文程式。换言之，格、式的调整范围及内容都大大缩减了，相反，令成为规定国家基本制度的唯一法律形式，其内容大为扩充，数量大大增加。

(三) 纳例入法：重新进入正式法律体系的宋代先例

自成文法典兴起后，先例作为一种正式法源的地位日渐衰微，唐代虽出现《法例》一书，但很快被最高统治者废弃不用，之后先例虽在司法实践中发挥一定的实际效用，而且从史书的记载来看，从唐代中期开始，对先例的适用有增加的趋势，但在遵奉祖宗成宪及强大的法典传统下，先例并未被正式承认为正式法源及法律体系的正规组成部分，而至多被视为一种效力位阶远低于成文法尤其法典的非正式法源。唐宋之际，发生了巨大的社会及经济变迁，均田制瓦解，租庸调法被废除，手工业、商业进一步发展，金融财税制度随之改变，社会等级及身份界限趋向模糊。这些巨大的变化，不能不引起法律调整方式和法律体系的变化，编敕及令数量相对于唐代的巨大增长，即是这一变化的直接反映，而先例在宋代重新被纳入正式法律体系成为正式法源，更昭示"律令体系"在"唐宋变革"大势下的重要嬗变。

作为法律术语，例在宋代使用较广，如条例、则例、断例、旧例、近例、定例、常例、优例、乡原体例等，含义不一。承秦汉廷行事、决事比、唐代《法例》之传统，表征司法先例之宋例，当指"断例"。在宋代，断例是司法实践中形成的案例，获得朝廷认可后成为正式的法律，对之后类似案件的判决具有拘束力。据现有史料和学者考证，宋代先后编纂十五部断例集：《庆历断例》《嘉祐刑房断例》《熙宁法寺断例》《元丰刑名断例》《元祐法寺断例》《绍圣断例》《元符刑名断例》《宣和刑名断例》《崇宁刑名疑难断例》《绍兴刑名断例》《乾道新编特旨断例》《强盗断例》《淳熙新编特旨断例》《大理寺例总要》《绳墨断例》。[1]《续资治通鉴长编》的相关记载表明，[2] 是先存在已经判决的典型案例，然后司法机关在适当的时候奉诏敕将其编为断例集，如《元符刑名断例》的编集是从一万多个判决了的案例中精选出四百零九件断例，其中明确适用于全国、对各地司法机关有拘束力的断例一百四十一件，仅限于中央刑部、大理寺断案适用的断例二百六十八件。南宋《绍兴刑名断例》的体例完全是按照律典十二篇编纂而成，"《名例》《卫禁》共二卷，《职制》《户婚》《厩库》《擅兴》共一卷，《贼盗》三卷，《斗讼》七卷，《诈伪》一卷，《杂例》一卷，《捕亡》三卷，《断狱》二卷"，[3] 可见断例如同法典一般，已完全被承认为正式法源。

断例的法律效力得到了成文法的认可和司法实践的支持。朝廷明确指出，"有司所守者法，法所不载，然后用例"，[4]"诸

---

[1] 参见胡兴东：《宋朝法律形式及其变迁问题研究》，载《北方法学》2016年第1期，第112页。

[2] 《续资治通鉴长编》卷一百四十"庆历三年三月戊辰条"条："诏刑部、大理寺以前后所断狱及定夺公事编为例。"卷二百九十八"元丰二年六月乙丑"条："刑房奏断公案，分在京、京东西、陕西、河北五房，逐房用例，轻重不一，乞以在京刑房文字分入诸房，选差录事以下四人专检详断例。"

[3] 转引自胡兴东：《宋代判例问题考辨》，载《云南师范大学学报（哲学社会科学版）》2016年第1期，第124页。

[4] 《宋史》卷一百九十九《刑法一》。

断罪无正条者,比附定刑,虑不中者,奏裁",[1]比附的可以是法条,也可以是断例。在司法过程中,宋代实行疑案奏谳制度,要求地方官府审理刑事案件时,若遇有疑难案件,依常法不能决断,必须及时申报朝廷,经大理寺审断、刑部复核后提出意见,奏请皇帝裁决。中央司法机关提出意见时必须"贴例",即附上有关断例,供皇帝参照使用,"若情可矜悯而法不中情者谳之,皆阅其案状,傅例拟进"。[2]元丰五年(1082年)又诏:"刑部贴例拟公案,并用奏钞。其大理寺进呈公案,更不上殿,并断讫送刑部贴例。不可比用及罪不应法,轻重当取裁者,上中书省。"[3]在适用断例上,宋人形成了一套较为规范的程序步骤:首先是遇事检例,即遇到需要处理的疑难案件时,从以往类似的案例中拣取类似的先例,作为处理依据;其次是贴例拟进,即司法机构在奏钞中拟定出处理方案,将检得之断例附于奏钞之后,作为处理依据,供最终评判之参考依据;最后是取旨裁决,即皇帝通过审核所引断例恰当与否来判断司法机构拟定的处理方案,如果同意该方案,即画可批准。断例在司法个案中适用的事例,《宋会要辑稿》和《宋史》均有所载。《宋会要辑稿》记载了宣和三年(1121年)袁州百姓李彦聪指使何大打死杨聪案,对于此案,大理寺和刑部官员对教唆主犯李彦聪的定性和量刑存在争议,大理寺少卿聂宇认为李彦聪"止合杖罪定断",刑部则认为"李彦聪作威力,使今殴击致死",大理寺断罪不当,"欲令改作斩罪",最后检出了《元丰断例》中先

---

[1]《庆元条法事类》卷七十三《检断·断狱》,戴建国点校,载杨一凡、田涛主编:《中国珍稀法律典籍续编》(第1册),黑龙江人民出版社2002年版,第741页。

[2]《宋史》卷一百六十三《职官二》。

[3]《续资治通鉴长编》卷三百二十八。

例作为依据，才解决争议。[1]《宋史·苏颂传》也记载了金州张仲宣坐枉法赃罪案，法官一开始援引李希辅例，判决杖脊黥配海岛，苏颂认为李希辅"受赇数百千，额外度僧"，情节较重，张仲宣"所部金坑，发檄巡检体究，其利甚微，土人惮兴作，以金八两属仲宣，不差官比校"，情节较李希辅轻，最后神宗采纳了苏颂的意见，免去张仲宣杖黥之刑，将其流放海岛。

发端于秦汉、正式开启于魏晋的法典化运动，在结出唐代律令法典之硕果后，于唐中后期呈现停滞之势，其表现是律令法典停止修改，格后敕地位上升、日益占据主导地位，以及司法实践中使用先例的实质增加。至宋代，一直以来的法典化运动发生重要转向，单行法的成长、先例的滋生这两大解法典化暗流终于破土而出，再次深刻改变了"律令体系"的格局和发展趋势。

宋代"律令体系"的嬗变主要指法律体系中的非法典化成分大为强化，这主要表现在编敕和断例上。据胡兴东考证，宋代综合性编敕保守估计有十八部，元丰之前的综合性编敕八部，元丰之后的刑名编敕十部。[2]元丰之后的刑名编敕是作为对《宋刑统》的修改和补充而出现的，其与《宋刑统》一起构成了宋代刑事法律的主要部分。虽然不能说编敕完全取代了《宋刑统》，但在《宋刑统》终宋之世基本不变的情形下，编敕无疑是使刑事法律适应宋代社会情势快速变动的法律形式，在司法实践中无疑要比《宋刑统》优先适用，"今之断狱，只是用敕；敕中无，方用律"。[3]宋代编敕由唐后期格后敕发展而来，是对

---

[1]《宋会要辑稿》刑法四之七八。

[2] 参见胡兴东：《宋朝法律形式及其变迁问题研究》，载《北方法学》2016年第1期，第113页。

[3] （宋）黎靖德编：《朱子语类》（第8册），王星贤点校，中华书局1986年版，第3080页。

第三章 首次法典化与"律令体系"成型

皇帝制敕有选择的编集,并未像唐格一样经过较为深入的删修和加工,概括性、规范化和体系化程度不仅比不上律令法典,也比不上同为单行法的唐代格式,是一种较低层次的成文法和单行法。因此,编敕成为宋代刑法的主要构成不仅意味着魏晋以来刑事法典囊括刑事立法的局面发生根本性改变,更标志着"律令体系"在非法典化方向上发生了重要的嬗变。

断例的正式适用同样如此。成文法体系并非绝对不允许先例之存在,胡兴东教授就指出,古代中国判例法(先例)存在两种形态,一种是"非成文法典下判例法",另一种是"成文法典下判例法"。胡兴东认为,元朝和清朝分别是这两种形态判例法的典型代表,[1]不过本书认为,元代判例法是否"非成文法典下判例法",尚可进一步商榷,而夏商西周"礼刑体系"时期的判例法,当属"非成文法典下判例法"无疑,战国秦汉至唐宋"律令体系"时期各种被承认或不被正式认可却发生实质效力的先例,则显然属于"成文法典下判例法"。刘笃才教授也指出,古代中国自成文法产生后,成文法与判例(先例)的关系变化可分为三个时期:一是战国至秦汉的放任时期,此一时期由于成文法刚产生不久,还很不成熟、不健全,加之商周时期的习俗和先例影响尚存,对先例的适用采取放任态度,各种决事比大量存在,律令繁多且判例滋彰;二是魏晋至唐宋的先例被拒斥时期,此一时期成文法发展成熟,法典化取得重要进展,朝廷的主流声音是维护法典的权威和统一适用,强调追求以法典为核心的形式正义而非个案正义,先例的适用受到严格的制度约束,被限制在狭小的范围内,几乎不被承认为正式法律渊源;三是对先例的吸纳时期,其转折发生在宋代,成文法对先

---

[1] 参见胡兴东:《中国古代判例法模式研究——以元清两朝为中心》,载《北方法学》2010年第1期,第115~124页。

例的吸纳是一个长期的过程,到了明清,先例终于被成文法吸纳而消亡。[1]虽然,刘笃才教授"判例在明清被成文法吸纳而消亡"的观点仍可进一步商榷,但他认为宋代是成文法产生后判例法(先例)发展的转折,显然道出了关键所在:在沦为"律令体系"之边缘化异己物、不被正式认可长达上千年后,先例终于获得认可,通过编修断例集的方式,被接纳为正式的法律渊源。单行法的迅速成长及地位上升,以及先例被"律令体系"正式接纳,皆使得宋代法律体系中的非法典成分大为强化,魏晋以来以律令法典为核心的"律令体系",由此发生重要嬗变。

宋代"律令体系"之嬗变,是唐宋之际社会、经济变化的法制产物。唐代中叶以降,中国经济、社会发生许多重要变化:在社会阶级关系方面,人身依附关系不断松弛,佃客及家内仆役的社会地位得到明显提高,门阀地主阶级彻底退出了历史舞台;在经济方面,均田制彻底瓦解消亡,土地私有化程度进一步加深,土地买卖交易频繁,经济快速发展,商品经济发达;在文化方面,随着社会阶级关系的变动和商品经济的发展,学术思想进一步解放,文学由"雅"到俗,市民文化随之兴起。这一系列变化,被内藤湖南等日本学者形容为"唐宋变革",如内藤湖南认为:"唐代是中世的结束,而宋代为近世的开始,其间包括了唐末至五代的一段过渡期。"[2]宫崎市定更进一步发展了内藤湖南的观点,他不仅基本接受了内藤湖南关于唐宋变革是贵族政治转向君主独裁政治的观点,而且补充添加了社会经济史方面的内容,强调了宋代作为近世的意义,认为从宋代社

---

[1] 参见刘笃才:《中国古代判例考论》,载《中国社会科学》2007年第4期,第145~155页。

[2] [日]内藤湖南:《概括的唐宋时代观》,载刘俊文主编《日本学者研究中国史论著选译》(第1卷),杜石然等译,中华书局1992年版,第10~18页。

第三章　首次法典化与"律令体系"成型

会中可以看到显著的资本主义的倾向。[1]关于"唐宋变革论"一说，日本学界、海外汉学界及中国国内学者均存在不同观点，国内学者很少认为唐宋之间的变化类似于西方近代社会变革的性质，更不认为宋代有显著的资本主义倾向，而是大多认为这是"大一统"中央集权帝国内部的变革。当然，对于唐宋之间的大不相同，中国学者并无异议，如陈寅恪认为："唐代之史可分前后两期，前期结束南北朝相承之旧格局，后期开启赵宋以降之新局面，关于政治社会经济者如此，关于文化学术者亦莫不如此。"[2]钱穆认为中国传统文化分为秦汉、汉唐、宋元、明清四个时期，唐宋是第二、第三期的分界线。[3]法律作为上层建筑，必然受到经济基础及其所调整的社会关系变化的深刻影响。社会关系和经济关系方面的剧烈变化，使得一开始沿袭唐代律令格式形式及内容的宋代法律体系不能很好适应经济关系和社会关系迅速变动的需求，而不得不通过大量的编敕来补充、修改律令格式，并以编修断例之方式，接纳判例为正式法律渊源，强化法律体系的适应性。

宋代"律令体系"的嬗变，也是秦汉以来"律令体系"内部作用及演变的结果。个案正义与形式正义之间的选择、法律体系外在的完美与"禁民为非"功能充分发挥之间的矛盾，从成文法产生那一刻开始，即是立法者所不能回避的问题。法条有限而法意无限，律令有定而情伪无穷，是否应当通过大量增加律令之条目，以最大可能实现法律"禁民为非"之功能？王

---

[1]　参见[日]宫崎市定：《东洋的近世》，载刘俊文主编《日本学者研究中国史论著选译》（第1卷），杜石然等译，中华书局1992年版，第153~241页。

[2]　陈寅恪：《论韩愈》，载陈寅恪：《金明馆丛稿初编》，上海古籍出版社1980年版，第285~297页。

[3]　参见钱穆：《中国文化史导论》，商务印书馆1994年版，第203~204页。

法无情，情法常不能两全，或情理可悯，或情重法轻，或法重情轻，在情法冲突时，立法及司法当如何选择？对于这些问题，历代朝廷内部均存在不同声音。西汉景帝中元五年（公元前145年）诏："诸疑狱，若虽文致于法而于人心不厌者辄谳之。"[1]所谓"虽文致于法而于人心不厌者"，指判决形式上符合法律，却不怎么符合情理、不能令人满意和感到公正的案件，对于这种案件，应该通过奏谳程序上报朝廷裁断，表现出朝廷对实质正义和个案公正的某种偏爱。盐铁会议争论法律繁与简，贤良文学以亡秦为反例，反对繁法严刑："昔秦法繁于秋荼，而网密于凝脂。然而上下相遁，奸伪萌生，有司治之，若救烂扑焦，而不能禁。"桑弘羊一方则为繁法辩护，"令严而民慎，法设而奸禁。网疏则兽失，法疏则罪漏。罪漏则民放佚而禁不必"，[2]"夫少目之网不可以得鱼，三章之法不可以为治。故令不得不加，法不得不多"。[3]贤良文学的主张反映出法律儒家化的同时儒家亦不再像战国时期那样简单否定出自君的制定法的作用，而是在承认制定法必要性之基础上对其内容及形式进行改造，反对一味制定法律、增加篇目法条，要求法律简明扼要、经义化。汉代之后儒家关于法律形式的主张深刻影响了魏晋兴起的法典化运动，衍生出条文篇目趋向简约、结构简练合理的魏晋律令法典，整个法律体系为之一变。西晋泰始律令颁行后，关于司法过程中情与法、个案公正与形式正义的可能冲突，出现了两种不同的司法主张。三公尚书刘颂主张守文定罪，反对为了追求个案公正而"出法权制"。刘颂认为，法律（成文法）本来就不可能尽善尽美，如果过分追求个案之尽善尽美处理，

---

[1]《汉书》卷五《景帝纪》。
[2]《盐铁论·刑德》。
[3]《盐铁论·诏圣》。

第三章 首次法典化与"律令体系"成型

则必然会给奸吏可乘之机,为其兜售私情制造借口,"奸诈者因法之多门,以售其情",对王朝法制及统治造成更严重和长远的损害,"上求尽善,则诸下牵文就意,以赴主之所许,是以法不得全",因此,他主张司法官员严格依法断案,"律法断罪,皆当以法律令正文,若无正文,依附名例断之,其正文名例所不及,皆勿论",力求"忍曲当之近适,以全简直之大准"。与刘颂的主张相反,张斐强调"律者,不可一体守",主张"临时观衅",灵活适用法律。张斐认为,法律及法理十分玄奥,绝非轻而易举就能理解和运用,司法官员不可据于条文,而要结合复杂的社会生活,"慎其变,审其理",权衡情理,随事比附,如此方能公正准确地处理每个案件,做到"理直刑正"。[1]刘颂是主管司法的三公尚书,其观点可以说代表了官方的主流立场,但张斐也是当时名噪一时的律学家,更是《泰始律》的注释者之一,其观点应该说在当时朝野也有一定影响力。作为法典化运动的最高成就,唐代律令法典尤其律典表现出规范、概括、严谨、简约的外在特点,实现了汉代以来儒家对法律形式的追求,是法律儒家化及法典化运动的完美结晶。但是,律令法典的完美并不必然带来司法适用的便利和准确,反而因为法典内容之简要、条文之抽象,导致司法适用中问题倍增,如《永徽律》制定后,司法适用中出现了"刑宪之司执行殊异;大理当其死坐,刑部处以流刑;一州断以徒年,一县将为杖罚,不有解释,触塗睽误"[2]的情形,为了统一法律适用,国家只好出面组织制定统一的法律解释,《律疏》由此而产生。换言之,《律疏》的出现本身即反映律文的过度简约与抽象及给司法适用

---

[1] 以上刘颂和张斐的观点均引自《晋书》卷三十《刑法志》。
[2] (唐)长孙无忌等:《唐律疏议》,刘俊文点校,法律出版社1999年版,第3页。

造成的困难，但吊诡的是《律疏》的出现似乎对促进司法适用的准确适用帮助有限，详刑少卿赵仁本由此编写《法例》三卷，"引以断狱，时议亦为折衷"，[1]惜乎被高宗弃而不用。对于法典过于简要、条文过少可能造成的弊端，神龙元年（705年）赵冬曦的上书说得更为直白："臣闻夫今之律者，昔乃有千余条。近者，隋之奸臣将弄其法，故著律曰：'犯罪而律无正条者，应出罪则举重以明轻，应入罪则举轻以明重。'立夫一言而废其数百条。自是迄今，竟无刊革。遂使死生罔由乎法律，轻重必因乎爱憎。受罚者不知其然，举事者不知其犯。"认为法典过于简要必然导致司法官员解释权过大，难以受到约束，他进而反对唐代律典的删繁就简："立法者贵乎下人尽知，则天下不敢犯耳，何必饰其文义，简其科条哉！夫科条省则下人难知，下人难知则暗陷机阱矣，安得无犯法之人哉；法吏得便，则比附而用之矣，安得无弄法之臣哉。"[2]从便于理解和适用的实用角度，反对过度追求法典外在的简洁美观。同时，由于过度强调守文定罪，唐初司法实践中情与法之间其实存在不小的张力，统治者也认识到了这一点，"曹司断狱，多据律文，虽情可矜，而不敢违法，守文定罪，或恐有冤"，"情在体国，即共号痴人，意在深文，便称好吏。所以罪虽合杖，必欲遣徒，理有可生，务入于死"。[3]总之，成文法与"律令体系"产生伊始，繁与简、情与法之间的冲突与争论就存在于立法及司法的实践中，魏晋以降，伴随着法典化运动的推进，立法追求简约、司法强调守文定罪成为王朝官方的主流观点和立场，但各种异议之声依旧存在，不时挑战立法简约、守文定罪的主流观点，并

---

[1]《旧唐书》卷五十《刑法志》。
[2]《唐会要》卷三十九《议刑轻重》。
[3]《旧唐书》卷五十《刑法志》。

第三章 首次法典化与"律令体系"成型

与法典化趋势下单行法成长及先例滋生的解法典化暗流相互呼应,在"律令体系"内部发挥着反向解构的作用,最终促成了"律令体系"在宋代的嬗变。

宋代"律令体系"的嬗变,又与君主权力的强化密切相关。"大一统"中央集权帝国建立后,君主的权力总体呈现强化的趋势,唐宋之际更是君主权力获得巨大提升和强化的历史时期。魏晋以来门阀贵族的彻底消亡使君主无须再与封闭狭窄的关陇及山东门阀共天下,而可以与来源更为广泛、更为流动、威胁也更小的士大夫共天下,君主的权力基础进一步扩大,更加公平公正的科举制保证了更多的平民子弟进入官僚队伍,"尊君卑臣"的礼仪设计,"内外相维,上下相制"原则下对各级官员职权的分割,使官员士大夫空享"与君主共天下"盛名之同时,实际权力却较汉唐更为缩减。中央高度集权,君主权力高度强化,是编敕成长和断例被正式纳入法律体系的重要动因。与更稳定的律令格式相比,制敕更能反映君主的个人意志,编敕作为制敕的汇编,虽然在编集的时候经过了一定的选择和加工,但与唐后期格后敕一样,基本没有对制敕的内容进行删减改动,较多保留了制敕的原貌,换言之,仍然是更能更多反映皇帝的意志。事实上,除了发布制敕和编敕外,宋代君主还通过手诏、御笔等稳定性和规范性更差的方式处理政务和发布命令,"徽宗每降御笔手诏,变乱旧章"。[1]例的适用也与君权的强化密切相关。从程序上讲,一个案例要成为有法律效力的先例,必须经过皇帝的最终裁决,即"取旨裁决",由于刑事案件关乎人命等重大利益,皇帝的裁决并不是像处理一般细务一样仅仅是走走过场,而经常是高度重视,并召集有关方面一起讨论,最后由

---

[1]《宋史》卷一百九十九《刑法一》。

皇帝本人亲自裁决，因此，用例本身即是君主司法大权的体现，而且断例作为先例，其适用较编敕更为灵活，也更能直接体现皇帝个人意志。因此，宋代有皇帝反对用法废例，认为用法废例将导致君权失落，权归有司，"法有一定之制，而事有无穷之变。苟事一为之法，则法不胜事。又其轻其重、其予其夺，或出于一时处断，概为定法则则事归有司，而人主操柄失矣"，[1] 认为如果事事都制定法律并按既定法律处理，则必将权归有司，皇帝终将失去生杀予夺大权。"事有权宜，故人主权断制敕，量情处分"。[2] 创造先例、适用先例是君主的司法权力，更是君主超越于法律之上的统治大权的必然体现，即使在守文断罪、严格限制先例适用的唐代，法律也不否认这一权力，而在君主权力进一步强化的宋代，先例更是被纳入正式法律体系，作为君主亲自行使司法大权的重要载体，获得了更加广阔的适用空间。

综上所述，唐宋之际经济、社会关系的剧烈变化，君主权力的高度强化，以及"律令体系"内部各种元素之间长期以来的相互作用及持续解构，共同影响于"律令体系"，使其发生重要嬗变。这一嬗变的主要内容，是以编敕为主的单行法和以断例为主的先例地位的上升，是"律令体系"中非法典化成分前所未有的强化，是对魏晋以来法典化趋势的强力反动。

当然，这并未导致、也不意味着"律令体系"在宋代的解体。相反，尽管"律令体系"在宋代发生了极为重要的嬗变，昭示了此后古代中国法律体系演变的方向和路径，对元明清法律体系的再造产生了直接影响，本书仍然认为，宋代仍然是"律令体系"的时代，"律令体系"在宋代尚未解体。理由如下：

---

[1]《宋会要辑稿》刑法一之二三。
[2] 刘俊文点校：《中华传世法典：唐律疏议》，法律出版社1999年版，第603页。

第三章　首次法典化与"律令体系"成型

其一，编敕与断例尚未根本动摇《宋刑统》作为基本法典的地位。无论是编敕还是断例，都被视为是对《宋刑统》的补充和修正，编敕效力优先于《宋刑统》，但那是新法与旧法的关系，断例只能在"法所不载"或"不中"时才能适用，编敕的产生和断例的适用都要经过较为严格的正式程序，最终要获得皇帝的裁决可方能生效，这固然反映了君主权力的强化，却在客观上遏制了编敕和断例的过度"野蛮生长"及越俎代庖。其二，经过调整后令、格、式之间内容相互对应，关系更加协调。唐代令"设范立制"，规定国家制度，式"轨物程事"，为令之实施细则及补充，两者间只存在粗略和详细的区别，没有明显的范围与性质的区别。令的内容极为庞杂，不仅规定国家重要的典章制度，还规定公文程式这样的程序性的内容。此外，式虽说是令的细则性规定，篇目却与令不完全对应。元丰二年（1079年）后，式规定执行令所需填写的公文程式，格规定各类制度中的等级、数量、标准、职数，《宋刑统》和编敕是刑事法律规范，令真正成为关于国家典章制度的规定，较之唐代，各类成文法之间界限更加清晰，关系更加协调，构成一个结构更为严谨合理的成文法体系。其三，令的内容更为充实，地位更为重要。元丰二年后，式和编敕中的非刑事内容移入令中，同时令中公文程式部分析出，成为式的内容，令的内容由此更加整齐划一，也更加充实。令全面规定国家重要规章制度，其数量完全压倒敕、格、式，进一步巩固了其作为"律令体系"主要构成的地位。要言之，律（《宋刑统》）和令仍然是法律体系的主要构成，地位岿然不动，令的内容更加充实完善，律、令、格、式之间的关系更加协调，虽然编敕和断例的出现造成一定影响，整个法律体系仍可以说是一种更加完善同时发生一定嬗变的"律令体系"。

· 147 ·

小结

自战国至唐宋,是为中国法律史上"律令体系"之时代。中央集权帝国的划一治理需要、兵刑钱谷等行政事务的日益复杂化和专门化、从"礼治"到"法治"治理模式的转换,皆产生对成文法的大量需求,"治道运行,诸产得宜,皆有法式"。与此同时,成文法体系化的内部动力、律学的发展和立法技术的提高,以及官僚制度的发展需要,又使得法典化运动于成文法体系内部兴起,最终促成了门类齐全、内容完备、体例严谨的规范化法典之产生。三国曹魏《新律》首次真正具有了法典所独有之整体性、系统性和概括性,之后,晋律以空前简约之面貌横空出世,其以更完整之总则统率全体律篇,律典浑然一体,表现出强烈的整体意识,更可谓一种系统化、整体性的成熟法典,晋令将汉魏之令进行再编排、再整合,汇编而成一部统一的令典,最终完成了令的法典化。唐继承魏晋以来法典化之成果,继续完善律典、令典,构建起更为完整、一致、协调的"律令体系"。唐"律令体系"以律典和令典为主要构成,包容格、式等法律形式,律以正刑定罪,令、式相辅相成,皆从正面规定国家各项制度,格为制敕之删辑,用来修改律、令、式的规定,可谓律令的补充和追加。借由中央集权帝国的历史惯性和划一治理需要,以律学的发展提升和成文法的自我完善为基础,古代中国法律体系从"礼刑体系"过渡到"律令体系",形成以律典、令典为基本法典,律令格式浑然一体,渗透了儒家礼教纲常的法律体系,缔造出大唐帝国的不朽盛世与"律令制国家",是为中华法系之定型、东亚文化之要领。不过,此一时期法典化的总趋势下一直存在单行法成长和先例滋生之解法典化暗流,尤其自唐中期以来,成文法典的固有缺陷日益

第三章　首次法典化与"律令体系"成型

显现，地位和实际作用呈现出下降的趋势，格后敕、编敕等单行法和先例地位上升，相当程度上改变了法典定于一尊的格局，"律令体系"由此发生重要嬗变。

"律令体系"下法律的适用呈现复杂多变之面相。秦汉"律令体系"奠基之始，律令界限不分，皆表现为单行法的形态，且数量众多，内容庞杂，给法律的适用造成不小困难，"律令烦多，百有余万言，奇请他比，日以益滋，自明习者不知所由"，[1]各种决事比也是轻重不一、相互矛盾，"法令决事，轻重不起，或一事殊法，同罪异论，奸吏得因缘为市，所欲活则出生议，所欲陷则与死比"。[2]魏晋法典化运动开始后，律令法典日益成熟，"律令体系"日趋完善，但法典的规范性和稳定性经常无法及时实现统治者随时变化的政治意图和法律意图，由此其实际效力经常受到各种单行法、特别法的冲击，甚至被废而不用。至唐代，"律令体系"趋于完备，但由于唐律等基本法典过于简要，"法寺用法，或持巧诈，分律两端，遂成其罪"，[3]唐后期随着格后敕数量的增加，整个法律体系开始变得庞杂，各种法律形式之间的矛盾增多，"中外百司，皆有奏请，各司其局，不能一秉大公。其或恩出一时，便为永式。前后矛盾，是非不同。吏缘为奸，人受其屈"。[4]宋代，"律令体系"为之一变。随着令、格、式关系的调整，"律令体系"总的来说更加成熟完善，但编敕、断例、申明、看详等单行法和判例法大量增加，在补充和修正法典的同时，也使整个法律体系更加庞杂和细密，加大了检索和适用的难度，"虽有老于为吏，习于用法者，亦或莫

---

[1]《汉书》卷二十三《刑法志》。
[2]《后汉书》卷二十八上《桓谭传》。
[3]《唐会要》卷四十《君上慎恤》。
[4]《唐会要》卷三十九《定格令》。

能通晓",[1]同时,"引例破法"成为普遍现象,"法令虽具,然吏一切以例从事,法当然而无例,诸事皆泥而不行,甚至隐例以坏法"。[2]

---

[1]《续资治通鉴长编》卷三百七十三。
[2]《宋史》卷一百九十九《刑法一》。

第四章

从去法典化到再法典化：
"典例体系"之超越

元明清三代，古代中国法律体系从去法典化回归再法典化，经由"律令体系"在元代解体，最终在明清重新构建起"典例体系"。元代是"典例体系"的前夜，彼时"律令体系"基本解体，整个法律体系呈现出"例化"的趋向，"今天下所奉行者，有例可援，无法可守，官吏因得并缘为欺。内而省部，外而郡府，抄写格条多至数十。间遇事有难决，则检寻旧例，或中无所载，则旋行比拟，是百官莫知所守也"，[1]例在实践中野蛮生长，急剧扩张，断例、体例、通例、定例、则例、分例、条例、罪例，等等，俯拾即是，但同时，《大元通制》《至正条格》等国家立法却将法律形式简化为条格和断例两个主要部分，表现出立者整合并简化各种法律形式、重建法律体系的努力。这一努力收到一定成效，为明清时期"典例体系"的正式形成及完善奠定了基础。明清两代，"典例体系"正式形成并发展完善。"典"和"例"是"典例体系"的主要构成，典指会典、律典和令典，例主要指条例、则例和事例。典、例之间，典为纲，例为目，典规定大的原则方向，例规定具体的实施细则，

---

[1] 邱树森、何兆吉辑点：《元代奏议集录》（下），浙江古籍出版社1998年版，第82页。

是对典的细化、补充和修正。其中,会典是"大经大法",统率整个法律体系,构成整个法律体系的最高位阶。

"典例体系"的形成过程是"律令体系"解体后的重新体系化过程。其实,在宋代尤其南宋年间,断例以及行政例不受控制地增长,以及看详、申明、特旨处分等其他法律形式的大量存在,已经严重影响到律令等基本法典的效力和适用,使"律令体系"发生重要嬗变,甚至有解体之势。元代成立后,因其特殊的政治、经济形势,以及蒙古族自身的法制传统,统治者对汉族王朝的治国法术抱轻蔑和强烈不信任之态度,并由此废弃了魏晋以来以律令为核心的法典传统,既不制律,亦不定令,"律令体系"可谓至此解体,各种法律形式散乱而庞杂,对法律适用造成严重的消极影响。另一方面,元王朝亦开始了将各种法律形式重新体系化的努力,明清两代延续了这种努力,最终在"律令体系"解体上百年后,重新建立起一种以典为纲、以例为目的成文法体系——"典例体系",恢复并重构了魏晋以来形成的法典传统。

一、废而后立

关于元代法律体系变迁与特点,一直以来,孟森、蒙思明等前辈学者将其概括为"惟以判例惯例为典制,无系统精密之律文",进而得出"政治简陋,法令粗疏""不知礼法刑政为何事""元无制度"的评价。[1]然而,法史学界并不满足于这一概括与评价,而是深入探讨元代"弃律用格例"法律现象之内在机理,并得出"蒙古本位"说、"家产制国家"说、"草原法文化"说、"族群复杂"说、"儒吏矛盾"说、"判例法上升趋

---

[1] 孟森:《明清史讲义(上)》,中华书局1981年版,第14页;蒙思明:《元代社会阶级制度》,中华书局1980年版,第36页。

第四章 从去法典化到再法典化:"典例体系"之超越

势"说等观点。[1] 总体而言,大部分学者将元代"弃律用格例"现象归之于蒙汉二元划分、蒙古本位的政治观念及体制、蒙古习惯法的强大影响等外在因素,一部分学者则从中国传统法制自身的"内在理路"出发,认为元代法律体系"弃律用格例"更多是唐中后期以来律典地位相对下降,格、敕等单行法以及断例地位持续上升趋势之必然结果。

客观地说,元代"弃律用格例"现象之形成,外在因素的影响和传统法制的内在历史惯性二者皆有之,也很难确定哪一方面的因素占主导。法史学界长期以来更为关注外在因素影响,对传统法制内在惯性于元代法律体系的影响着墨不多。然而,阐明元代法制与秦汉以降中国传统法制之间的内在联系,实为证成元代法制为五千年中国法制之有机且重要组成部分,以及中华法系整体性、一贯性之关键,宫崎市定、胡兴东等对元代法律体系与唐宋法制变迁之间的联系有一定阐述,本书则一步从古代中国法律体系整体变迁之视角,探讨元代"弃律用格例"之由来、在中国法律史上之地位,以及对明清"典例体系"生成之影响。

(一) 废弃律令法典传统

自春秋战国以降,古代中国法律体系便表现为一种成文法

---

[1] 仁井田陞、岩村忍认为元代未能颁布律典的原因在于族群之间差别过大,矛盾重重,故在统治上实行分治主义(《中国法制史研究:刑法》,东京大学出版会1959年版,第525~537页);姚大力认为元代拒绝颁行律典的原因是蒙古本位下对汉民族和中原法律文化的防范[《论元朝刑法体系的形成》,载元史研究会编:《元史论丛》(第3辑),中华书局1986年版,第105~129页];宫崎市定认为元代放弃律典一方面是宋金以来律典地位持续下降趋势的结果,另一方面是专制君主不断强化对法律创制干预的必然结局,此外,元代官僚体系中胥吏势力的抬头也是修律长期未果的重要原因,[《宋元时期的法制与审判机构——〈元典章〉的时代背景及社会背景》,载杨一凡总主编:《中国法制史考证》(丙编·第3卷),中国社会科学出版社2003年版,第94页]胡兴东也提出了类似观点。(胡兴东:《中国古代判例法运作机制研究:以元朝和清朝为比较的考察》,北京大学出版社2010年版,第2~57页)

· 153 ·

的体系，律和令是这一法律体系的主要构成。秦汉时期，律令以单行法的形态存在，繁多而芜杂。魏晋之际，成文法体系化的内部动力、律学的发展和立法技术的提高，以及官僚制度的发展需要，共同促成法典化运动兴起，历经数百年理论与实践、立法与司法、法律与政治的交相作用与促进，结出以唐律、唐令为代表的律令法典成果，生成一种强大的律令法典传统，这一传统自唐中期后虽不断遭遇格后敕、编敕等单行法地位上升与断例作用扩大之挑战，但仍顽强维续并存在于宋代。然而到了元代，以律和令为主要构成的"律令法律体系"基本解体。以至元八年（1271年）十一月忽必烈废止金《泰和律令》为标志，[1]元廷中断了借用汉化的金代法律创制本朝法律体系及法典之进程，废弃了魏晋以来的律令法典传统。之后，虽有朝臣试图在承认南北异制的基础上，寻求制定融合蒙俗汉制于一体的律令法典的折中方案，但"中朝大官恳恳开陈，而未足以回天听。圣意盖欲因时制宜，自我作古也"，[2]中书省甚至抬出忽必烈的旧旨，"世祖尝有旨，金《泰和律令》勿用"，强调"律令重事，未可轻议"，"自世祖即位以来所行条格，校雠归一，遵而行之"，[3]被废弃的律令法典传统在元代始终没有恢复，元代法律体系及法律形式，整体表现出一种轻视法典、强化格例的倾向，即"弃律用格例"。

重视条格和断例，并不意味着一定要废弃律令法典。元朝之前的宋朝，编敕和断例的作用大幅强化，却并未根本动摇律令法典的地位；元朝之后明清王朝虽然以例作为法律体系的主

---

[1] 至元八年（1271年）十一月，忽必烈宣布："《泰和律令》不用，休依着那者。"（《元史》卷七《世祖纪四》）

[2] （元）吴澄：《大元通制条例纲目后序》，载黄时鉴辑点：《元代法律资料辑存》，浙江古籍出版社1988年版，第83页。

[3] 《元史》卷二十二《武宗纪一》。

第四章 从去法典化到再法典化:"典例体系"之超越

要构成,高度重视和充分发挥例的作用,却重新制定了律典、令典乃至会典等法典。无论自逻辑还是历史事实而言,"用格例"并不以"弃律"为必要前提。因此,元代废弃律令法典传统,在中国法律史上就显得尤为特异,并不能仅从唐中期以来律令法典地位相对下降,格、敕、例日益受重视的趋势中寻求解释,而必然存在其他更为特殊的因素。

从表面看,废弃律令法典传统,与元代建立之初的政治和社会形势有密切关系。蒙古政权入主中原之初,基于治理中原汉地之需要,曾有一段时期继续采用以《泰和律令》为核心的金代法律体系,以其为创制新法的重要参照和中原汉地司法审判的法律依据。但是,忽必烈作为不懂汉语、不识汉字,虽对中原文化有一定了解掌握却并不服膺的征服型统治者,对被他和蒙古铁骑征服的金朝及其法制文化,内心深处很难说不存在强烈的轻蔑和警惕之意,即位之初,他令大臣编辑《大定政要》,以金世宗竭力维持女真旧俗为学习榜样,表现出对全盘汉化的反对,他甚至认为:"汉人徇私,用《泰和律令》处事,致盗贼滋众。"[1]其二,李璮叛元降宋严重影响忽必烈对汉族臣僚的信任。中统三年(1262 年)二月,驻扎山东的李璮叛元降宋,并牵连到他的岳父、忽必烈非常信任的平章政事王文统,由此严重影响了忽必烈对汉族臣僚的信任,自此,忽必烈大力削夺汉人世侯的权力,有意疏远汉族朝臣和地方官吏,汉臣的失势使元廷中推行汉法的力量大为减弱,反之维护《大札撒》等蒙古旧法的力量却在增强。其三,海都等叛乱诸王对忽必烈有限"遵用汉法"方略的责难,加大了行用汉法的阻力。海都诸王在叛乱时打出维护蒙古旧俗的旗号:"本朝旧俗与汉法异,

---

[1]《元史》卷十四《世祖纪十一》。

今留汉地，建都邑城郭，遵用汉法，其故何如？"[1]诸叛王握有强大的军事力量，并以蒙古正统自居，意图拉拢大批对忽必烈有限"遵用汉法"不满的蒙古贵族，严重威胁到忽必烈的权威和地位。面对公开的叛乱和潜在的抵制，忽必烈不能不认识到继续推行汉法的阻力和不利，认识到以《大札撒》为核心的蒙古旧制旧俗对于凝聚蒙古贵族人心、维护大汗权威和黄金家族内部统一的重要价值，他不可能全面行用律令法典传统的中原汉法来削弱蒙古旧制，只可能为了维护蒙古旧制而废弃中原王朝向来的律令法典传统。终于，至元八年（1271年）十一月，忽必烈宣布："《泰和律令》不用，休依着那者。"[2]当年年底，朝中有大臣奏请禁止有悖于金朝法律的收继婚，忽必烈却反其道行之："疾忙交行文书者，小娘根底、阿嫂根底收者。"[3]明确支持实行中原汉法禁止却为蒙古旧俗认可的收继婚。

从深层次讲，废弃律令法典传统，与以《大札撒》为最高权威的蒙古族法制传统是根本一致的。《大札撒》是由铁木真统一蒙古草原期间和大蒙古国建立初期颁布的一系列命令、向臣民发布的训示以及部分蒙古族习惯构成的纲领性法律文件。对黄金家族来说，《大札撒》是必须共同遵守的最高准则，是大蒙古国内普遍通行、具有最高权威的行为规范。作为《大札撒》的制定者，成吉思汗首先树立了《大札撒》的权威性，他在1189年被众人推举为成吉思汗时就表示："我决不让祖居沦丧，决不允许破坏他们的规矩、习惯。"他在逝世前还立下遗嘱，"从今以后，你们不可以更改我的命令（札撒）"，"不得更改

---

[1]《元史》卷一百二十五《高智耀传》。
[2]《元史》卷七《世祖纪四》。
[3] 陈高华等点校：《元典章》卷十八《户部·收继·收小娘阿嫂例》，中华书局2011年版，第653页。

第四章 从去法典化到再法典化:"典例体系"之超越

今天当着我的面决定的事,更不许违反我的法令",[1]而"窝阔台的兄弟们遵照他的圣训,立下了文书"。[2]从此,《大札撒》就成为成吉思汗的子孙们必须遵守的遗训和祖制,在召开忽里勒台大会选任新汗时,新任大汗都宣誓恪守《大札撒》,作为确立权威、获得蒙古各部贵族臣服的手段。元朝虽然是忽必烈仿效中原传统王朝的结构建立起来的、以中原王朝正统自居的政权,但从根本上仍是蒙古帝国的延续,统治基础还是蒙古贵族。忽必烈绝不可能全盘否定和抛弃蒙古国的制度,相反,他保留了大量的蒙古旧制,尤其是,为了彰显自己取代阿里不哥的正当性,他必然也必须表现出对《大札撒》的遵循与认同。从忽必烈开始,《大札撒》被正式称为"祖训","祖训传国大典,于是乎在,孰敢不从",[3]在中统建元诏中,忽必烈再次强调:"稽列圣之洪规,讲前代之定制。"[4]而无论从内容还是形式上看,《大札撒》都很难说是严格意义上的法典,其既不具备法典严谨之结构与精炼之语言,内容也多为成吉思汗针对具体事件、案件发布的命令、训示和蒙古族的习惯,是在生活习惯基础上形成的习惯法和从具体判决中总结、引申出来的司法成例的汇编,较为原始和粗疏,缺乏抽象性和概括性,并且表现出强调遵循先例以及从案例中总结规则的"例化"的特征,这一特征及传统深刻影响了元代建立后的立法。《泰和律令》被禁用后,元廷并没有像历代王朝一样制定出一部自己的律典,仅仅是颁行了一些单行的条格和法令,至元二十八年(1291年)

---

[1] [波斯]拉施特主编:《史集》(第1卷·第2分册),余大钧、周建奇译,商务印书馆出版1992年版,第178页。
[2] [伊朗]志费尼:《世界征服者史》,何高济译,内蒙古人民出版社1981年版,第214页。
[3] 《元史》卷四《世祖纪一》。
[4] 《元史》卷四《世祖纪一》。

· 157 ·

的《至元新格》"宏纲大法，不数千言"，[1]表现出简短粗疏的风格。元成宗大德三年（1299年），朝廷委任何荣祖更定律令，辑成《大德律令》，但因为过多的援引中原汉地的法律条文和内容，"与《泰和律令》相差无几"，[2]违背了《大札撒》的风格与传统，《大德律令》没有通过，未能颁行。英宗朝的《大元通制》和顺帝朝的《至正条格》的内容都是对单个制诏、条格、断例的整理和汇编，其以条格和断例为主体，不具备以律令法典为范式的中原法典的特点。虽然，对条格和断例进行汇编可能也借鉴了宋代编敕和编集断例的做法，但更多是立足于蒙古族自身的法制传统，遵循了《大札撒》的立法方式和风格，即，针对特定场合、特定情况、特定罪行而个别立法，"给每一个场合制一条法令，给每个情况制定一条律文；而对每种罪行，他也制定一条刑罚"。[3]《大元通制》《至正条格》汇编的条格、断例，也是归纳自特定案例，针对特定事而立，"因事制宜，因时立制"，整体上内在逻辑关系不强，与《大札撒》的风格特点是一致的，延续了蒙古族立法的一贯做法，由此反映出《大札撒》在蒙古族法制传统中的一以贯之的至高权威，以及对元代废弃中原王朝律令法典传统的决定性影响。

（二）重新体系化

废弃中原王朝的律令法典传统，拖延施行中原汉法的进程，使得元代立法整体上严重滞后于适用的需求。蒙古统治者以军事征服者之姿态，希望扩展以《大札撒》为核心的蒙古本族法

---

[1]（元）苏天爵：《滋溪文稿》，陈高华、孟繁清点校，中华书局1997年版，第85页。

[2] 胡兴东：《元朝法文化研究》，北京师范大学出版社2005年版，第244页。

[3]［伊朗］志费尼：《世界征服者史》，何高济译，内蒙古人民出版社1981年版，第28页。

第四章 从去法典化到再法典化:"典例体系"之超越

制在中原地区的适用,但与其意愿相悖的是,中原汉地发生的各式复杂的司法案件很难适用简易宽疏的蒙古旧法。在前朝法典被明令禁止适用、蒙古旧法不可用、又没有本朝其他成文立法可资引用的情况下,各级司法部门便陷入了无法可依的困境,中书省频繁收到来自下面司法部门的请示、报告和奏文,然而元廷在立国之初很长一段时期内却始终没有形成一部可供司法部门适用和操作的法律。为解决这一困境,中书省以皇帝的名义不断发布圣旨条画,为司法实践提供临时性法律依据,同时各级司法官吏在司法实践中不断产生具有指导意义的案例,为类似案件的处理提供章程。

圣旨条画和判例的大量及无序涌现,必然给法律的适用带来严重的消极影响,妨碍国家统一法律秩序之形成,"今天下所奉行者,有例可援,无法可守,官吏因得并缘为欺。内而省部,外而郡府,抄写格条多至数十。间遇事有难决,则检寻旧例,或中无所载,则旋行比拟,是百官莫知所守也"。[1]法律适用混乱不一是任何一个正常的"大一统"中央集权帝国都想竭力避免的状态。元廷虽然决定废弃中原王朝的律令法典传统,不想以制定律令法典的方式解决法律适用混乱不一的问题,但还是在实践中存在的各种诏令、条画、判例的基础上,通过辑录、增删、修改、创制,将其汇编成综合性法律文件,努力形成较为统一的法律适用规则,《大元通制》和《至元条格》即是这种努力的代表性成果。

《大元通制》颁布于元英宗至治三年(1323年)二月,共2539条,具体包括制诏94条、条格1151条、断例717条、令类577条,"格例成定,凡二千五百三十九条,内断例七百一十

---

[1] 邱树森、何兆吉辑点:《元代奏议集录(下)》,浙江古籍出版社1998年版,第82页。

· 159 ·

七、条格千一百五十一、诏敕九十四、令类五百七十七，名曰《大元通制》，颁行天下"。[1]现存《通制条格》系其中条格部分的残本，仅653条。条格部分的篇目，据元人沈仲纬《刑统赋疏》，包括《祭祀》《户令》《学令》《选举》《宫卫》《军房（防）》《仪制》《衣服》《公式》《禄令》《仓库》《厩牧》《关市》《捕亡》《赏令》《医药》《田令》《赋役》《假宁》《狱官》《杂令》《僧道》《营缮》《河防》《服制》《站赤》《榷货》27篇，残本《通制条格》存《户令》《学令》《选举》《军防》《仪制》《衣服》《禄令》《仓库》《厩牧》《田令》《赋役》《关市》《捕亡》《赏令》《医药》《假宁》《杂令》《僧道》《营缮》19篇。[2]可见，条格部分的篇目采用的是唐宋时期令的篇目结构，且与金《泰和律令》篇目表现出高度的相似性，足以表明《大元通制》的条格部分性质上属于非刑事方面的法规。关于断例部分的篇目，沈仲纬《刑统赋疏》的记载是："名令提出狱官入条格，卫禁，职制，户婚，厩库，擅兴，贼盗，斗讼，诈伪，杂律，捕亡，断狱。"[3]足以表明《大元通制》断例部分属于刑事方面的法规。

《至正条格》颁行于元顺帝至正六年（1346年）四月，共2909条，其中制诏150条、条格1700条、断例1059条，"书成，为制诏百有五十，条格千有七百，断例千有五十有九。至正五年冬十一月有四日，右丞相阿鲁图、左丞相别里怯不花、

---

[1] 《元史》卷二十八《英宗纪二》。
[2] 郭成伟点校：《中华传世法典：大元通制条格》，法律出版社2000年版。
[3] 黄时鉴认为断例包含12篇，"名例"是十二篇的第一篇，而方龄贵、殷啸虎则认为"名例"不在12篇之中，12篇实为11篇。参见黄时鉴：《〈大元通制〉考辨》，载《中国社会科学》1987年第2期，第157~171页；方龄贵：《〈通制条格〉新探》，载《历史研究》1993第3期，第14~29页；殷啸虎：《论〈大元通制〉"断例"的性质及其影响——兼与黄时鉴先生商榷》，载《华东政法大学学报》1999年第1期，第63~69页。

第四章 从去法典化到再法典化:"典例体系"之超越

平章政事铁穆尔达识、巩卜班、纳麟、伯颜、右丞相搠思监、参知政事朵儿职班等入奏,请赐其名曰《至正条格》"。[1]在体例上,《至正条格》不再包含"令类",仅有制诏、条格、断例三纲。其条格部分,据《四库全书总目》卷八十四《史部四十·政书类存目二·至正条格》,共有二十七篇,分别是《祭祀》《户令》《学令》《选举》《宫卫》《军防》《仪制》《衣服》《公式》《禄令》《仓库》《厩牧》《田令》《赋役》《关市》《捕亡》《赏令》《医药》《假宁》《狱官》《杂令》《僧道》《营缮》《河防》《服制》《站赤》《权货》,韩国发现的《至正条格》残本条格部分见《仓库》《厩牧》《田令》《赋役》《关市》《捕亡》《赏令》《医药》《假宁》《狱官》十篇,缺十七篇,[2]篇目名与《大元通制·条格》诸篇高度相似。从内容上看,《仓库》篇是仓库管理、运输、钞法方面的规定,《厩牧》篇是关于驼马草料供应的规定,《田令》篇是农村、农业生产和土地管理方面的规定,《赋役》篇是征收税粮、豁免、摊派杂役及免除方面的规定,《关市》篇是关于和雇和买、市舶的规定,《捕亡》篇是关于追捕盗贼和逃人方面的规定,《赏令》篇是赏赐方面的规定,《医药》篇是医药和医疗机构管理方面的规定,《假宁》篇是因事给假及期限方面的规定,《狱官》篇是审判制度和监狱管理方面的规定,都是非刑事方面的规定。断例部分,从韩国《至正条格》残本看,《至正条格·断例》有十一篇,包括了《名例》之外的所有十一个篇目,与《大元通制·断例》一样,均属于刑事方面的规定。

---

[1]《圭斋文集》卷七《至正条格序》,引自黄时鉴辑点:《元代法律资料辑存》,浙江古籍出版社1988年版,第87页。

[2] 参见陈高华:《〈至元条格·条格〉初探》,载《中国史研究》2008年第2期,第135~158页。

总之，虽然元代"选择了省事的办法，直至灭亡，既没有编纂律令格式，也没有编纂敕令格式"，[1]但元廷在尽可能保留法律文献原貌的前提下，力求删繁就简，将宋代以来各种法律形式按其内容整合为刑事和非刑事两大类：凡内容以刑事为主的规定，不管是律敕格式申明还是断例，都纳入"断例"之中；凡内容以非刑事为主的规定，不管是令格式还是敕例，都纳入"条格"之中。从而把唐后期至宋金分类越来越繁杂的法律形式以及元初以来中央和地方产生的各种圣旨条画、判例简化为两大类，努力使国家立法更易于分类，适用起来更加方便。这种将国家法律重新体系化和尝试和努力，虽然在元代没能也不可能形成以严格的法典为核心，各种法律形式相辅相成、互为补充的严谨规范的法律体系，却为明清"典例体系"的形成奠定了基础。

（三）元代法律体系之"例化"

"例"字在古代中国使用较广，含义不一，如在元代，与"例"相关的法律术语有例、格例、条例、断例、体例、通例、分例、定例、则例、旧例、禀例、等例、先例、事例、杂例、官例、常例、新例和原例等。考之原义，例在古代中国原指先例，此乃例本源之义，后来其含义逐渐拓展，被用来指法律原则或规定。本书主要从例本源之义即先例[2]来使用例、"例化"等术语。

---

[1] [日]宫崎市定：《宋元时期的法制与审判机构——〈元典章〉的时代背景及社会背景》，载杨一凡总主编：《中国法制史考证》（丙编·第3卷），中国社会科学出版社2003年版，第94页。

[2] 法史学界很少有学者直接作出中国古代不存在判例（先例）的结论，但也大都认为古代中国的"判例"（先例）绝不同于普通法意义上的"判例"，古代中国不是判例法国家。本文遵从法史学界的习惯用法，尽量使用"先例"，少用"判例"，同时认为古代中国判例（先例）不同于普通法上判例，也不是判例法国家。

第四章　从去法典化到再法典化:"典例体系"之超越

自南宋以来,作为司法先例的断例数量急剧增加,在司法过程中的实际作用也不断增强。元代,随着律令法典被废弃,先例的地位和作用达到顶峰,出现了"审囚决狱官每临郡邑,惟具成案行故事"[1]的现象,而这种援例断案的做法也得到了元廷的认可:"后至元元年,准江西省咨,但该有罪名,钦依施行。圣旨:依例,泊都省明文检拟,外有该载不尽罪名,不知凭何例定罪,都省议得:遇罪名,先送法司检拟,有无情法相应,更为酌古准今,量情为罪。"[2]在朝廷的许可下,各种先例野蛮生长,加之成文立法的滞后,出现了"有例可援,无法可守"的局面。先例成为元代法律的重要存在形态,元代的许多法律是通过先例构建起来的,先例起着补充和证成成文法的作用,而且很多时候就是在创制规则。在元廷编修的法规《大元通制》和《至正条格》中,各种法律形式被归纳为非刑事类的条格和刑事类的断例两大类,而无论条格还是断例之中,判例(先例)都是重要存在形态:

(1)条格中的判例。条格虽是非刑事方面的立法,但很多条格中的规定乃是从判例中总结和引申出来的,此外,判例本身又对条格中的一般性规定进行修改和补充。以《通制条格·户令》为例,其下首先列《户例》一目,是为户籍、婚姻、家庭、财产继承制度方面的一般性规定,之后"投下收户"等四十九目中,罗列了大量的圣旨条画和判例,如"嫁娶"目之下,就列举了马元亨告刘友直案、大德七年(1303年)十一月吉文烈告孙邦练案、至元十六年(1279年)五月樊裕告刘驴儿案、至元十一年(1274年)六月樊德告王招抚案、庚子年十二月十

---

[1] 邱树森、何兆吉辑点:《元代奏议集录》(下),浙江古籍出版社1998年版,第83页。

[2] (清)沈家本编:《枕碧楼丛书》,知识产权出版社2006年版,第199页。

· 163 ·

八日王荣案、至元二十一年（1283年）七月李秀告令狐坤案、至元八年（1271年）三月张德用一案、大德七年（1303年）正月陈天佑案、大德七年四月王钦案等案例，对《户例》中一般性规定的进行补充和修改。"亲属分财"目下至元三十一年（1294年）阿张案和至元十八年（1281年）王兴祖案，则是以判例直接确立了不同子女继承权以及可以继承财产范围的规则。[1]此外，据胡兴东先生考证，《通制条格》现存653条中，以案例（判例）形式表达的有114条，占总数的17.45%。[2]从现存残本来看，《至正条格》同样如此，其条格部分包含了大量的判例，补充、修改乃至直接创制一般性规定，如：大德六年（1302年），陕西省安西路惠从案通过否定前朝地产所有权，确立了解决"异代地土"纠纷的法律规则；元贞元年（1295年），安西路普净寺僧人侂吉祥告西邻王文用将门面并后院地基卖给宫伯威不问本寺院一案，礼部通过"僧道寺观田地，既僧俗不相干，百姓虽与寺观相邻住坐，凡遇典卖，难议为邻。合准王文用已经卖西邻宫伯威为主"的判决，否定了寺院与相邻百姓法律上相邻关系的存在及两者相互间的优先购买邻人资格，构成对不动产买卖邻人优先购买权的一般规定的补充；至元十年（1273年）二月，御史台在魏阿张一案中，以"魏阿张孝奉老姑，守节不嫁"为由，奏请对魏阿张不仅"官为养济"，而且"免除差役，更加旌表"，获得都省的批准，从而拓展了"孤老幼疾贫穷不能自存者，仰本路官司验实，官为养济"的圣旨规定；至治二年（1322年），刑部在象州知州周德贤一案中，以周德贤"持权弄法，挟私任情，民有小过，辄生罗织，锻炼成狱，擅立红壁，

---

[1] 郭成伟点校：《中华传世法典：大元通制条格》，法律出版社2000年版，第48~56页。

[2] 胡兴东：《宋元断例新考》，载《思想战线》2018年第1期，第85页。

第四章 从去法典化到再法典化:"典例体系"之超越

以仇其民"为由,确立规则,对立红泥粉壁惩戒犯人的职权行为进行规范,"今后果有例应红泥粉壁之人,开具本犯罪名,在外路分申禀行省,腹里去处申达省部,可否须候许准明文,然后置立,仍从监察御史、廉访司纠察"。[1]

(2) 断例中的判例。在元代,断例本身并非指判例,而是指刑事方面的立法规定,正如殷啸虎先生所言,元代断例是"将那些'断一事而为一例'的典型判例及中央官署对此发布的有关命令分类汇编以后,上升为对同类案件具有普遍约束力的通则性的规定",但也正因为如此,元代断例立法中包含了大量的判例,是"成文法与判例法的一种有机的结合"。[2]更准确地说,判例是元代断例的基础,断例中的一般性规则、通则性规定是从判例中总结和提炼出来的。《大元通制》断例部分已经佚失,但根据它与《至正条格》的关系,可以推定其中包含许多判例。《至正条格》残本和《元典章·刑部》中保留了许多断例,据胡兴东先生考证,《至正条格》残本断例部分以案例形式表达的法律共有232条,约占所存423条的54.85%,《元典章·前集·刑部》共752条,其中,以案例为载体的有516条,约占总数的68.62%,《元典章·新集·刑部》共95条,其中,以案例为载体的有59条,约占总数的62.10%。[3]判例构成元代断例的主体部分。或创制规则,作为之后同类案件判决的直接依据,如大德三年(1299年)三月,保定水军万户审理其下属百户刘顺奸占民户何大妻子案时,在是否除去刘顺为官资格上,直接适用了至元二十三年(1286年)四月神州路叙浦县丞赵璋

---

[1] 韩国学中央研究院:《至正条格(校注本)》,韩国城南影印元刊本2007年版,第63、67、86页。

[2] 殷啸虎:《论〈大元通制〉"断例"的性质及其影响——兼与黄时鑑先生商榷》,载《华东政法大学学报》1999年第1期,第63~69页。

[3] 胡兴东:《宋元断例新考》,载《思想战线》2018年第1期,第87页。

与苤用妻子陈迎霜通奸案，进而判决"百户刘顺所犯，若依赵璋例除名不叙相应"，[1]又如延祐五年（1318年）十月初六，宁国路宣城县捉获武多儿偷盗陈荣祖桎木板舡案，在处罚上直接适用了先例钱庆三偷铁猫案，判决"比依钱庆三偷铁猫例，将本贼刺字拘役相应"。[2]或作为法律适用过程中的说理依据，强化判决的合法性和正当性，如延祐七年（1320年）六月，地方司法机关在审判信州路余云六与徐仁三、陈嫩用武力抢夺客人王寿甫财物案时，适用了窃盗罪条款，判令刺配，"比依窃盗一体刺配"，但呈报刑部时，刑部援引先例"杨贵七"案，认为余云六等人的行为属于"同谋白昼持仗截路，虚指巡问私盐为由，将事主王寿甫用棒打伤，推入水坑，夺讫钱物"，应以强盗而非窃盗定罪，最后决定对已经判决的刺断不再改判，但加重发配到奴儿干地区充军。[3]

总之，元代通过立法将法律形式归纳为条格和断例两大类，严格来说，条格和断例中既有判例，也有成文法，但判例是基础，是主要的存在形态，是各种法律形式的主要载体。换言之，在废弃律令法典传统的同时，元代法律出现了强烈的"例化"的特点，元廷虽努力将各种法律形式重新体系化，却未改变其法律"例化"的特点。

元代法律"例化"的特点和倾向，一方面，是蒙古民族法制传统的延续。以《大札撒》为核心的蒙古法制，具有强烈的非成文化的特点。《大札撒》的内容多为蒙古旧俗和成吉思汗对一些案件的判决和训示，是在生活习惯形成的习惯法和从具体判决中总结、引申出来的判例的汇编，较为原始和粗疏，表现

---

[1] 陈高华等点校：《元典章》，中华书局2011年版，第1540页。
[2] 陈高华等点校：《元典章》，中华书局2011年版，第2170页。
[3] 陈高华等点校：《元典章》，中华书局2011年版，第2183页。

第四章　从去法典化到再法典化:"典例体系"之超越

出强调遵循先例以及从判例中总结规则的特征。蒙古族入主中原后,在思维习惯和法律适用方面,仍遵循蒙古法制传统,以《大札撒》为最权威的法律,以遵循先例为适用法律规则、修正法律规则甚至创制法律规则之基础。

元代法律"例化"的特点和倾向,更是唐代后期以来古代中国法律体系整体发展趋势之结果。自唐后期始,成文法典的地位和实际作用呈现出下降的趋势,格后敕、编敕等单行法和先例的地位上升,在唐代后期,由于律令停止修订,格后敕的实际效力超过了律令格式,尤其到了宋代,作为判例(先例)的断例大量编纂,南宋和金代大量吏员出身的官员更为重视司法实务中形成的先例,客观上又增加了对成文法典的轻视,并在元代时到达巅峰。元廷不再像以往中原王朝一样费时费力制定律令法典,而是编集条格断例结合的汇编式法规,同时,条格、断例中又包含了大量的判例,并以判例为适用、修正、创制法律规则的基础。日本学者认为:"元代未曾颁布律令,这绝非因为元是异族统治的王朝,相反,它正是中国自身在经历了唐至宋的社会大变迁后,已无暇顾及像中世一样立法的后果。对此表现得最充分的,就是宋以后所见的法律权威的动摇。"[1]这种动摇,反映的是唐代后期以来,随着中国社会的急剧变动,相对稳定的成文法典暴露出不适应社会快速变迁之需要,成文法典的实用性下降,国家对法典的需求和热情大为减弱,"试阅二十年间之例,较之三十年前,半不可用矣。更以十年间之例,较之二十年前,又半不可用矣"。[2]蒙古民族的固有法制传统和

---

[1] [日]宫崎市定:《宋元时期的法制与审判机构——〈元典章〉的时代背景及社会背景》,载杨一凡总主编:《中国法制史考证》(丙编·第3卷),中国社会科学出版社2003年版,第94页。

[2] 邱树森、何兆吉辑点:《元代奏议集录(下)》,浙江古籍出版社1998年版,第82页。

唐后期以来古代中国法律体系的发展趋势结合在一起，导致元代呈现出强烈的"例化"特点及倾向。

元代法律的"例化"特点及倾向，对明清法律体系的形成发展产生了深远影响。明清两代恢复了被元代中断的法典传统，重新制定了律典甚至令典，同时又继承了宋元立法重视先例的做法，形成以条例、则例、事例为主的例的体系，构成对成文法典的重要补充和修正。"例"正式成为明清法律体系的主要构成，与元代法律的"例化"特点不无关系。由此可以说，元代是"典例法系"形成的前夜。

二、再造法典

明清两代恢复了被元代中断的成文法典传统，但是，明清的法律体系与唐宋时期相比，已大为不同。唐宋法律体系中的法典，是律典和令典，明清法律体系中的成文法典，包括会典、律典和令典，会典乃"大经大法"，载"经久常行之制"，律典与条例合编，名为"律例"，实际地位和作用有所下降，令典则有名无实，逐渐消失。

（一）会典："非典型"的根本法

明清会典是史书、政书、行政法典抑或其他，学界向有争论。一派观点认为明清会典是明清官方编撰的史料汇编，是备考备查的史书，如同明清之前的各朝会要、《清通典》《清通志》《清朝文献通考》等典籍，[1]另一派观点进一步认为明清会典乃"政书"，其立论依据是《四库全书》及《清史稿》将《清

---

[1] 如民国学者邓之诚将《明会典》归为"明代官修之史"，将《清会典》归为"清代官修之史"，参见邓之诚：《中华二千年史》（卷5下·第二分册），中华书局1983年版，第521、531页。虽有吕丽等学者对此进行有力辩驳，但仍有学者将明清会典视为"官修的会典体史书"，参见原瑞琴：《〈大明会典〉性质考论》，载《史学史研究》2009年第3期，第64~71页。

第四章　从去法典化到再法典化:"典例体系"之超越

会典》归入了"史部·政书·通制"类。[1]第三派也是最为流行的观点认为会典是行政法典,梁启超、[2]浅井虎夫、[3]织田万、[4]林乾[5]等学者皆持此说。"行政法典"说以近现代大陆法系的法律体系理论为立论基础,将会典与大陆法系部门法即宪法、行政法、民法、刑法、诉讼法、国际法等相对照,进而得出会典为行政法或者会典"适合"理解为行政法典的结论。由于以近代大陆法系的法律体系和法律部门理论强行嫁接古代中国法律体系,"行政法典"说遭到了国内不少学者的批评,如柏桦认为,将《明会典》视作行政法典,"以现代的眼光来看,未免有些偏颇",[6]李秀清教授认为该观点未免"使人有张冠李戴之感",[7]更严重的疏漏在于,"行政法典"说忽视了《康熙会典》《雍正会典》收入《大清律》,《嘉庆会典》《光绪会典》规定了基本刑法制度和刑法原则这一重要现象,如果会典是行政法典,它为何又将刑事方面的内容收入?第四派观点是

---

[1] 向斯:《清宫五修〈大清会典〉考述》,载《图书馆杂志》2003年第6期,第77~79页;薛刚:《〈清会典〉、清会典事例〉纠谬八则》,载《长春师范学院学报(人文社会科学版)》2010年第5期,第38~40页。

[2] 梁启超认为:"所谓《会典》者,行政法也。"梁启超:《饮冰室合集》(第1册),中华书局1989年版,第41页。

[3] [日]浅井虎夫说:"(清代)一般法典中,行政法典则有《会典》及《会典事例》。"参见[日]浅井虎夫:《中国法典编纂沿革史》,陈重民译,中国政法大学出版社2007年版,第235页。

[4] [日]织田万认为:"清国法之各部,进入分化之域,虽有未若文明各国者,然有一《会典》,足以称行政法典。"参见织田万撰:《清国行政法》,李秀清、王沛点校,中国政法大学出版社2003年版,第51页。

[5] 参见林乾:《〈清会典〉的历次纂修与清朝行政法制》,载《西南师范大学学报(人文社会科学版)》2005年第2期,第109~115页。

[6] 柏桦:《论明代〈诸司职掌〉》,载《西南大学学报(社会科学版)》2014年第4期,第153~160页。

[7] 李秀清:《〈清国行政法〉点校前言》,中国政法大学出版社2003年版,第11~12页。

· 169 ·

吕丽教授提出的"根本法兼行政法说"。[1]针对"行政法典说"的缺陷,吕丽教授首先提出"对历史问题还应当历史地去分析",不应当"按近现代法的部门分类去衡量中国古代的法典而得出的结论",同时认为,"中国古代实际上也存在着法的部门分类,只是这种分类与近现代有异,而且相当笼统,大体上分为行政法、刑法、礼仪法三大法律门类",明清会典是"用来代表行政法部门的行政法典",但由于其调整对象是全面渗透于社会并支配社会的行政权力,所以会典作为行政法典兼为国家根本法,在法律体系中居于主导地位。吕丽教授从古代中国"行政权力支配社会"的特点出发,得出了"会典性质上属于行政法典,地位上却是根本法"的结论,虽立论有据,但对"行政""行政权力"等概念的使用不尽规范,盖因古代中国不存在"行政""立法""司法"之间的严格区分,"行政权力""立法权力""司法权力"之间界限不清。换言之,古代中国是"权力支配社会",并不是"行政权力支配权力",因为根本就不存在严格意义的"行政权力""行政事务"之说,也不可能会有调整行政事务、确认行政权力的行政法典,何况从内容上看,明清会典规定的也不仅仅是"行政制度""行政权力"和"行政事务",而是全面规定了国家各个领域(当然也包括行政领域在内)的最基本制度,说它是根本法尚可,称其"兼行政法"则需要再商榷。

在上述各派观点的基础上,杨一凡、陈灵海等学者近年来提出明清会典为根本法的新观点。杨一凡教授首先指出,古代中国的法律体系是由"大经大法""常经之法""权宜之法"三

---

[1] 参见吕丽:《〈清会典〉辨析》,载《法制与社会发展》2001年第6期,第50~61页;吕丽:《论〈清会典〉的根本法与行政法的合一性》,载《吉林大学社会科学学报》1998年第2期,第28~32页。

第四章 从古法典化到再法典化:"典例体系"之超越

个效力层次的法律规范构成的规范体系,"规定国家根本制度、在法律体系中居于最高层次的综合汇编性法典"是"大经大法","经常施行的规定某一领域或某一特定事务具体制度的法律"是"常经之法","因事因时临时颁布的具有补充法性质的法律"是"权宜之法",并进一步举例说明"大经大法":"魏晋至宋代的'律典'和'令典',南宋的《庆元条法事类》,西夏的《天盛改旧新定律令》,元代的《大元通制》,明清的《会典》,就分别是各代的国家大法。"就明清两代的法律体系,他的观点是,"明清两代以《会典》为大经大法,以典为纲,以例为目,律为常经之法列入会典","《大清律》作为国家的'常经'之法,虽然是国家最重要的基本法律之一,但其作为国家大经大法《会典》的组成部分或会典之目,其法律地位处于《会典》之下","明清两代以《会典》为国家大法,以律为刑事方面的基本法律,律与表述行政诸方面法律制度的常法并用,形成了以国家大法、各种常法、各类补充法为框架的法律体系,反映了这两代的立法技术更加成熟,法律体系变得更加严密、合理"。[1]鞠明库认为明会典为明代之大经大法,为百司所遵、万民所奉,梁健进一步提出明会典大经大法的地位有一个逐步形成的过程,"弘治朝为大经大法之肇基阶段,正德朝为大经大法之确立阶段,嘉靖朝为大经大法之巩固阶段,万历朝则标志《明会典》作为大经大法进入定鼎时期。万历以后,《明会典》虽无修订,但仍在朝政中发挥作用"。[2]陈灵海认为大清会典是

---

[1] 参见杨一凡:《明代典例法律体系的确立与令的变迁——"律例法律体系"说、"无令"说修正》,载《华东政法大学学报》2017年第1期,第5~19页;杨一凡:《重新认识中国法律史》,社会科学文献出版社2013年版,第19~68页。

[2] 参见鞠明库:《试论明代会典的纂修》,载《西南大学学报(社会科学版)》2007年第6期,第69~73页;梁健:《〈明会典〉的纂修及其"大经大法"地位之演变》,载《南开法律评论》2016年第0期,第128~142页。

清代实际行用之根本法。[1]总起来说，上述学者均认为明清会典是明清王朝的"大经大法"、根本法。其依据主要包括：

第一，朝廷高度重视会典的纂修。在明代，会典的纂修引起了朝廷的高度重视，往往是皇帝下诏启动，内阁大学士任总裁官，组成班子进行编纂。如最早的《弘治会典》是弘治十年（1497年）三月由明孝宗下诏，任命内阁大学士徐溥、刘健、李东阳、谢迁为总裁官组成班子编纂的，《大明会典》之名也是由孝宗亲赐的。《正德会典》是由内阁大学士李东阳、焦芳、杨廷和等人为总裁主持校订的。明世宗继位后，对《正德会典》非常不满，认为其"纪载失真，文辞抵牾者，比比有之"，有必要对弘治十六年（1503年）以来之典制"悉心考究，凡损益同异，具事系年，条分类列，通前梓为一书，以成一代完典"，[2]于是下诏重校会典。《万历会典》是由张居正以明神宗名义下诏，并由张居正本人亲任总裁、组织团队启动纂修的，张居正死后，纂修工作由内阁大学士申时行等人负责，最后历时十年完成。清代君臣也是高度重视纂修《会典》，先后五次，编成五部会典，其卷数、页数之多，超越了古往今来任何一部法律，纂修团队精英荟萃，主持者皆为一时名臣，纂修过程继承与发展、审慎与创新相结合，充分体现了纂修团队精益求精的工作态度和投入。

第二，会典全面规定国家基本制度。在明代，朝廷从《大明令》《皇明祖训》《明大诰》《大明集礼》《洪武礼制》《礼仪定式》《稽古定制》《孝慈录》《教民榜文》《军法定律》《宪纲》十一种法律中，拣选出仍适合明代中期行用的相关条款，

---

[1] 参见陈灵海：《〈大清会典〉与清代"典例"法律体系》，载《中外法学》2017年第2期，第402~428页。

[2]《明会典》书首《世宗皇帝敕谕内阁》，万历朝重修本。

第四章 从去法典化到再法典化:"典例体系"之超越

从明初以来颁行的事例中,挑选了仍可行用以及具有参阅价值的事例,同时保留《诸司职掌》和《大明律》全文,编成《明会典》。可见,《明会典》是全面整合明太祖颁行的诸种法律和明初以来历年事例的结晶,是明代国家基本制度的汇总。清会典以"具胪治要"为编纂原则,一方面,涉及国家一切领域的典章制度,"上自郊庙朝廷,行之直省州县,凡礼乐兵刑之实,财赋河防之要,城池邮驿之详,大纲小纪无不并包荟萃……足备一代之典章",[1]另一方面,清会典规定的是国家各个领域最基本、最重要之典章制度,非一般性规范,"立纲陈迹之端,命官辅政之要,大经大猷,咸胪编载",[2]不同于仅"事关刑名罪制"的律典,也不同于仅与各部履职办事相关的专门而具体的各部院则例。不仅如此,会典内容上虽汇集了许多现行法规的规定,但又并不是单纯的法规汇编,而是朝廷组织的大规模的立法活动。虽然从表面上,大多数现行法规"直书于典",但实际上在会典纂修过程中,现行法规首先要由会典馆检阅查考,然后会同有关部门斟酌定议,最后上报皇帝"请旨定夺",皇帝"定夺"的结果存在"认可"和"损益"两种可能,虽然大多数情况皇帝认可会典馆会同有关部门的初议,但少数情况下也存在皇帝"损益"即不同意会典馆会同有关部门的初议而进行废、改、立的情况,还有的现行法规是"总括纲领"即摘要载入会典,并非全文载入。总之,会典规定国家基本制度、重要制度,但并非将现行法规简单汇编载入,而是有所损益,对现行法规进行了一定的订正,并赋予其"大经大法"、长久奉行的根本法效力,所谓"颁行天下,永远遵行",这也证明编纂会典是国家进行的大规模立法活动,并不仅仅是对现行法规进行外部加工

---

[1]《乾隆会典》卷首,乾隆十二年上谕,四库全书荟要本。
[2]《雍正会典》卷首,御制序。

· 173 ·

整理而不改变其内容和效力的法规汇编。

第三，朝廷反复宣谕会典的"大经大法"地位。在古代汉语中，"典"字本身就有"大经大法""根本法"之意。[1]在明清会典纂修过程中，立法者一再强调其"大经大法"的地位。嘉靖八年（1529年）明世宗谕内阁，称会典是"一代通典，百司之所遵行，后世以之为据",[2]隆庆二年（1568年），王世贞上书，称会典"实我祖宗经世大法，百司庶僚奉而行之，可以传示永永",[3]万历十五年（1587年），《万历会典》修成，总裁申时行等上表云："伏以鸿谟启佑，贻万年定保之征；钜典裁成，备一代经纶之迹。述作兼资乎明圣，信从允协于臣民。克绍前休，永垂后法。"[4]会典在清代被统治者形容为"大经大法""大中之轨""一代之治法""大经大猷""规型之尽善，仪典之大成""国家大经大法，官司所守，朝野所遵""大经大法，美不胜书"等。[5]刘广安教授认为清代纂修会典并不是像冯尔康先生和钱大群教授所说，只是为了提供"备考、备查"的典籍史料，而是具有重要的政治功能、法律功能和教化功能。刘广安教授总结为三点：其一，通过纂修会典，"为清朝政权的合理性、稳定性和适应性提供系统的理论根据、历史根据和法统根据"；其二，通过纂修会典，"为清朝法律体系的统一和各种制度的协调，提供具有综合特征的汇编式法典"；其三，通过

---

[1] 孔颖达认为："经之与典，俱训为常，名'典'不名'经'者，以经是总名，包殷周以上，皆可为后代常法，故以'经'为名。典者，经中之别，特指尧舜之德，于常行之内，道最为优，故名'典'不名'经'也。"参见（唐）孔颖达等：《尚书注疏》，中华书局1980年版，第118页。

[2] 《明会典》书首《序》，万历朝重修本。

[3] （清）清高宗敕选：《明臣奏议》（第1卷），中华书局1985年版，第496页。

[4] 《大明会典》书首《进重修大明会典表》，万历朝重修本。

[5] 参见《康熙会典·御制序》《雍正会典·御制序》《乾隆会典·凡例》《嘉庆会典·御制序》。

第四章 从去法典化到再法典化:"典例体系"之超越

纂修会典,"希望确立长期稳定的重要制度,建立实现太平盛世的标志,争取官民对清廷的永远尊戴"。[1]而上述功能的实现只有根本法才能做到。换言之,能够实现上述功能的法律在现代社会必定是根本法,在传统中国则必然是作为"大经大法"即根本法的会典。

第四,会典具有实际的最高效力。明代《万历会典》颁行后,会典未再修订,朝廷上下唯知坚守会典,"《大明会典》一书,无一事不备,无一法不善,无一时不可遵行,此我二祖列宗不朽之谟烈,为世世圣子神孙所当世守者"。[2]当然,统治者的自我宣谕,有时难免有夸大之嫌疑,然检《崇祯长编》及《崇祯实录》,其时上谕或臣工讨论朝政、案件时援引《会典》作依据或重申其中规定者,竟多达数十例,内容涉及赠官、召商、恩恤、礼制、盐法、漕运、军法、缉盗、版籍、宫禁、驿递、考满、官制、钞法、马政、团练、宗藩勋戚、问狱、巡按、历法、热审等,确实是"无一事不备,无一法不善,无一时不可遵行"。[3]清会典已在全国范围内颁行,各级官员能比较便利地阅读会典,进而养成了在处理军政、民政、司法刑狱事务时查询会典的习惯,如乾隆二十八年(1763年),一位广西官员奏称,总督巡视时总兵应当如何接待,"《会典》内并未开载",请求朝廷确定仪注,以便遵照。[4]同治四年(1865年),曾国

---

[1] 参见刘广安:《〈大清会典〉的再认识》,载《中国优秀传统法文化与国家治理学术研讨会暨庆祝研究院(所/中心)成立三十周年论文集》,中国政法大学法律史学研究院,2015年。

[2] 《崇祯长编》卷五十四,崇祯四年十二月己巳。按:《崇祯长编》现存六十八卷,为明人所撰,清人汪楫辑。

[3] 参见《崇祯长编》《崇祯实录》史事,转引自梁健:《〈明会典〉的纂修及其"大经大法"地位之演变》,载《南开法律评论》2016年第0期。

[4] 《清高宗实录》卷七百。

· 175 ·

藩在写给长子曾纪泽的信中提到,他正在核定《水师章程》,需要了解提镇至千把等武官养廉银的具体数额,苦于无书可查,要求曾纪泽"翻会典查出寄来"。[1]甚至连皇帝也经常翻阅会典,如道光皇帝经常将会典与其他法律对照,查找其中不同或错漏,并要求改正。违反会典的行为会受到制止和惩处,[2]当然,由于会典是根本法,违法主体一般是各级官府或官员,违反会典的案件数量也比违反律例的案件少,对违反行为的惩处方式和程序与一般违法行为不尽相同,但无论如何,会典的权威不容置疑,乾隆年间,孔子第六十八世孙孔继汾编写了一本《孔氏家仪》,被官府认定为"增减《会典》服制"之罪,判令充军。[3]违反会典的行为无论是否严重,都会被制止甚至惩处。乾隆十八年(1753年),陕西布政使张若震奏请在乡饮酒礼中增加一名绅士为"耆宾",礼部经核查,发现会典所载乡饮酒图中只有大宾和介宾,没有"耆宾",于是否决了张若震的建议。[4]乾隆二十四年(1759年),江南提督王进泰奏请将正在修理的战船先赶修一半,以应付秋操,军机大臣认为此事会典已有明确记载,王进泰无权擅改定例,乾隆帝责令立即查处和严惩王进泰等人,"以为不遵定例者戒"。[5]嘉庆年间,社会上竟然出现了僭用皇帝红绒帽顶和八、九品官僭用七品素金帽顶等违反《会典》所载冠服之制的情况,嘉庆帝闻奏,立刻下令步军统领衙门、五城御史、各省督抚等一体彻查,严令禁止,违者立即

---

〔1〕 钟淑河整理:《全本曾国藩家书》(上),中央编译出版社2015年版,第193页。

〔2〕《清宣宗实录》卷一百一十。

〔3〕《清高宗实录》卷一千一百二十六。

〔4〕《清高宗实录》卷四百三十八。

〔5〕《清高宗实录》卷五百八十七。

第四章　从古法典化到再法典化:"典例体系"之超越

参奏示惩。[1]光绪十三年(1887年),光绪帝大婚,慈禧太后要求婚礼"遵照《会典》敬谨办理",一些官员办理时不够细致认真,"不遵奉前旨查照《会典》办理",被慈禧下令严惩。[2]甚至宗室成员、朝廷显贵若违反会典,也会受到制止或惩处。如雍正六年(1728年),宗室敬恒上陵行礼时,违反《会典》的规定,滥用了赞礼郎,遭到宗人府弹劾,被革去辅国公爵位。[3]嘉庆年间,宗室宜兴出任山东巡抚,临行前,嘉庆帝反复叮嘱,务必"谨慎谦和,属员进见,须恪遵《会典》仪注,不可稍涉傲慢",可宜兴到任后,却"南面正坐,道府皆令侍立,并令各属称之为爷",嘉庆帝得知后怒不可遏,立刻下令将其革职。[4]总之,会典不仅是统治者宣谕的"大经大法",不仅为王朝政权的合法性和正当性提供理论根据、历史根据和法统根据,而且是在现实中行用的、具有实际最高效力的根本法。明清官民视遵循会典为习以为常之事,其他法律的内容和精神不得与会典相抵触,对会典的修改和增补,即使是琐碎、细微的增删,也有着特殊严格的程序;在清代,须由王大臣商议、皇帝钦定,这正是会典作为实际行用、最高效力之根本法的体现。

综上所述,明清会典全面规定国家各方面的基本制度,其纂修受到朝廷高度重视,遵循特殊严格之程序,其"大经大法"的地位和实际效力不仅为朝廷反复宣谕和强调,而且在诸多实际行用的事例中得以体现。当然,基于述而不作、政史不分的传统,明清会典在外表上具有典制史书的许多特点,如创制设法者少、记载旧制为多,记载制度多"明因革损益",内

---

[1]《清仁宗实录》卷六十六。
[2]《清德宗实录》卷二百四十二。
[3]《清世宗实录》卷七十一。
[4]《清仁宗实录》卷四十八。

容庞杂，卷帙浩博，等等。但这一切无损于会典作为根本法的本质，退一步说，明清会典确实不如人们所熟知的现代社会的根本法严整和规范，但它仍然可以说是一种"非典型"的根本法。

（二）律典：地位和作用相对下降

自商鞅改法为律，律便是帝制中国法律体系的主要构成，魏晋法典化运动兴起后，律典更成为"律令体系"中成文法典的主要体现。在各种法律形式中，律率先实现法典化；在律令格式等法律形式中，律典被认为是最稳定、最权威的法律形式，盖因"刑罚不可弛于国，犹鞭扑不可废于家"，[1]"正刑定罪"的律典在律令国家的治理中，实际上起到了最终的支撑作用，正如《新唐书·刑法志》所称："唐之刑书有四，曰：律、令、格、式。令者，尊卑贵贱之等数，国家之制度也；格者，百官有司之所常行之事也；式者，其所常守之法也。凡邦国之政，必从事于此三者。其有所违及人之为恶而入于罪戾者，一断以律。"令、格、式当然不是定罪量刑之刑书，但其实施却最终依托于律所规定制裁手段。故律典在"律令体系"时代，因其"制死生之命，详善恶之源，剪乱除暴，禁人为非"[2]的刑法内容，被视为最权威的法律规范。

从唐后期开始，律的地位开始下降。由于开元二十五年（737年）后律不复修改，唐中后期经济、社会的剧烈变迁使律的许多规定成为无法执行的具文，格后敕随之兴起，部分取代了律"正刑定罪"的功能。宋代律即刑统，然"正刑定罪"已非刑统一家所能独任，编敕、断例构成对刑统的补充、修正甚至

---

[1]《汉书》卷二十三《刑法志》。
[2]《隋书》卷二十五《刑法志》。

第四章　从去法典化到再法典化:"典例体系"之超越

突破,"今之断狱,只是用敕;敕中无,方用律",[1]"法所不载然后用例。今故引例而破法"。[2]元代废弃律令法典传统,律典荡然无存,"正刑定罪"的刑事法律规范主要规定在"断例"之中,体现为先例的形态。

　　明王朝建立后,在"宜遵唐旧"、光复汉唐法律正统的思想的指导下,恢复了被元朝中断的法典传统,制定了《大明律》。但《大明律》在明代法律体系中地位,已不能与"律令体系"鼎盛时期的律典相比,这是因为:其一,在明代大量的"常经之法"中,《大明律》仅仅是其中一种。以洪武末年为例,明代初期的"常经之法"包括《大明律》《大明令》《诸司职掌》《大明集礼》《宪纲》《皇明祖训》《御制大诰》《孝慈录》《洪武礼制》《礼仪定式》《稽古定制》《军法定律》《教民榜文》等,其中《诸司职掌》规定各衙门职掌,《军法定律》是军事方面的法律,《宪纲》规定监察制度,《皇明祖训》更是皇室家法,《大明律》对它们不可能居于统率地位,而至多是同等位阶的法律,何况就刑事法律来说,《大明律》也不是唯一的,《大诰》在明初的地位和作用不下于《大明律》。会典颁行后,《大明律》被整合进会典中,成为会典的下位法,在实际运用中,由于《大明律》经久不改,刑事方面的条例地位日显突出,"律浸格不用"。[3]其二,朱元璋基于"明刑弼教"、以刑罚作为教化主要手段的立法观念,重视律典的传播和遵守,"吏知所守而不眩于烦文,民知所避而不犯于罪戾",[4]将《大明律》从十

---

[1]　(宋)黎靖德编:《朱子语类》(第8册),王星贤点校,中华书局1986年版,第3080页。
[2]　《宋史》卷一百九十九《刑法一》。
[3]　《明史》卷九十三《刑法一》。
[4]　(明)丘浚:《大学衍义补》,蓝田玉等点校,中州古籍出版社1995年版,第1309页。

· 179 ·

二篇体例改为六部体例，语言风格一变为文字浅显，通俗易懂，力图打破"法在有司，民不周知"的局面。与唐律相比，《大明律》体系结构的逻辑性稍逊，却更便于有司检索行用；文字凝练典雅稍逊，却更易为文化程度不高的百姓和吏员了解和接受；尤其是，《大明律》增列《五刑图》《狱具图》《丧服图》《服制图》《例分八字之意》等图表，将仍嫌复杂烦琐的文字表述图形化，以方便百姓周知，为历代法典所无。换言之，从法理的角度看，《大明律》立法技术确实逊色于唐律，"明律虽因于唐，而删改过多，意欲求胜于唐律而不知其相去远甚也"，[1]但法律传播和遵守的角度看，《大明律》更易于传播，更便于遵守，要言之，更加实用，这种实用的特点是主张"明刑弼教"的朱元璋所追求的，但不可否认，正是对"实用"的过分强调使《大明律》"泯然众人矣"，不再像唐律一般具备统率其他法律的风范、气质和水准，而是下降为与《大明令》《诸司职掌》《宪纲》《皇明祖训》《御制大诰》《军法定律》一般无二的法律。

《大明律》在明代法律体系中地位和作用相对下降，不能不说与元代对律典的废弃有密切联系。在律典被废弃近百年之久后，成长及生活在元代条格、断例约束之下的明初君臣，其法律记忆与习惯，更多是对"弃律用格例"的因循，即使在恢复汉唐正统之政治意识的主导下重新制定律典，其律典体例、内容，也较多受到了《至正条格》等元代法律的影响。《大明律》第一次制定即吴元律令，"凡为令一百四十五条，律二百八十五条"，[2]令在前而律在后，这与《至正条格》"令"性质的条格在前、"律"性质的断例在后体例相同。此外，"吴元年律"仅

---

[1]（清）薛允升：《唐明律合编》，怀效锋、李鸣点校，法律出版社1999年版，例言部分。

[2]《明史》卷九十三《刑法一》。

第四章 从去法典化到再法典化:"典例体系"之超越

"吏律""户律""礼律""兵律""刑律""工律"六篇而无"名例","洪武七年律"虽恢复唐律十二篇体例却置"名例"于末尾,直到洪武二十二年(1389年)才改"名例"为篇首,显然与《至正条格·断例》"名令(例)提出"有相当关联。另外,有学者以有关婚姻的条文为例,指出《大明律》各篇条目与《至正条格》篇目更为接近。[1]

《大清律》沿用《大明律》的六部体例,语言风格一如《大明律》,决定了它仍不能承担起统领整个法律体系的重任。与此同时,条例的地位和作用不断上升,"律尚简而例独尚繁,非简不足以统宗,非繁不足以征引",[2]虽说律还起着提纲挈领的功能,但具体案件审理中征引的却越来越多是例,以至《清史稿·刑法志》称:"盖清代定例,一如宋时之编敕,有例不用律,律既多成虚文。"律成虚文并非民国学者的夸大其词,当代法律史学者研究后指出,[3]《大清律》中确有一些条款,或者是因为时势变迁失去了应用性,或者是因为创立之初立法者就没有指望其能严格适用,从而沦为律中不易执行的"宣示性条款",它们至少包括:"军籍有犯"条、"封掌印信"条、"丁夫差遣不平"条、"隐蔽差役"条、"文官不许封公侯"条、"监临势要中盐"条、"阻坏盐法"条、"私矾"条、"舶商匿货"条、"同姓为婚"条、"良贱为婚姻"条、"内府工作人匠替役"条、"边境申索军需"条、"公侯私役官军"条、"递送逃军妻女出城"条、"私役弓兵"条、"奴婢骂家长"条、"无故不朝

---

[1] 张帆:《重现于世的元代法律典籍——残本〈至正条格〉》,载《文史知识》2008年第2期,第38页。

[2] 吴廷琛:《大清律例增修统纂集成序》,转引自梁启超:《梁启超论中国法制史》,商务印书馆2012年版,第111页。

[3] 参见陈煜:《"殊为具文"?——浅论〈大清律例〉中的"宣示性条款"》,载《东南大学学报(哲学社会科学版)》2016年第6期,第72~75页。

参公座"条、"奸党"条、"朝见留难"条、"占宿驿舍上房"条。如"军籍有犯"条，此条直接抄自《大明律》，但清代不再有军籍、民籍的严格限制，所以此条在清代名存实亡；如"文官不许封公侯"条，此条与清代体制不合，实际上无法适用；又如"同姓不婚"条，此条在实践中基本不被适用，刑部在面对同姓婚姻时，也倾向于认定其有效，因为同姓未必同宗。此外，就位阶关系而论，《大清律》和各部院则例处在同等的位阶上，两者是平等位阶下相互分工和配合的关系，《大清律》不存在凌驾于各部院则例之上的法律效力和位阶。尤其是，在《大清律》之外，清代通过《吏部处分则例》已经形成一套独立于律例所规定刑罚的行政处分体系，《大清律》已不再是规定法律制裁的唯一法典，"其有所违及人之为恶而入于罪戾者，一断以律"[1]的情形不复存在，如果违反则例但后果尚不严重，则适用《吏部处分则例》进行行政处分，无须一断于《大清律》。可见各部院则例内部已经初步形成了一个从行为模式到行政处分的闭环体系，其实施和运转不一定非得要借助《大清律》，自然，《大清律》也不具备凌驾于各部院则例之上的位阶，不存在统领各部院则例的可能，只是作为一部"正刑定罪"的普通刑事法典而存在，它仍然是国家生活中的重要法典，在"明刑弼教"的理念下，仍然因为其"正刑定罪"内容的重要性受到统治者的特别重视，但并不是清代法律体系中的"根本法""基本法"或"基础规范"，这不仅仅因为它只是一部刑法典，更主要是唐后期以来律典地位持续下降，以及会典随之崛起的必然结果。

（三）令典：从因袭到逐渐消失

令作为法典而编纂始于晋代，至唐代，令典几经修订，蔚

---

[1]《新唐书》卷五十六《刑法志》。

第四章 从去法典化到再法典化:"典例体系"之超越

为大观,与律典共同构成法律体系的支撑。北宋神宗元丰二年(1079年)后,随着敕、令、格、式被重新定义,令的数量急剧扩张,令典篇幅增加,《元祐祥定敕令式》中,敕十七卷,令二十五卷,式六卷,《绍兴重修敕令格式》和《乾道重修敕令格式》中,敕十二卷,令五十卷,格三十卷,式三十卷,《庆元条法事类》残本中,令文计有一千七百八十一条,敕文八百八十七条,格文九十六条,式文一百四十二条,可谓盛极一时。随着宋王朝的覆亡,盛极一时的令典迎来命运的转折。元代废弃了律令法典传统,不制定律典,也未制定令典,自晋代以来一直作为国家基本法典的令典戛然而止。当然,元代法律体系中条格部分的内容和功能大致与传统令典相当,"唐令相当于金《泰和律》的《律令》,《大元通制》的条格。诸家并考得,条格还包括唐的格、式和金《泰和律》的《六部格式》",[1]元朝废令之名,用令之实,"名废而实不废"。但以条格为载体的元令与唐宋令实际上存在较大差别,其既不以法典形式出现,同时表现出强烈的"例化"特点。

明王朝建立后,朱元璋出于光复汉唐法律正统的想法,重新制定了《大明令》,但篇数、条数远远少于唐宋令典。虽然,朱元璋在颁布《大明令》的圣旨中声称令文减省的原因是"芟繁就简,使之归一,直言其事,庶几人人易知而难犯",[2]但是,一部删减到不到原来十分之一、只有区区一百多条的法典,如何还能像原来那样"设范立制"!何况《大明令》中纳入了刑法通则性内容,虽然这主要是因为制定令典时律典尚不完备之故,但不可避免淆乱了令典的体例和内容。《大明令》虽具备令典之外表,其体例、内容及在国家生活中的实际地位和作用

---

[1] 方龄贵:《〈通制条格〉新探》,载《历史研究》1993年第3期,第23页。
[2] 怀效锋点校:《大明律》,法律出版社1999年版,第231页。

· 183 ·

却不能与唐宋令典相比。当然,《大明令》之外,《诸司职掌》等典章实际上也起到了令的作用,发挥了令"设范立制"的功能,正如明人丘濬所言,《大明律》《大诰》《诸司职掌》等法律,"凡唐宋所谓律、令、格、式与其编敕,皆在是也,但不用唐宋之旧名尔",[1]在《大明令》《诸司职掌》之外,明王朝仍保留了以诏令形式发布国家重大事项的传统,历朝君主发布的诏令如诏、制、诰、敕、册、手诏、榜文、令中,许多可视为单行令,但大量单行令的存在,反而凸显出《大明令》作为令典的名不符实:唐宋令典之外无令,《大明令》之外尚有《诸司职掌》和大量单行令!退一步说,明代即使有令,亦非以严格意义的法典形态存在,《大明令》作为令典名不符实。这与以条格为载体、纷繁复杂的元令有何实质差异!明初君臣虽制定所谓令典,其真正所习惯及因循的,仍是元代随事而立、随时编集的条格而已。到了清代,令之名从法律体系中消失,则例和行政类事例承担起令"设范立制"的实质功能,如果说实质意义的令仍然存在,作为法典的令典则于名于实俱不复存在。清代之令不仅不以法典形式出现,而且如同元令一般,再度表现出强烈的"例化"特点。

三、例的整合与规范

自战国以降,中国古代法律生活中逐渐形成了成文法的传统,但重视经验、援引先例的做法发自先民敬天法祖的观念深处,并在成文法产生及成文法传统形成后继续深刻影响帝制中国的法律生活,衍生出法典化趋势背后的解法典化暗流。敬天法祖的观念下,先民认为已经发生的事实具有可供借鉴的功能,

---

[1] (明)丘濬:《大学衍义补》,蓝田玉等点校,中州古籍出版社1995年版,第1305页。

第四章 从古法典化到再法典化:"典例体系"之超越

祖辈的行事方式和成功做法不仅必须纪念,也值得模仿,由此,他们把以往的实践活动作为理论的证明,重视寻求和援引历史上正面的事例,作为今后行事之指引,换言之,事实胜于雄辩,经验胜于逻辑。孔子云:"我欲载之空言,不如见之于行事之深切著明也。"[1]先秦诸子的论著多举事、举例以明理,就连反对"法先王"的法家亦不例外。在法律领域,战国之前,先例是"礼刑体系"的主要存在形态,"律令体系"兴起后,成文法上升为主要的法律形态,但秦代有廷行事,汉代有决事比,魏晋隋唐有成例,宋代则形成断例,元代整个法律体系表现为"例化"的特征,以至"有例可援,无法可守",判例(先例)取代成文法,重新成为主要的法律形态,并且呈现出野蛮生长的态势。明清王朝立法者在吸取元代例充分发展及野蛮生长的正反两方面的经验,努力将各种例整合,最终形成了条例、则例、事例三者有机配合、互为补充的体系。

(一) 事例

事例指因事产生的单个的例,是经皇帝批准并从此为相关机构及其官吏所遵循的处理类似事务的具体的、单个的例。事例是例的最初形态,条例甚至则例某种程度都是由事例发展而来的。

朱元璋建立明朝后,虽然曾一度希望重建唐制,全面恢复"律令体系",为此颁布了《大明律》和《大明令》。但是,自唐后期以来例等非成文法上升的趋势难以阻遏,更为重要的是,唐后期至元代法律体系的发展演变证明"律令体系"无法适应唐宋以来急剧的社会变迁,其难以维续、不可恢复乃是大势所趋。朱元璋意识到这一点,提出了律与例、成文法与判例法关

---

[1] 《史记》卷一百三十《太史公自序》。

系的新论述:"法令者,防民之具,辅治之术耳,有经有权。律者,常经也。条例者,一时之权宜也。"[1]为此,朱元璋不仅重视法典及成文法的制定,相继颁布了《大明律》《大明令》《诸司职掌》《大明集礼》《宪纲》《皇明祖训》《御制大诰》《孝慈录》《洪武礼制》《礼仪定式》《稽古定制》《军法定律》《教民榜文》等,还非常重视制定例。在刑事方面,洪武三十一年(1398年)五月,朱元璋把《律诰》条例附于《大明律》之后,颁行天下,是为明初制定和颁行刑事例之代表。在非刑事例方面,据杨一凡教授、刘笃才教授对《明太祖实录》《明会典》的爬梳,[2]例在洪武年间作为权制之法,除了应用于刑事领域外,还被广泛应用于国家行政、民事、经济、军政和社会管理等各个领域,如责任条例、考核之法、吏员出身事例等,是关于官吏职制方面的定例或者说事例,民田例、官田例、屯田例、赋役例等属于经济管理方面的事例,武臣袭职例、禁武臣不得干预民事例、驿例属于军政管理方面的事例,科举之例、学校禁例、岁贡生员例属于学政管理方面的事例。

大量刑事和非刑事方面事例的存在,对于完善国家基本法律制度、更有效打击犯罪及维护社会秩序,起到了积极的作用。但事例过于繁多和庞杂也带来了许多问题,尤其在刑事方面。朱元璋把《大明律》定位为"万世不刊之典",要求子孙"一字不可改易",立下祖训:"群臣稍议更改,即坐以变乱祖制之罪。"[3]但刑书所载有限,天下情罪无穷,社会的发展和犯罪态势的变化,不仅使《大明律》难以符合刑事审判活动的需要,也使洪武年间

---

[1]《明太祖实录》卷二十六,洪武二十八年二月戊子。
[2] 参见杨一凡、刘笃才:《历代例考》,社会科学文献出版社2012年版,第143~148页,第182~193页。
[3]《明史》卷九十三《刑法一》。

第四章 从去法典化到再法典化:"典例体系"之超越

颁行的一些条例、事例不敷所需。由于都不愿承担"变乱祖制"的罪名,立法者只能以被视为"一时权宜之法"的刑事方面的事例对《大明律》进行补充和修正,这种"因事起例"的做法,导致事例浩瀚繁多,而为求法制统一,每一朝皇帝即位后便宣布将前朝事例一概革去,自己重起炉灶再来一套,对于前朝刑例能否继续适用则由新君决定,结果本朝之例越废越立,越立越多,各种事例前后矛盾,出现恶性循环,"一事三四其例者有之,随意更张每年再变其例者有之"。[1] 基于此,从明孝宗弘治十三年(1500年)开始,朝廷开始制定《问刑条例》,将经久可行的刑事例进行辑录整理,整合为具有长久效力的"常法"。

条例成为"常法"后,事例仍然存在,仍然制定最多,变革最繁,立法和执法活动最为活跃。由于事例过于繁多,朝廷经常对事例进行汇编和修订,或形成事例集,如《嘉靖事例》,或形成以"事例""条例"命名的具有独立地位的法规。会典产生后,明廷在纂修会典时,又将许多相关的重要事例载入会典,从而形成了一种特殊的事例——会典事例。明代事例文献浩瀚,现存于世、代表性的事例汇编文献主要有《六部事例》《皇明条法事类纂》《节行事例》《军政备例》《大明九卿事例案例》《嘉靖事例》《嘉靖新例》《嘉隆新例》《嘉靖各部新例》《工部新刊事例》。其中既包括大量的非刑事例,也包含刑事例,可见《问刑条例》这一"常法"面世后,司法审判活动仍在不断产生单个具体的刑事例。

清代事例同样首先指因事产生的单个的例,因事例数量太多,朝廷和各省都很重视事例的编纂,从而形成事例的汇编。

---

[1]《皇明条法事类纂》卷四十八《陈言干碍法司条例须要会议例》,载刘海年、杨一凡总主编:《中国珍稀法律典籍集成》(乙编·第5册),科学出版社1994年版,第920页。

除此之外，清代事例还有三种具有特定含义的用法：一是将带有权宜性质，由多个事例汇编而成且内容比较系统的法律文件命名为"某某事例"，如各朝的捐纳事例；二是将具有因地因时制宜特点的经济管理方面的法规命名为"某某事例"，如《营田事例》《社仓事例》；三是自嘉庆朝开始，将会典后附例称为"会典事例"。总的来说，清代事例在内容上基本是非刑事方面的例，很少涉及定罪量刑的刑事内容，与同属非刑事方面的则例相比，事例更为具体，抽象性和概括性不如则例，一条条事例实际上就是一个个相对具体同时具有某种普遍指导意义的案例。

（二）条例

明弘治十三年（1500年），《问刑条例》首次颁行，产生了以"条例"为名的具有长久效力的刑事法规，改变了刑事例只以权宜之法存在的状态，正如刑部尚书白昂在《问刑条例题稿》中所阐述，修订《问刑条例》的目的是革既有刑事例其中"冗琐难行"者，制定出一部"情法适中"、足以辅律并且"经久可行"的刑事条例。[1]弘治《问刑条例》强化了对宗藩犯罪的惩治，加大了对贩卖官私引盐和盗掘矿产行为的打击力度，扩大了赎刑和充军刑的适用范围，总体而言对《大明律》的增补幅度比较大。之后，嘉靖二十九年（1550年）十二月完成了对弘治《问刑条例》的修订，是为嘉靖《问刑条例》。与弘治《问刑条例》相比，嘉靖《问刑条例》新增的内容主要包括：进一步限制宗室及官员的法律特权；进一步强化等级差别及礼仪制度；加强对边地沿海贸易的管理，严惩走私及运载违禁物；以重典治理流民，对流民犯法从重治罪。此外，嘉靖《问刑条例》的刑罚较弘治《问刑条例》有加重之趋势。万历十三年（1585年），明廷再

---

〔1〕 刘海年、杨一凡总主编：《中国珍稀法律典籍集成》（乙编·第2册），科学出版社1994年版，第217页。

第四章　从古法典化到再法典化："典例体系"之超越

次完成了对《问刑条例》的修订，是为万历《问刑条例》。此后，万历《问刑条例》和《大明律》作为明后期的主要刑事法律，再未发生变动。万历《问刑条例》共三百八十二条，其中《名例律》附例九十一条，《吏律》附例三十一条，《户律》附例六十九条，《礼律》附例九条，《兵律》附例五十一条，《刑律》附例一百二十三条，《工律》附例八条。[1]《问刑条例》作为经久可行的刑事条例，与《大明律》并行前后长达140余年之久。

除刑事例外，明代一些行政法规也被称为"条例"。如《责任条例》（洪武二十三年，1390年）、《吏部条例》（弘治十一年，1498年）、《宪纲条例》（正统四年，1439年）、《军政条例》（宣德四年，1429年）、《宗藩条例》（嘉靖四十四年，1565年），明人还编纂了一些条例汇编性文件，以备查询，如《吏部四司条例》《兵部武选司条例》《军政条例类考》《条例备考》《增修条例备考》《皇明成化条例》《皇明弘治条例》等。地方官发布的地方法规有时也以"条例"为名，如嘉靖四十一年（1562年）海瑞在浙江淳安知县任上，曾制定《兴革条例》，内容分为吏属、户属、礼属、兵属、刑属、工属六个方面，是关于地方事务治理方面的行政条例。非刑事类条例的存在说明明代对"条例"一词的使用仍不尽规范。

清代条例主要指《大清律》所附刑事例。清王朝第一部律典即顺治三年（1646年）《大清律》不但律文全盘照抄明律，而且也继承了明律所附条例。康熙时期整理开国以来陆续制定的条例，编成《刑部现行则例》，于康熙十九年（1680年）四月颁行，并于1689年附入《大清律》，该法虽名则例，实则为一部与律文相辅相成、相对独立的刑事法规。雍正初年（1723

---

[1] 参见怀效锋点校：《大明律》，法律出版社1999年版，第339~472页。

年）第二次修律时，把前明及顺治、康熙两朝及本朝颁布的条例加以整理，按制定时间的先后顺序附入律中，并分别表明"原例"、"增例"、"钦定例"等名目。乾隆朝第三次修订律典，于乾隆五年（1740年）修成《大清律例》，将历年条例按类别附于相关律文之后，统一定名为"条例"，并宣布，条例若须增修，"定限三年一次编辑，附律例之后颁行直省，从此永著为例"，[1]乾隆十一年（1746年）又改为五年一小修、十年一大修，实现了修例的经常化、定期化和规范化。根据光绪《大清会典事例》卷七百四十和《清朝文献通考》卷一百九十五的记载，从乾隆五年（1740年）到同治九年（1870年），清廷共计修条例23次，条例的数量，也因此越修越多，乾隆五年为1049条、乾隆三十三年（1768年）为1456条，嘉庆时1573条、道光时1766条，同治九年1892条。[2]为了帮助各级官吏更快熟悉和掌握《大清律》后所附例，清代还把律后附例单独编纂成书，颁行天下，如《大清律续纂条例》《大清律续纂增修条例》。除了《大清律》所附条例外，清代还颁布了一些以"例"为名的单行刑事法规，如《督捕则例》《刺字条例》《西宁番子治罪条例》等，虽名为"则例""条例"，实际上都是刑事例，这也再次反映出明清时期对"条例""则例""事例"等概念使用得不尽规范。

（三）则例

则例一般是非刑事的例。在明代，则例主要是规定钱物和朝廷财政收入、支给方面标准、数额、等差的法规。代表性的则例如：（1）赋役则例。具体如"官田则例""民田则例""征税则例""征收刍草则例""屯田则例""均徭则例"等。（2）开中

---

[1] 田涛、郑秦点校：《中华传世法典：大清律例》，法律出版社1999年版，第28页。

[2] 《清史稿》卷一百四十二《刑法一》。

第四章 从去法典化到再法典化:"典例体系"之超越

则例。开中制是明代盐政制度,指官府召集商人,应召商人把官府需要的物资代为输送到指定地点,官府再酬以相应官盐的制度,其实质是商人以力役或实物的方式为官府效力,获得一定数量食盐的专卖权作为酬劳。朝廷为规范和完善开中制,相继制定了一系列则例,如《遵化县永盈仓开中淮盐则例》《辽东边卫开中盐粮则例》《四川、云南开中引盐则例》《大同、玉林等草场开中盐草则例》、《开中成化十年以后两淮盐引则例》,等等。(3) 商税则例。商税则例是征收商税的细则,明代朝廷为了强化市场贸易的管理和商税征收,以则例的形式对应征收的商税种类及税率作出了详细规定。(4) 捐纳则例。明代朝廷通过则例的形式对捐纳的数量、待遇予以明确规定,以明码标价的公开方式卖官鬻爵。(5) 赎罪则例。分为律赎则例和例赎则例两种,前者较少,后者居多。规定了赎铜、运米、纳钞、运砖、运灰、运碳、纳马、折收银钱等多种赎罪之法,主要都是为了解决边防、赈灾或朝廷其他急需而制定的。(6) 宗藩则例。明代朝廷以则例的形式规定了宗藩享受的待遇,同时意图对其特权进行限制,如宪宗成化十四年(1478年)《给价条例》,就地方上宗藩自行起盖房屋所需银两进行详细规定,成化十九年(1483年)《周府庄田征租则例》,对河南开封周王府庄田田租进行限制。(7) 军士供给、给赏、优给则例。由于逃军问题十分突出,为了稳定军心和确保军户世袭,明代朝廷在不断清理和勾捕逃军的同时,就奖赏、抚恤和保障军士的供给颁行了一些则例,如宪宗成化十三年(1477年)"辽东军士冬衣布花折色则例"、世宗嘉靖四十一年(1562年)"蓟辽曹家寨军士行粮则例"、洪武六年(1373年)"给赏则例"。(8) 其他则例。如规定官吏考核的则例[洪武年间(1368年—1398年)"简繁则例"]、规定官吏俸禄处罚的则例("照刷问卷罚俸则例")、规定减免官

· 191 ·

吏监举生员等人赋役的则例［嘉靖二十四年（1545年）"优免则例"］、规定钱法和钞法管理的则例［成化十七年（1481年）"银钱通融则例"］、规定漕运事务的则例［宣德六年（1431年）"官军兑运民粮加耗则例"、正统元年（1436年）"运粮官军兑运各处民粮来京输纳加耗则例"］、规定给驿和起运物品的则例［洪武二十六年（1393年）"应合给役例""应付脚夫例"，嘉靖十七年（1538年）"应给勘合例""拨夫例"］、规定救荒事务的则例［洪武二十七年（1394年）"散粮则例"］、规定损害官马赔偿标准的马政则例，等等。[1]总之，在明代，则例是国家经济立法的重要形式和重要典章制度的实施细则，其特点是具体、详细和数字化，内容多是钱粮、税收、供给、赏赐、财政、俸禄等方面的标准和细则。则例的稳定性低于单行条例，但高于事例。

清代，则例的调整范围进一步扩张，已不限于经济立法，而成为非刑事例的主体。清代各种则例数量之多，篇幅之长，内容之广，占国家立法总量比重之大，是明代无法比拟的。就清代则例的发展阶段来说，顺治朝是清代则例立法的草创时期，清廷突破了明代把则例主要用于经济管理事务立法的模式，扩大了则例的调整范围，但因为战事不断，政局不稳，顺治朝对治理国家中出现的大量新问题，主要是采取因事制例即制定事例的方式来解决，由此，顺治朝各类事例数量庞大，而较为稳定和抽象的则例不多，代表性的则例有顺治五年（1648年）的《优免则例》和以考核官员政绩为内容的《考成则例》。康熙朝是清代则例立法的奠基时期，则例的编纂取得了很大成绩，据杨一凡教授和刘笃才教授对41家图书馆的初步调研，[2]其馆藏

---

[1] 参见《明会典》《明实录》《明史》的记载。

[2] 参见杨一凡、刘笃才：《历代例考》，社会科学文献出版社2012年版，第308~310页。

第四章 从去法典化到再法典化:"典例体系"之超越

康熙朝的则例文献有 50 余种,代表性的则例有:《钦定处分则例》和《续增处分则例》,这是关于官员违法行为应受行政处分的规定,又称《吏部处分条例》,是康熙朝则例编纂的重要创举;《六部考成现行则例》,这是考核官吏业绩及奖惩办法的规定,其颁行使清王朝官吏考核制度进一步完善;《中枢政考》,这实际上是兵部则例;《浙海钞关征收税银则例》,这是关于各海关、口岸征收税银的具体规定,制定目的既是为了确保税银征收,也是为了防止官吏额外勒索商人,保障正常商业活动。雍正朝是清代则例立法走向系统化的时期,编纂了治理国家的许多重要则例,如综合性则例《六部现行则例》,一些规范中央重要机构和事务的则例如《吏部则例》《吏部处分则例》《兵部则例》《兵部处分则例》《工部做法则例》《钦定吏部铨选满官则例》《钦定吏部铨选汉官则例》,旨在加强经济事务管理的《常税则例》《浙海钞关征收税银则例》。乾隆朝是清代则例立法的成熟时期,其时则例种类齐全,数量巨大,覆盖了国家和社会事务的各个方面。按所调整机构事务,代表性则例有:内务府,《总管内务府现行则例》;六部通例,乾隆二十四年(1759年)《六部例》《钦定户兵工三部军需则例》;吏部,《钦定吏部则例》《钦定吏部处分则例》《钦定吏部铨选满官则例》《钦定吏部铨选汉官则例》;户部,《钦定户部则例》《钦定户部续纂则例》《钦定户部军需则例》《钦定户部旗务则例》《钦定户部铸鼓则例》《漕运则例》《夔关则例》《九江关征收船税则例》《崇文门商税则例》《江海关则例》《太平遇仙洽光三关则例》;礼部,《钦定礼部则例》《钦定科场条例》《钦定学政全书》《续增学政全书》《盛京礼部则例》;兵部,《钦定兵部则例》《钦定中枢政考》《钦定八旗则例》《钦定兵部军需则例》《钦定军器则例》《盛京兵部则例》;刑部,《盛京刑部则例》《秋审则例》;工部,

· 193 ·

《钦定工部则例》《盛京工部则例》《钦定工部军需则例》《工部做法则例》《物料价值则例》《钦定水陆运费则例》《题定河工则例》；理藩院，《理藩院则例》《蒙古律例》；都察院，《钦定台规》《都察院则例》；通政使司，《通政使司则例》；大理寺，《大理寺则例》；翰林院，《翰林院则例》《起居注馆则例》；詹事府，《詹事府则例》；太常寺，《钦定太常寺则例》；光禄寺，《光禄寺则例》；鸿胪寺，《鸿胪寺则例》；国子监，《钦定国子监则例》；钦天监，《钦天监则例》。嘉庆至清末是清代则例继续发展和完善的时期，此一时期则例纂修的数量又大大超过了康雍乾三朝，不仅对既有则例进行定期增修，而且根据时局的变化和治理需要，制定了一些新的则例，如《宗人府则例》《钦定宫中现行则例》《钦定总管内务府现行则例》《钦定王公处分则例》《钦定八旗则例》《回疆则例》等。

总之，在清代，则例覆盖了所有国家机关，详细规定了朝廷各级机构的职掌和办事规程，实现了国家事务办理的规范化和制度化；则例规定了针对官吏违法的行政处分制度，初步实现了行政责任与刑事责任的分立；适应社会经济发展的需要，制定了一系列加强经济管理的则例；颁行了多个专门规范宫廷事务和皇族行为的规则，立法之健全，为历代之冠；通过制定《蒙古则例》《回疆则例》及《理藩院则例》等法规，全面加强了对少数民族地区和事务的管理。清王朝充分运用则例这一法律形式，建立起空前完善的行政法律制度。

(四) 例的生成

1. 条例的生成

在清代，条例有相当一部分是承袭明代条例而来，除了这部分外，其他条例的生成途径主要有两种：

一是因言而生例，即根据皇帝的谕旨或大臣的建言直接创

第四章 从去法典化到再法典化:"典例体系"之超越

制条例。包括皇帝直接发出具体指示而制定条例、臣下建言被皇帝采纳而制定条例、刑部等部院议准而产生条例三种具体方式。如据杨一凡、刘笃才教授考证,《大清律》"犯罪存留养亲"条附例一系康熙五十年(1711 年)上谕,雍正三年(1725 年)增入,乾隆五年(1740 年)纂定,"应议者犯罪"附例四系嘉庆十三年(1808 年)奉上谕纂为例,"谋反大逆"条附例三系乾隆五十九年(1794 年)刑部议准定例,"窃盗"条附例二系嘉庆六年(1801 年)刑部议准定例,"恐吓取财"条附例十系贵州巡抚嵩溥奏准定例、附例十二系陕西巡抚富呢杨阿奏准定例、附例十七系道光六年(1826 年)奉上谕纂为例,等等。[1]

二是因案而生例,即从典型案件的判决中归纳出一般规则,定为例。因案生例的具体方式有包括三种:其一,皇帝在审批案件时,结合案情,直接以上谕创制条例。在帝制中国,皇帝掌握最高立法权和司法权,有权基于自己的判断,对疑难案件径行裁判,并要求刑部"著为例"或"著为令"。如乾隆三十九年(1774 年)船户刘志等偷卖漕米一案,该案中方天秃等人系正黄旗汉军旗人,直隶总督根据《大清律》"犯罪免发遣"条"凡旗人犯罪,笞、杖各照数鞭责。军、流、徒免发遣,分别枷号。徒一年者,枷号二十日,每等递加五日。总徒、准徒亦递加五日"的规定,拟判折枷鞭责,但皇帝认为方天秃在屯居住,开铺生理,与一般民人无异,直接下旨改判,并"著为例":"住居庄屯旗人及各处庄头并驻防之无差使者,其流徒罪名俱照民人一例发遣。著为例。"[2] 又如乾隆四十一年(1776

---

[1] 参见杨一凡、刘笃才:《历代例考》,社会科学文献出版社 2012 年版,第 279~282 页。

[2] 马建石、杨育棠主编:《大清律例通考校注》,中国政法大学出版社 1992 年版,第 220 页。

年）张二扎伤妻徐氏身死一案，该案张二唆使其妻徐氏向潘三卖奸，后见徐氏与潘三同心故杀其妻。奉天府尹依"夫故杀妻"律，将张二拟绞监候，刑部照覆。皇帝认为本夫张二纵奸在先，故杀其妻在后，情节恶劣，不应以寻常"夫故杀妻"律拟罪，令"刑部将此例另行斟酌改定，所有张二一案即著照新例定拟具奏。"刑部遵旨起草新例："应请嗣后凡以妻卖奸之夫故杀妻者以凡论，其非本夫起意卖奸者仍悉以律例办理……恭候命下，臣部奏纂入例，通行遵照。"奉旨："依议。"[1]其二，督抚题奏案件，附请定例。督抚在题奏上报具体案件时，如果认为按律文和现行例文处置存在一定问题，可对案件的处置提出建议，并请求制定新例，如果得到皇帝批准，则会产生新条例。如据杨一凡、刘笃才教授考证，乾隆六年（1741年）"略人略卖人"条附例七，系云贵总督张允随题者租等捆卖者业一案，附随定例，乾隆六年（1741年）"谋杀祖父母"条附例一，系云贵总督张广泗题刘四贵谋杀小功服侄刘先佑、刘三贵下手加功一案，附请定例。[2]其三，刑部议复案件，奏准定例。刑部在复核案件过程中，针对法律适用中遇到的新问题，提出判决意见，并对今后审理类似案件拟出新的条例，经皇帝批准后成为定例，是为因案生例的主要形式。如据杨一凡、刘笃才教授考证，《大清律》"隐瞒家产"条附例一，系康熙五十七年（1718年）刑部议复两江总督常鼐题副都统俞章言隐匿罪犯俞文言入官财产一案，经九卿遵旨议准定例，"挪移出纳"条附例十，系雍正七年（1729年）刑部议复湖广总督迈柱审题江陵县参革知县李德

---

[1]《驳案新编》卷二十一《刑律·斗殴下·以妻卖奸复故杀其妻同凡论》。
[2] 参见杨一凡、刘笃才：《历代例考》，社会科学文献出版社2012年版，第284~285页。

征亏空一案，议准定例。[1]此外，还有九卿议准定例、群臣遵旨会议定例、理藩院议复定例、军机大臣会同刑部议奏定例等多种因案生例的方式。

2. 则例的生成

则例的生成途径也是两种，一是以上谕创制。如光绪十三年（1887年）吏部重修颁行的《钦定六部处分则例》，有关"书役"的处分条文共49条，其中上谕创制者为3条。[2]二是臣工条奏，经皇帝批准后产生则例。如《钦定回疆则例》卷八"各城回子不准与安集延结亲"一条，便源自道光九年（1829年）三月五日那彦成"不准与回子结亲"的奏议。[3]但因时、因事而发的上谕和条奏在变成则例规定时，往往会经过概括、提炼和删节，使之成为一般性的法律规定，如关于充任书役的年龄规定，《钦定大清会典事例》中记载的上谕和条奏有多处，而在《钦定六部处分则例》中，上述上谕、条奏被提炼成一句话："内外各衙门书吏，务择其年过二十、老成驯谨之人充补实缺，若令年幼者承充，本管官降二级留任。"[4]当然，这些的处理均须皇帝最终批准。

3. 事例的生成

《康熙会典》卷首《凡例》："事例：由上所颁降者，则书曰诏，曰敕，曰谕，曰旨，曰令。由部院各衙门具题者，则书曰题准；由科道督抚条陈经部院议覆者，则书曰覆准；由议政

---

[1] 参见杨一凡、刘笃才：《历代例考》，社会科学文献出版社2012年版，第285~287页。

[2] 《钦定六部处分则例》，载沈云龙主编：《近代中国史料丛刊》（正编·第332册），文海出版社1973年版，第379、382页。

[3] 齐顺清：《清代新疆研究文集》，新疆人民出版社2008年版，第64页。

[4] 《钦定六部处分则例》，载沈云龙主编：《近代中国史料丛刊》（正编·第332册），文海出版社1973年版，第371页。

王贝勒大臣及九卿詹事科道会议者，则书曰议定，曰议准。"可见，事例有经过由下而上方式形成的，如奏准""议准""覆准""题准"等；有自上而下产生者，如诏、敕谕、旨、令等皇帝发布的上谕。但无论以何种方式，事例的产生都有明显的因事立法、一事一例的特点，都是在出现问题之后，针对具体情况提出解决对策，经有关部门讨论，最后皇帝批准，形成事例。正因为如此，事例较条例和则例更为具体和灵活，适用范围也更窄。

从条例、则例、事例的生成途径来看，明清尤其清代例的形成与判例（先例）关系极为密切。事例本身就是因事立法、一事一议，如为了维持盐价稳定，清政府根据不同时期物价的波动，对盐价进行调整，由此产生了一系列灵活的盐法事例，又根据地域的不同，以事例的法律形式对盐价进行调整。[1] 则例的规定较为简约和抽象，但许多则例的规定本身就是从事例发展而来，是对多个事例规定的概括和抽象。条例的生成包括"因案生例"和"因言生例"，"因案生例"之"案"指成案，理论上讲，成案作为典型案例，在乾隆三年（1738年）之后不再具有必然的法律效力，《大清律例·刑律》"断罪引律令"条附例："除正律、正例而外，凡属成案，未经通行，著为定例，

---

[1] 雍正十年（1732年）题准："直隶盐价，按康熙二十七年原定之数，作为标准，以现今价值稍为变通，每斤酌加银一厘，令商民两便。"乾隆二十九年（1764年）又议准："长芦盐斤，自康熙二十七年定价之后，至雍正十年题准，每斤酌增制钱一文。近年物价增长，盐本加重，而盐价仍照原定数目，致形竭蹶，除天津公共口岸毋庸增加外，余俱照雍正十年之例，每斤增制钱一文。"乾隆十七年（1752年）议准："河南省汝宁府属皆食淮盐，每斤定价二分，惟上蔡、西平、遂平、三县，紧与营销芦盐地方接壤，芦盐每斤卖钱十有六文，较贱于淮，小民多食私盐，以致盐引壅课绌，地方官每罹参处，自乾隆三年，议将三县盐价，每斤酌减一厘，已与芦盐价等。"参见《钦定大清会典事例·户部·盐法》卷二百二十一《盐课总额·盛京·长芦一》、卷二百二十三《两淮》。

第四章 从去法典化到再法典化:"典例体系"之超越

一概严禁。毋庸得混行牵引,致罪有出入。"[1]但毫无疑问,成案是条例的重要来源,从实践来看,成案有立即著为定例者,有确定为通行者,有先确定为通行后来又成为定例者,有一开始既未著为定例又未成为通行、后来修例时直接上升为定例者,有一直未著为定例且未成为通行者。[2]此外,"因言生例"虽然是根据皇帝的谕旨或大臣的建言直接创制条例,表面上似乎是皇帝的谕旨或大臣的建言成为条例的来源,实际上不排除皇帝的谕旨或大臣的建言也是基于处理具体案例的需要而发。实质上仍是"因案生例"。总之,明清条例、则例、事例广义上讲都是因判例(先例)而生成,即使并不都是判例,也与判例有着极为密切的联系。但是,与元代直接以典型案件作为判决依据从而形成断例不同的是,清代更多是对典型案件进行一定的概括和抽象,将其升华为具有某种一般性的条例和则例,因此更为稳定、一致和简约,部分具有了成文法的特点,同时,通行和事例作为具体、个别的判例依然存在,成为条例、则例的重要来源以及变通。

小结

中国古代的法律体系发展到明清,呈现为一种"典例体系"的结构。"典例体系"之典,指会典与律典;"典例体系"之例,主要指条例、则例和事例。会典、律典不仅是成文法,而且是法典,条例、则例、事例或者是判例(先例),或者与判例

---

[1] 田涛、郑秦点校:《中华传世法典:大清律例》,法律出版社1999年版,第595页。

[2] 关于清代成案及"通行"的性质及争议,参见姜方毅:《对有关清代成例制度研究的阅读探讨》,载《法律史评论》2013年第1期,第140~152页;胡震:《清代"通行"考论》,载《比较法研究》2010年第5期,第1~16页。

· 199 ·

有着密切的联系。在效力上,明清会典作为"大经大法""根本法",其效力高于律典、条例、则例、事例等法律形式,起到协调各种法律形式之间的关系、维护法律体系的统一的作用;律典与则例、事例调整不同的社会关系,适用于不同的领域,它们在内容和调整方法上具有互补性,但在法律体系内部的效力等级是一样的,属于同位阶的法律形式;在清代,律典与条例合编为《大清律例》,从功能上讲,例是律的辅助,例以其灵活性补充律之固定性,以其具体性补充律之概括性,但从效力上讲,两者的效力是同等的,例既未代律,律更不可能代例,律、例针对不同的情形分别适用,相辅相成。明清"典例体系"恢复了被元代中断的法典传统,并且创造了会典这一新的法典形式,同时继承和发展了元代法律体系"例化"的特点,制定大量与判例(先例)关系密切的条例、则例和事例。例作为纲典之目,在法律体系中的地位和作用依然突出。

与"律令体系"相比,"典例体系"的特点是例的地位和作用大幅上升,成为法律体系的主要构成。正如学者所指出,例推动了古代中国法律体系的完善:例的产生及其体系的形成,使古代法律的功能和形式更加规范和完善;刑例的制定和修订,使律典在保持长期稳定的情况下,刑事法律能够适应司法实践的需要;行政例的制定和编纂,完善了行政法制。[1]但同样不可否认,例的运用在实践中产生了许多弊端。元代为"典例体系"之前夜,各种例野蛮生长漫无限制,明代"典例体系"初立,各种例之间的关系尚未规范,各朝颁行的事例过多,且不少是"因一事之宜,或因一己之间"而临时产生的,导致"例

---

[1] 参见杨一凡、刘笃才:《历代例考》,社会科学文献出版社2012年版,第426~433页。

第四章 从去法典化到再法典化:"典例体系"之超越

愈纷而弊愈无穷"。[1]清代,"典例体系"趋向成熟,条例、则例、事例的例的体系基本完善,尽管如此,例的广泛适用仍然造成不少弊端。以条例而论,虽然条例的纂修较为严格,但随着时间的推移,律文所附条例数量越来越多,背离了"法贵简当,使人知晓"的原则,而且律文所附条例往往制定于不同时期,内容经常前后冲突,量刑轻重不一,使执法者无所适从,则例的纂修同样出现了越修越多、越修越繁的情况,反过来影响了国家政务的运转。总之,"典例体系"下,条例、则例、事例等例不仅被接纳为正式的法律渊源,而且上升为法律体系的主要构成。虽然,传统的律典并未因此而全然虚置,会典这一新的法典形式的出现某种意义上更强化了成文法典作为整个法律体系之"纲"的统领功能,较为严格的纂修程序也意图对例的产生进行规范和控制,但明清数百年间社会关系的剧烈变迁和公共事务的迅猛增长,追求情法相宜情罪相应的实质正义的法律观念,以及高度集权之君主对司法过程的过多干预,致使各种例最终呈现不可控的泛滥态势。

---

[1]《明史》卷九十三《刑法一》。

第五章

探寻中国法典化之法理

法典是"经过整理的比较完备、系统的某一类法律的总称",[1]严格意义上说,法典并非法律法规的汇编,而是立法机关制定的集中系统的法律文件,具有学理性、系统性、确定性、一致性等特点,可以说是成文法的高级形态。纵观历史,法典绝非迟至近代才产生,《汉穆拉比法典》、罗马《十二铜表法》《国法大全》等古代法典足可为证;放眼全球,法典也并非西方法律文明之专利,《唐律疏议》《大宝律令》等东方法典足可为证。虽然《法国民法典》《德国民法典》享誉全球,但人类法律史上享有盛誉、影响深远的并不只是民法典,早在所谓"民法典情结"形成之前,中国以及周边东亚诸国就产生了"唐律情结","《唐律疏议》集汉魏六朝之大成,而为宋元明清之矩矱"。[2]

法典化指一种大规模制定法典的趋势与过程,是持续较长时间、制定出多部法典及形成一定趋势的法典编纂的历史趋势与过程。法典化是人类法律史上的典型现象。西方近代政治革命之前,基于国家统一的需要,路易十四等西欧国王和法律家努力将分散的中世纪旧法律整合成统一规范的法律体,可谓近

---

〔1〕 中国社会科学院语言研究所词典编辑室编:《现代汉语词典》,商务印书馆2012年版,第353页。

〔2〕 吉同钧纂辑:《律学馆大清律例讲义》,闫晓君整理,知识产权出版社2018年版,自序部分。

代欧陆法典化之起源。19世纪以来,随着《法国民法典》《德国民法典》的产生,全球范围内第一波法典化运动在欧陆兴起,进而波及美洲、亚洲等国家和地区。20世纪以来,苏联等社会主义国家的法典编纂开启了第二波法典化,与此同时,一些西欧国家也修改或重新制定了宪法典、民法典,中国、土耳其、埃及等国家则开始制定民法典。进入21世纪以来,仍然不断有国家制定新的法典,或者对既有法典进行再编纂。全球范围内法典化虽然不断遭遇解法典化之挑战,却始终未停止其脚步。《中华人民共和国民法典》的颁布生效,不仅成为当代中国推进全面依法治国的重要成就,亦可视为全球范围内法典化又一重要进展。

中国改革开放以来的中国特色社会主义法治建设,某种意义上讲,也是一个法典化的过程。随着《中华人民共和国民法典》最终通过与实施,宪法典、民法典、刑法典、民事诉讼法典、刑事诉讼法典、行政诉讼法典的法典架构形成,中国特色社会主义法律体系定型为法典统率下的成文法体系。诚然,关于民法典及法典编纂"得形忘意""法典情结"不过"为名所累,求其形而忘其意"之言犹回音不绝,[1]然中国当代法律体系之法典化,绝非仅仅所谓国际潮流冲击之果,从深层次看,更是本土法典传统延续与展现。中华法系是法典统率下的成文法体系,各族先民对法典怀有深厚的情结及情感。法典与法典化,

---

〔1〕 苏亦工教授认为:"从唐律情结到民法典情结,究其实质不过是为名所累,求其形而忘其意。""民事立法的根本目的在于造就出一种本诸公平精神、顺乎国情民生、有效捍卫私权、切实促进公益的民事法律秩序,而非追求法典自身的完美。纵然得意忘形,亦未为不可。"(苏亦工:《得形忘意:从唐律情结到民法典情结》,载《中国社会科学》2005年第1期,第123~134页)《中华人民共和国民法典》通过后,笔者朋友圈内众多法史学者不约而同转发苏亦工教授这篇"旧文",足见此文观点在法史学界影响之大。

诚为我国法律史之悠久传统。自魏晋之际成文法典正式诞生后，除元代等极个别王朝外，绝大多数传统王朝都制定了法典，其中蕴含丰富、深刻、生动之法理，需要今人进一步发掘与发展。如此，方可探明法典化之名实，兼得法典之"形""意"。

一、法典化的中国价值

人类社会的法律大体经历了从习惯到习惯法再到成文法的演进过程，显然，这是一个长期、渐进的过程。"在社会发展的某个很早的阶段，产生了这样一种需要：把每天重复着的产品生产、分配和交换用一个共同规则约束起来，借以使个人服从生产和交换的共同条件。这个规则首先表现为习惯，不久便成了法律。"[1]成文法产生之后，法律形式的演进并未就此停止，而是继续朝更高形态的法典转化，"成文法之初起，不过随时随事，制定为多数之单行法。及单行法发布既多，不得不撮而录之，于是所谓法典者见焉"。[2]一般认为，中国成文法产生于春秋晚期，法典化则正式开启于三国魏晋之际，正如梁启超所言："及春秋战国，而集合多数单行法，以编纂法典之事业，蚤已萌芽。后汉魏晋之交，法典之资料益富，而编纂之体裁亦益讲，有组织之大法典，先于世界万国而见其成立（罗马法典之编成在公元534年，当我梁武帝中大通六年。晋新律之颁布在晋武帝泰始四年，当彼268年）。唐宋明清，承流蹈轨，滋粲然矣。其所以能占四大法系之一，而粲然有声于世界者，盖有由也。"[3]抚今追昔，古代中国的法典化何以发生？价值何在？

---

[1]《马克思恩格斯文集》（第3卷），人民出版社2009年版，第322页。
[2] 梁启超：《论中国成文法编制之沿革得失》，载梁启超著、范中信选编：《梁启超法学文集》，中国政法大学出版社2000年版，第122页。
[3] 梁启超：《论中国成文法编制之沿革得失》，载梁启超著、范中信选编：《梁启超法学文集》，中国政法大学出版社2000年版，第122页。

第五章　探寻中国法典化之法理

（一）法典化锻造统一法律秩序

价值是基于"主客体相互关系"的一种"主体性描述"，表征"客体的存在、属性和合乎规律的变化与主体尺度相一致、相符合或相接近的性质和程度"。[1]法律价值，是作为客体的法律对作为主体的人类的某种需要的满足与实现。在法律价值的复杂体系中，秩序价值作为一种基础性价值而存在，并构成法的其他价值得以实现的必要前提，正如凯尔森所言，"法是人的行为的一种秩序"。[2]在锻造统一法律秩序方面，相较于法律规范散布于大量判例中的判例法，明确、普遍、体系化、规范化的成文法一般被认为更具有优势，"无疑制定法在取消或废除现行的相互抵触的规则，在设立法律规范一直很少或没有法律的领域的权力方面，以及在所预见的情况未发生之前做出法律规定的能力方面，优于其他法律渊源"。[3]法典作为兼具学理性、系统性、确定性、一致性等优点的成文法高级形态，与一般的成文法相比，其统一步调及行为的特征更加明显，既能满足国家统一法制之目的，也迎合了民众对行为后果可预期及由此产生的安全感的需求，"期望法典编纂的人们，是那些深受法律模棱两可和不公开性之苦的人"。[4]通过编纂法典锻造统一法律秩序，是法典化的首要价值，"关于编纂法典有许多理由，而最重要的理由之一，就是希望使法律清晰，使法律成为整个国家通

---

〔1〕李德顺：《价值论———一种主体性的研究》，中国人民大学出版社2007年版，第66页。

〔2〕[奥]凯尔森：《法与国家的一般理论》，沈宗灵译，中国大百科全书出版社1996年版，第3页。

〔3〕[英]戴维·M.沃克：《牛津法律大辞典》，李双元等译，光明日报出版社1988年版，第548页。

〔4〕[德]马克斯·韦伯：《论经济与社会中的法律》，张乃根译，中国大百科全书出版社1998年版，第268~269页。

用的规范，保证法律在政治水准上的连贯性"。[1]

中国古代法典化之开启，首先基于统一法律秩序的需求。战国秦汉以降，随着"大一统"中央集权国家的建立，中央集权国家划一治理的需要、兵刑钱谷等国家事务的日益复杂化和专门化，以及治理模式从"礼治"转换为"法治"，导致律令等成文法大量产生，"治道运行，诸产得宜，皆有法式"，[2]法式者，成文法也。与此同时，随着律令等成文法数量上的爆炸式增长，"自典文者不能分明"，以及"自明习者不知所由"。[3]成文法的繁多庞杂大大削弱了成文法本应具有的普遍、公开、准确和客观等优点，妨碍统一法律秩序之生成，不利于"大一统"王朝的集中控制与划一治理，"郡国承用者驳，或罪同而论异"，"罔密而奸不塞，刑蕃而民愈嫚"。[4]繁多庞杂的单行法已远不能满足"大一统"国家对统一法律权力、统一法律体系和统一法律秩序的需求，只有在删定既有律令之基础上，制定出具备更强烈之规范性、逻辑性、普适性、确定性等属性的法典，方能满足"大一统"王朝锻造统一法律秩序之需要。作为中国古代法典化开启之初诞生的早期法典，魏晋法典由繁杂一变为清简，目的正在于通过"清约""宽简"之法典，锻造"大一统"国家划一治理所需要的统一法律秩序。

（二）法典化形塑"中国"之正统与治道

在中华民族文明史上，"中国"是一个多义词。政治意义上的"中国"是中华民族各族先民心目中超越朝代更替的政治存

---

[1] [法]勒内·达维：《英国法与法国法：一种实质性比较》，潘华仿、高鸿钧、贺卫方译，清华大学出版社2002年版，第25页。
[2]《史记》卷六《秦始皇本纪》。
[3]《汉书》卷二十三《刑法志》。
[4]《汉书》卷二十三《刑法志》。

在，构成历代王朝政权合法性之重要源泉，可以说是王朝正统的同义词。正因如此，历史上不仅汉民族统治者认为他们的王朝是"中国"天经地义的代表，匈奴、鲜卑、契丹、女真等少数民族建立的政权也自我宣称为"中国"。为了强化自身"中国"之正统，各王朝改正朔，易服色，崇儒学，制礼乐。魏晋律令法典产生后，因其整齐闭环之体系、紧密相连之章节、高度概括之用语、简约浓缩之条款、精玄奥妙之法理，使古代中国成文法的发展一定程度上超越了秦汉以来因循的轨道，展示出前所未有的水准与风范，不仅因此成为国家法律体系之统率，也自然而然被统治者塑造为表征王朝正统的又一符号。自此，律令法典不再只是君王一时之命令，更上升为国家制度之承载、法律秩序之维系，以及王朝正统之象征。十六国及南北朝之际，中原战乱，南北分治，然南北各朝律令法典皆蔚为可观，尤其对北魏、北齐、北周等鲜卑部族来说，制定法典更被认为其承受中原王朝天命之标志，非如此不足以表明新朝已立、天命已改，"大齐受命已来，律令未改，非所以创制垂法，革人视听"。[1]隋文帝一受周禅，即迫不及待令大臣更定新律，显然是昭示天命和正统的政治考量，因为开皇元年（581年）律尚不完备，"律尚严密，故人多陷罪"，显然是仓促所就，开皇三年律才是"刑网简要，疏而不失"。[2]唐高祖武德七年（624年）颁布新律，诏令开篇即称："朕膺期受箓，宁济区宇，永言至治，兴寐为劳。"[3]唐玄宗编纂六典的动因之一是"国家与天维新，改物视听"，[4]通过制定前所未有的综合性法典来总结唐王朝各方面的制度及成功之处，巩固李唐王朝正

---

〔1〕《隋书》卷二十五《刑法志》。
〔2〕《隋书》卷二十五《刑法志》。
〔3〕《旧唐书》卷五十《刑法志》。
〔4〕（唐）吕温：《代郑相公请删定施行六典开元礼状》，载（宋）李昉编：《文苑英华》（卷六·四四），中华书局1982年版，第3306页。

统和天命。作为"大一统"王朝正统和天命的重要符号，法典在古代中国由此具备了超乎法律的政治含义。诚如明《弘治会典》御制序："自古帝王君临天下，必有一代之典，以成四海之治。"

作为中国传统文化中的固有范畴，所谓治道，致治之道也，指使国家"治理得当、清明有序"而必须遵循的道理和路径。中国古代向来重视对治道的探索，盖因马上得天下，不可马上而治之，徒善亦不足为政，由此产生了"王道""霸道""无为之道""天道""霸王道杂之"等主张，总结出修君德、明法制、严吏治、恤刑慎罚、兴教化、薄赋敛、抑豪强等具体举措。"垂统建中，必资于制度"，[1]"治世"之建成，必然有赖于法制的完善与良好运转，而法典正是承载国家基本制度的法律形式，律典"制死生之命，详善恶之源，翦乱除暴，禁人为非"，[2]令典"尊卑贵贱之等数，国家之制度也"，[3]会典"立纲陈迹之端，命官辅政之要，大经大猷，咸胪编载"。[4]作为王朝法律体系整体之统率和法律秩序统一之维系，法典原本就和王朝政权的长治久安息息相关。何况，法典因其严谨之体系章节、浓缩精炼之条款用语、蕴涵之精玄法理，不仅足以容纳承载国家基本及重要制度，更展示出此前单行法所不曾具备的水准与风范。由此，不仅被塑造为表征"大一统"王朝正统的政治符号，也自然而然被寄寓达成长治久安天下大治之厚望。曹魏律"明教化""齐风俗"，[5]晋律"简法务本，惠育海内"，[6]唐律"譬权衡之知轻重，若规矩之

---

[1] （唐）吕温：《代郑相公请删定施行六典开元礼状》，载（宋）李昉编：《文苑英华》（卷六·四四），中华书局1982年版，第3306页。

[2] 《隋书》卷二十五《刑法志》。

[3] 《新唐书》卷五十六《刑法志》。

[4] 《雍正会典·御制序》。

[5] 《晋书》卷三十《刑法志》。

[6] 《晋书》卷三《武帝纪》。

得方圆。迈彼三章，同符画一"，[1]会典"成四海之治"。法典化不仅塑造强化"中国"之正统，而且拓展丰富"中国"之治道。

(三) 法典化传承儒家先贤经典

"立法者应该把自己看作是一个自然科学家，他不是在创造法律，不是在发明法律，而是在表述法律。"[2]立法者制定法律时不仅必然受到其所处社会客观条件的制约，也不可能不受到既有法律之影响；立法者不仅是在表述客观事实与规律，某种意义也是在表述既有的经典法律文本。在中国古代，法典被塑造为正统之符号、被寄予致治之厚望、被要求尽善尽美，自然也被期望能重述乃至超越经典。儒家一贯重视经典的制作与传承，儒学经典通过陈述先王事迹，阐发治道理想，建构行为准则与制度体系，其稽古振今，务虚求实，很多方面已经具备了法律规范的特点，尤其《周礼》一书向来被认为是"周公致太平之法"，真可谓儒家学者假托周公之名制作的一部寄寓了先王圣贤治道理想的制定法。

魏晋法典诞生之时，西汉武帝"独尊儒术"以来的法律儒家化方兴未艾。在"大一统"王朝政治和法律制度日渐受儒家学说化之基础上，魏晋之际实为儒家学说改造"大一统"王朝法律明显加速及深化之转折点。"独尊儒术"以来，儒家学者一方面主张在司法实践中推广适用儒家经典，另一方面提出以儒家经典为模本，全面删修律令。据《汉书·刑法志》，西汉成帝时，鉴于汉初以来律令"日以益滋"，"下诏审核"，"务准古法"，"建立明制，为一代之法"。在《汉书·刑法志》中，班固也一再指出其时"礼教不立，刑法不明"，其对策是："清原正本，删定《律》《令》。"又据《晋书·刑法志》，东汉陈宠请

---

[1] 刘俊文点校：《唐律疏议·名例律》，法律出版社1999年版。
[2] 《马克思恩格斯全集》（第1卷），人民出版社1995年版，第347页。

以儒经为范重定律令,"宜令三公、廷尉集平《律》《令》,应经合义可施行者,大辟二百,耐罪、赎罪二千八百,合为三千,与礼相应。其余千九百八十九事,悉可详除。使百姓改易视听,以成大化,臻刑措之美,传之无穷"。

法律儒家化是要以儒家经典为模本,全面系统地改造"大一统"王朝既有法律。换言之,是要将儒家经典体现的理念和相关准则系贯彻于本乎法家精神的秦汉律令。既如此,一般地对法律条款的局部修补,和随时下达敕令并对其简单编集的做法,明显不大可能达成这一目标。只有在反复斟酌、有所取舍的基础上,通盘布局,重新谋划和编排整部法律的条文篇章,才可能使整部法律围绕着儒家经典包含之理念,获得全新宗旨,进而在篇章结构、条文的逻辑性以及具体规定等方面表现出充分的周延、自洽与闭环。这种围绕某一理念构筑范畴体系,并以此展开对篇章条款的全面梳理、统筹、制订,从而使整部法律具备系统性、普适性、学理性和确定性的过程,正是法典生成的一般过程。以此而论,西汉中期开始的法律儒家化,必然进阶为以儒学经典为本的法典化。曹魏律"更依古义制为五刑"、晋律又"峻礼教之防",[1]唐律"一准乎礼,而得古今之平",[2]唐六典"错综古今,法以周官",[3]乃至明清会典"以本朝官职制度为纲,事物名数仪文等级为目,一以祖宗旧制为主而凡损益同异,据事系年,汇列于后,粹而为书",[4]都是以儒学经典为范本,将儒学经典包含之理念贯彻于法典制定过程中,甚而直接仿照儒学经典之章节,纳入儒学经典记载之准则制度。中国古代法典

---

[1]《晋书》卷三十《刑法志》。
[2]《四库全书总目提要·史部·政书类二》。
[3]《旧唐书》卷二十六《礼仪六》。
[4]《弘治会典·敕谕》。

化于法律儒家化厚实积淀之上开启，成为法律儒家化演进不可逆之势，其以《周礼》等儒学经典为本，重述并传承经典。

总之，法典化源于锻造统一法律秩序之需要，进而塑造"中国"之正统和治道，在儒家化的历史场景下，重述并传承儒学经典。自魏晋之际法典正式诞生后，法典受到"大一统"王朝的追捧，被寄予厚望：法典外在要规范，内容要完备无缺；要充分吸取先王的治国经验，融会贯通；要结合天理人情，足以为后世效法。法典在古代中国不仅是成文法的高级形态，还被视为正统之必需符号、治道之必备构成，以及儒家先贤理想之载体，具备了法律、政治与文化多面内涵，寄托了各族先民行圣贤之道、求长治久安的愿景期待。

二、法典化的中国进路

从全球法律史的视野看，古代中国的法典化诚为世界史及全球范围内法典化现象之有机构成，但其内容、进路却与近代发自西方的法典化大相径庭：近代西方法典化始于宪法及民法，古代中国法典化始于刑法，此其一；近代西方法典化造就宪法、民法、商法、刑法、行政法、诉讼法等具体部门法，古代中国法典化长期止步于"刑事法——非刑事法"之格局；近代西方的法典化的兴起与理性主义思潮密不可分，古代中国法典化某种意义上却是法律儒家化推动之果实。总体来看，古代中国法典化走过了从律令到会典的进路：律令法典是法典化的第一阶段，会典是法典化的第二阶段；两阶段并非毫无交集，在律令法典阶段，萌生了编纂会典的需求、想法和尝试，在会典阶段，律令法典尤其律典仍然存在。

（一）律令法典肇基

古代中国法典化之开启以编纂律典、令典为标志，律典的编纂稍早于令典。三国曹魏《新律》首次具备了法典所特有之整体性、系统性和概括性等属性，可谓古代中国第一部真正意义上的成文法典。之后晋《泰始律》以空前简约之面貌横空出世，其以更规整之总则统领全体律篇，各部分浑然一体，呈现出强烈的整体意识，更可谓一部系统化、整体性的成熟法典。晋令将汉魏之令再编排、再调整，合成一部统一的令典。其集众令于一体，令文概括抽象，内容凝练浓缩，以简约之令条，层层递进、前后相连之篇章，承载和容纳王朝基本制度，是为独一无二、体系自成之全新令典，无论就外在形式还是内在逻辑，在历史上第一次展示出令作为法典之统一性和整体性。南北朝之际，法典化继续推进，北朝与南朝律令法典皆蔚为可观。隋开皇三年（583年）律仿北齐律之体例，令典同时编成，据《唐六典》卷六《刑部》，《开皇令》分三十卷，保留了晋令旧篇名中的《官品》《祠》《户》《宫卫》《关市》《狱官》《丧葬》《杂》《学》及《俸廪》十篇，其他或删除，或变更名称，或数篇并为一篇，或增加新篇，自晋代以来，令典的结构为此一变。唐代律令法典更为完善：唐律"正刑定罪"，条文数量缩减，结构严谨，类型化水平较高，整体性和统一性进一步强化，广泛使用"参照省略""补充条款""援引条款"的立法技术，由繁生简、由简驭繁，形式更为简练，内容却更为丰富周到；唐令"设范立制"，从正面规定国家的基本制度，规定比较精炼，文字简洁，多为原则性规定，内容高度概括，抽象性、概括性较强。宋代维持了律令作为基本法典的地位。《宋刑统》是基本的刑事法典，编敕和断例是对《宋刑统》的补充和修正，尚未根本动摇《宋刑统》作为基本刑事法典的地位，"律存于敕之外"[1]；宋令仍然"设范立制"，神宗元丰二年（1079年），由于敕令格式

---

[1]《文献通考》卷一百六十七《刑考六》。

性质及关系的调整,大量在唐代由式规定的内容编入令中,令的内容和篇目由此大为增加,内容更为充实,地位更为重要,进一步巩固了其作为规定国家典章制度之基本法典的地位。总之,律典和令典是古代中国法典化开启之初编纂的法典,也是魏晋至唐宋一直存在的基本法典。以律令法典为统率的成文法体系浑然一体,同时渗透了儒家礼教纲常,实现对中央集权国家的划一治理。也正因为如此,日本学者长期以来形容古代中国法律体系为"律令法体系"。[1]虽然,元明清法律体系能否称之为"律令体系"尚存疑,[2]然魏晋律令法典产生后至唐宋时期的古代中国法律体系,大体可称之为"律令体系"无疑。

古代中国法典化肇始于律令法典之编纂,是历史演进自然之势。作为法律形式的律、令,在先秦时期即已产生。令最初指君主之命令,春秋以降,令因其灵活性、现实性、可操控性,越来越多地作为一种恒常的法律形式为君主所运用,以贯彻君主之意志,张扬君主之权势。随着中央集权国家的建立和官僚

---

[1] 参见[日]浅井虎夫:《中国法典编纂沿革史》,陈重民译,中国政法大学出版社2007年版;[日]仁井田陞:《唐令拾遗》,栗劲等译,长春出版社1989年版;何勤华编:《律学考》,商务印书馆2004年版;杨一凡总主编:《中国法制史考证》(丙编·第2卷),中国社会科学出版社2003年版;刘俊文主编:《日本学者研究中国史论著选译》(第2卷),杜石然等译,中华书局1993年版。

[2] 将"律令法体系"概念引入中国法史学界的张建国教授虽认为"唐以后的各代法,也可以视为律令法体系嬗变之一阶段",但也承认"此后律令法系嬗变的结果,与早期中华帝国律的地位已有所不同,而令更是逐渐消失了,但这种变化正是新的研究起点"。(张建国:《中国律令法体系概论》,载《北京大学学报(哲学社会科学版)》1998年第5期,第93~99页)刘笃才教授建议用"律例法体系"承接"律令法体系",作为理解明清法律体系的基本概念。(刘笃才:《律令法体系向律例法体系的转换》,载《法学研究》2012年第6期,第178~187页)杨一凡教授、陈灵海教授提出"典例法律体系"说,认为会典乃明清王朝之大经大法,明清法律体系"以典为纲,以例为目"。(杨一凡:《明代典例法律体系的确立与令的变迁——"律例法律体系"说、"无令"说修正》,载《华东政法大学学报》2017年第1期,第5~19页;陈灵海:《〈大清会典〉与清代"典例"法律体系》,载《中外法学》2017年第2期,第402~408页)

行政的发达，令出现了制度化的趋势，出现了一部分"诏令"变为"法令"的现象，"令者，上敕下之词。法令则著之书策，奉而行之，令甲、令乙是也"。[1]律由令转化而来，"律本来就是作为编辑加工后的稳定的令而出现的，它来源于令"，[2]战国及秦汉时期的律、令，在内容及性质上并无太大差异，形式上皆表现为单行法的形态，数量持续增加，内容庞杂繁复，是秦汉法律体系的主要构成，秦汉国家对法律体系的完善，亦是围绕着对律令进行删修和整理而进行的。虽然，受制于法律理论水平和立法技术，此一时期对律令频繁的删修、整理、归类、汇编，并未从根本上改变律令的单行法形态，但未免不可视为对繁多芜杂律令的一种法典化的前期努力，紧随而来魏晋之际的法典化，即是在这种前期努力的基础上展开的，亦必然围绕律、令的法典化而展开，即使在儒家化的影响下，也不可能完全抛开律令另起炉灶，舍弃长期以来发展成熟且被证明对维系中央集权国家行之有效的文法律令。魏晋之际法典化自然而然首先是律令的法典化，以编纂律令法典为起点。

律令的法典化伴随着"律令分途"。律典被定位为"正罪名"的刑事法典，令典则"存事制"，涵括了刑事法之外的大部分制度规范。律令之分严格来说并非"民刑之分""刑法与行政法的区分"，而是"刑事法—非刑事法"的区分，律典为刑事法典，令典为非刑事法典。将刑事法典与非刑事法典分开编纂，固然是法律理论进步之展现，但从深层次看，亦是古代中国立法者对法律本质与功能固有认识所决定。在古代中国，"法律是

---

[1] 沈家本：《历代刑法考》，邓经元、骈宇骞点校，中华书局1985年版，第812页。

[2] 杨振红：《从〈二年律令〉的性质看汉代法典的编纂修订与律令关系》，载《中国史研究》2005年第4期，第27~57页。

第五章 探寻中国法典化之法理

行政的一个方面",[1]首要功能是政治控制,"法令者,防民之具,辅治之术耳"。[2]法律政治控制功能的实现首先离不开刑罚的辅弼,故而,刑事法从一开始就是中国法律体系不可或缺的组成部分,以刑书为载体的刑事法是夏商西周王朝法律之主要构成,春秋时期被立法者铸刻于鼎上以期重新获得权威性的也正是刑书,战国以降渐次得势的法家"法治"某种意义上是"刑治",即使西汉中期"德主刑辅"说兴起,刑罚仍被正统思想视为不可或缺之治国利器,"圣人为天下,何曾废刑政来"。[3]法典化一旦开启,经过长期发展相对成熟,而且为王朝统治政治控制须臾不可分离的刑事法,势必成为法典化的优先选择对象。另一方面,非刑事法同样是政治统治的有机部分,承担政治控制的部分功能,"礼以道其志,乐以和其声,政以一其行,刑以防其奸。礼乐刑政,其极一也,所以同民心而出治道也"。[4]在刑事法编为律典后,将政治统治"另一只脚"的非刑事法编成另一种法典,与律典互为表里,符合传统王朝的政治及立法逻辑,"故不入律,悉以为令。施行制度,以此设教","违令有罪,则入于律"。[5]魏晋律令法典肇基、"刑事法典(律)""非刑事法典(令)"分开编纂,是法律的政治逻辑演化之果。[6]

---

〔1〕 [美]琼斯:《大清律例研究》,苏亦工译,载高道蕴等主编:《美国学者论中国法律传统》,清华大学出版社2004年版,第398页。
〔2〕 《明太祖实录》卷二十六。
〔3〕 (宋)黎靖德编:《朱子语类》卷二十三,王星贤点校,中华书局1986年版,第547页。
〔4〕 《礼记·乐记》。
〔5〕 《晋书》卷三十《刑法志》。
〔6〕 固然,魏晋之际律令"法典化"的实现,也与法律理论的发展及立法技术的提高有密切关联。汉晋律令由繁杂到清约的根本变革,是分类学高度发展于立法领域之展现,以及律学义理化运动及刑名学再度兴盛之结果。魏晋律令法典肇基,也是学术成熟之果。

· 215 ·

(二) 会典融汇律令、集而大成

律令法典产生后，古代中国法律体系进入了日本学者所称"律令体系"时代。但是，法律体系的演进并未就此停止。自唐代中后期至宋代，"律令体系"中解法典化的趋向不断强化，终于在元代演变成"弃律令用格例"，法典被废弃，"律令体系"一度瓦解。明清王朝重新制定了律典、令典以及会典，法律体系再法典化，成文法体系浴火重生，并呈现出之前"律令体系"所不具备的新特点。

与魏晋"法典化"相比，明清再法典化的新内容之一是编纂会典。关于明清会典的性质、功能，学界存在不小争议。史学界多认为会典是明清朝廷组织编写的史书或政书，其主要功能是备查考，[1] 法学界曾一度认为会典是行政法典，但这一观点目前遭到了不少学者的批评。[2] 近些年来，一些学者提出会典是明清王朝"大经大法""根本法"之观点，[3] 引起不小反响。本书基本赞同会典为"大经大法""根本法"之观点，并针对"政书""史书"说提出三点商榷意见：

---

[1] 参见原瑞琴：《〈大明会典〉性质考论》，载《史学史研究》2009年第3期，第64~71页；向斯：《清宫五修〈大清会典〉考述》，载《图书馆杂志》2003年第6期，第77~79页；钱大群：《明清〈会典〉性质考论》，载《中国典籍与文化论丛》编辑部编：《中国典籍与文化论丛》（第4辑），中华书局1997年版，第408~422页。

[2] 参见柏桦、李倩：《论明代〈诸司职掌〉》，载《西南大学学报（社会科学版）》2014年第4期，第153~160页；李秀清：《〈清国行政法〉点校前言》，中国政法大学出版社2003年版，第11~12页。

[3] 参见杨一凡：《明代典例法律体系的确立与令的变迁——"律例法律体系"说、"无令"说修正》，载《华东政法大学学报》2017年第1期，第5~19页；《重新认识中国法律史》，社会科学文献出版社2013年版，第19~68页；鞠明库：《试论明代会典的纂修》，载《西南大学学报（社会科学版）》2007年第6期；梁健：《〈明会典〉的纂修及其"大经大法"地位之演变》，载《南开法律评论》2016年第1期，第128~143页；陈灵海：《〈大清会典〉与清代"典例"法律体系》，载《中外法学》2017年第2期，第402~428页。

第五章　探寻中国法典化之法理

第一，会典纂修规格之高，非一般政书、史书可比。在明代，会典的纂修往往是皇帝下诏启动，内阁大学士任总裁官，组成班子进行编纂，历时多年而完成。清王朝先后五次编成五部会典，其纂修团队精英荟萃，主持者皆为一时名臣，皇帝高度重视，经常亲自介入，过问具体的纂修工作。试问，古往今来有哪一部政书、史书的编写能有如此高的规格，受到朝廷如此的重视？仅此而论，就不宜贸然将会典与各朝会要、《清通典》《清通志》《清朝文献通考》等典籍并列。

第二，明清朝廷反复公开宣谕会典的"大经大法"地位，一般的政书、史书从来没有过这种待遇。嘉靖八年（1529年）明世宗谕内阁，称会典是"一代通典，百司之所遵行，后世以之为据"。[1]在清代，会典被朝廷形容为"大经大法""大中之轨""一代之治法""大经大猷""规型之尽善，仪典之大成""国家大经大法，官司所守，朝野所遵""大经大法，美不胜书"。[2]虽然，朝廷的公开宣谕对会典不无过度渲染美化之可能，但是，既然已经明诏宣称会典乃"颁行天下，永远遵行"的"大经大法"，以国家之名义做了官方"认证"，仍然认为会典是"政书""史书"，是否合适？即使会典的实际作用没有朝廷宣称的那么大，也不能就此否定会典作为法典之性质，现代社会一些国家的宪法更多是写在纸上的名义宪法，但从学理角度而言，其法律性质不言而喻，不容否定。

第三，会典在明清两代是实际行用的法律，具有政书、史书所不具有的法律效力。如检《崇祯长编》《崇祯实录》，其时上谕或臣工讨论朝政、案件时援引《会典》作依据或重申其中

---

[1]　《明会典》书首《序》。
[2]　参见《康熙会典·御制序》《雍正会典·御制序》《乾隆会典·凡例》《嘉庆会典·御制序》。

· 217 ·

规定者，竟多达数十例。[1]清代从皇帝到各级官员，在处理军政、民政、司法刑狱事务时经常查询和引用会典，违反会典的行为会受到制止和惩处，《清实录》对此记载不少。当然，违反会典的案件数量比违反律例的案件少，对违反会典行为的惩处方式、程序与一般违反律例行为不尽相同，司法官员在处理具体案件中更多引用律例断案而很少引用会典，但这正说明会典"大经大法""根本法"的性质和地位。现代国家的宪法地位崇高，具有最高法律效力，但其在司法实践中适用的频次远不及普通的民刑法等，适用程序亦非普通司法程序，有些国家甚至不允许司法机关在具体案件判决中引用宪法，但不能就此认为宪法没有法律效力，不属法律规范。会典行用之程序、效力发生之方式不同于律例，正是会典"大经大法""根本法"性质及地位之展现。

总之，明清会典纂修受到朝廷高度重视，遵循特殊严格之程序，其"大经大法"的地位及效力不仅为朝廷反复宣谕和强调，而且在诸多实际行用的事例中得以体现，某种意义上说是明清王朝的"大经大法""根本法"。明清法律体系既强调法典的统率功能，也重视各式各样的例对法典的细化、修正与补充，既是对法典传统的回归，又非"律令体系"的简单重复。

会典虽产生于明清，其源头却可一直追溯至先秦。儒家向来认为治理国家必须纲举目张，遵循先王事迹与治国经验。相传由孔子编定的《尚书》梳理了上古圣王的事迹与治国经验，撰成《尧典》《舜典》《大禹谟》等篇章。成书于战国至汉初的《周礼》在总结西周礼制、官制、政制的基础上，较为完整提出了儒家理想中的国家制度与治国方案，被认为是周制的再现。

---

[1]《崇祯长编》现存六十八卷，为明人所撰，清人汪楫辑。

第五章　探寻中国法典化之法理

由于儒家始终有"从周"的旨趣,《周礼》产生后,对周制的想象很快便转化为对《周礼》的推崇及实施的努力。固然,西汉中期开始的法律儒家化最终演变为将儒家经典内容及精神贯彻于立法过程之中,由此产生了儒家化的律令法典。但是,这并非儒家的初始意图,也不能令儒家完全满意,因为在儒家看来,真正的法律应该是原生性的,是政治文明和道德文明自然发展的结果,法律的权威来源于习俗和先王圣贤的精神权威,主要依靠人们自觉遵守而生效,而不是依赖于国家权力和赏罚保证其实施,易言之,法律不应该仅仅是"主权者的命令"。但与儒家所主张相反,律令这两种法律形式正出自"主权者的命令","前主所是著为律,后主所是疏为令"。[1]此外,儒家一直希冀仿照《周礼》制定出一部内容包罗万象、足以为国家治理各个方面提供准据的综合性法典,而无论律典、令典,内容上都达不到儒家关于综合性法典的要求。虽然就规制手段而言,律典似乎具备某种"纲要"的性质和功能,"其有所违及人之为恶而入于罪戾者,一断以律",[2]但儒家主张的乃是"德主刑辅",无论刑律实际扮演的角色何等重要,仍然是"为盛世所不能废,而亦盛世所不尚",很难被接受为国家"大经大法""一代治法"。

基于此,即使律令法典已经"一准乎礼",儒家及"独尊儒术"的传统王朝也必然要继续探索编纂更加符合先王圣贤之道的新型法典,使其具备超越律令法典的内容、效力与权威,洗刷"霸道""刑治"之痕迹,展现"王道"恢宏之气象。唐玄宗开元十年(722年),在完善律令格式的同时,开始编纂六典,"开元十年,起居舍人陆坚被诏集贤院修六典,玄宗手写六

---

[1]《汉书》卷六十《杜周传》。
[2]《新唐书》卷五十六《刑法志》。

· 219 ·

条,曰理典、教典、礼典、政典、刑典、事典"。[1]关于唐六典的性质,学界向存争议,[2]综合现有史料和各种观点,本书认为,唐玄宗下令修六典的原意,是要以《周礼》"六典"为本,编纂出一部超越律令法典的综合性法典,以"立一王之定制"。但这毕竟是一项前所未有的事业、一种从未有过的新式法典,围绕着六典的体例、内容,撰修人员之间意见不一,最终编成的唐六典仿《周礼》六官,以唐代诸司职官为纲,将相关令式分入职官名下,与唐玄宗当初的设想和要求并不一致,加之在内容上存在一些缺陷,因而"未有明诏施行"。[3]如果把"明诏施行"作为法典的生效要件,那唐六典确实不能算正式生效的法典,但不能就因此认定唐六典是作为政书而编纂的,而不如说是一部没有成功的新式法典,是在律令法典之外编纂"大经大法"的尝试,虽然没有成功,却为明清继续编纂"大经大法"的会典提供了有益的经验。

只有从儒家化与法典化的视角,将律令法典的产生、唐六典的纂修尝试、明清会典的编纂视为一个连贯的整体来分析,才能理解唐王朝及明清王朝费时费力兴师动众编纂六典会典的用心,把握会典作为"大经大法"生成之道理。只有将会典定位成"大经大法"、"根本法"而非行政法典,明清会典许多不似法律的特点才能得到较圆满的解释:之所以将许多现行法律

---

[1]《新唐书》卷五十八《艺文二》。
[2]参见钱大群、李玉华:《〈唐六典〉性质论》,载《中国社会科学》1989年第6期,第189~204页;钱大群:《〈唐六典〉不是行政法典——答宁志新先生》,载《中国社会科学》1996年第6期,第88~92页;宁志新:《〈唐六典〉性质刍议》,载《中国史研究》1996年第1期,第99~110页;宁志新:《〈唐六典〉仅仅是一般的官修典籍吗?》,载《中国社会科学》1994年第2期,第193~196页。
[3](唐)吕温:《代郑相公请删定施行六典开元礼状》,载(宋)李昉编:《文苑英华》(卷六·四四),中华书局1982年版,第3306页。

及制度载入会典,是因为会典作为"大经大法",内容上被认为必须完备无缺,包容现行所有法律及制度;之所以要收录许多不再发生效力的祖宗旧制、故事,是因为会典作为"大经大法",承载了型塑王朝正统的政治功能,必须通过"祖述尧舜,宪章文武"的叙事,追溯历史源流,证成法典之神圣性、权威性,捍卫王朝之正统;之所以司法官吏很少引用会典断案,是因为会典本来就不是一般的法律,立法者主要也不是基于司法适用的需要而编纂会典。综上所述,古代中国的法典化经历了从律典令典到会典的历史过程,法律体系的基本格局从"刑事法——非刑事法"演变成"根本法——一般法"。

三、法典化的限度

法典是理性的产物,然而理性不是万能的,由此,法典同样不是万能的,纷繁复杂的世界及深刻复杂的人性,绝非用一部或几部理性的法典就能包容和规制,"人类个性的差异,人们行为的多样性,所有人类事务无休止的变化,使得无论什么艺术在任何时候都不可能制定出可以绝对适用于所有问题的规则"。[1]随着对理性法典的狂热崇拜逐渐消退,立法者发现原本被认为永恒万能的法典既无法适应快速变动的社会、满足对新的社会现象和社会关系的调整需求,也难以迅速便捷实现统治者因时制宜的特殊需要和意图。"治国无法则乱,守法而弗变则悖,悖乱不可以持国",[2]聪明的立法者决不会被法律捆住自己治国的手脚,不会让法典成为实现自己抱负的障碍,更不会因法典的高度稳定而窒息整个法律体系的活力与生命力,而是维

---

[1] 刘世民:《柏拉图与亚里士多德之法思想的比较》,载刁荣华主编:《中西法律思想论集》,汉林出版社1984年版,第454页。
[2] 《吕氏春秋·察今》。

系统一法律秩序的同时注重法律体系的多姿多彩，善于交替运用不同法律形式实现多面向的治理意图。正因为如此，虽然许多国家的立法史"开始于法典的颁布，或者说是从法典颁布时起变得清晰的",[1]但与此同时，解法典化却与法典化如影随形、相伴始终：层出不穷的单行法、特别法、先例，频繁修正与补充法典的规定，有时，甚至冲击法典的实施。

（一）不可立一法典而轻废数十法

单行法的产生早于法典；法典产生后，单行法依然存在并持续成长。中国魏晋之际，朝廷将律令编撰成法典，同时"删定当时制诏之条为《故事》三十卷，与律令并行",[2]允许经删定后的制诏作为律令法典之外的单行法存在，继续适用，盖因其仍有继续实施之必要，又无法被包容进高度概括的律典和令典中，只能作为单行法而存在。南北朝时期，南北王朝虽积极制定律令法典，但各式单行法仍层出不穷，如南朝梁之《科》三十卷，北齐之《麟趾格》《案劾格》《权令》《别条权格》，北周之《刑书要制》《刑经圣制》。此一时期单行法的无序涌现，不可避免对律令法典的适用造成干扰。《北齐律》虽"法令明审，科条简要"，但又有《别条权格》，与律并行，"大理明法，上下比附，欲出则附依轻议，欲入则附从重法，奸吏因之，舞文出没"；北周《大律》之外，周武帝、周宣帝又相继制定《刑书要制》《刑经圣制》，"更峻其法"。[3]隋代开皇律令虽"刑网简要，疏而不失"，但隋代法律体系是"由《律》《令》

---

[1]〔意〕纳塔利诺·伊尔蒂：《民法典的理念》，董能译，载《交大法学》2017年第1期，第95~101页。

[2]《晋书》卷三十《刑法志》。

[3]《隋书》卷二十五《刑法志》。

和大量补充、修正其规定的单行敕例或条制所构成的",[1]由于缺乏必要的制度性约束,各种随事随时下达的敕例条制严重冲击了律令法典的实施,导致律令宽简而苛法横行、律令稳定实则改制频繁、律令优良却大半成具文,程树德《九朝律考》卷八《隋律考序》称隋"刑罚滥酷,本出于《律》《令》之外",说的正是隋代各种敕例条制等单行法纷至迭出,从一般的补充、修正律令到大幅度取代和扰乱律令实施的事实。

唐王朝建立后,总结隋代敕例条制等单行法不受制度性约束进而冲击律令法典正常实施的历史教训,构建律令格式之法律体系,以式为令典之补充和细化,以格修正律令式,律令格式,相辅相成、相得益彰,构成一个闭环的法律体系。律令法典条文有限,文字简练,内容高度概括,具体的运用和实施,有赖于式的细化、补充,以及格的及时修正,由此,相对于律令法典,唐代格式可谓之单行法。当然,唐代格、式制定有一定之程序,形式亦较隋代敕例条制规范许多,总体而言并未像南北朝的敕例条制扰乱律令法典实施,而是对律令法典的实施以及法律体系的完备起到了重要作用。这说明,单行法并非天然是法典的对立物,单行法的存在并非一定扰乱法典之实施。宋代单行法除了格、式之外又增加了编敕,"宋法制因唐律、令、格、式,随时损益则有编敕",[2]编敕对《宋刑统》等法典未尽、未便之处进行补充修改,"凡邦国沿革之政,与人之为恶入于罪戾而律所不载者,一断以敕",[3]进一步完善了以律令法典为统率的成文法体系。

---

[1] 楼劲:《隋无〈格〉、〈式〉考——关于隋代立法和法律体系的若干问题》,载《历史研究》2013年第3期,第41~51页。
[2] 《宋史》卷一百九十九《刑法一》。
[3] 《文献通考》卷一百六十七《刑考六》。

元王朝中断了魏晋以来以律令法典传统，未制定律典和令典，诏令、条画等单行法以及先例，成为各级官衙实际适用的规范，并构成《大元通制》《至正条格》等综合性法律汇编文件的主体。但是，大量诏令、条画等单行法急速无序涌现，给法律的适用带来严重的消极影响，"官吏因得并缘为欺""百官莫知所守"，[1]再次证明仅凭单行法本身不足以整合数量众多的成文法，以及支撑"大一统"国家治理所需的统一法律秩序。明清王朝建立后，恢复了被元代中断的法典传统，重视律典、令典以及会典之制定。"律、令者，治天下之法也。令以教之于先，律以齐之于后。"[2]法典重新被视为成文法体系之统率，以及中央集权国家法律秩序之支撑。但是，明清法典尚简易，"今所定律令，芟繁就简，使之归一，直言其事"，[3]条文较唐律更为缩减，内容更加精简，因此具体适用更加不能不倚赖数量众多的条例、则例等单行法。虽然《清史稿·刑法志》批评"有例不用律，律既多成虚文"，实际上条例、则例等单行法推动了中央集权国家法律体系的完善，使传统法律的功能及形式更加规范和完善；使律典在简易且保持长期稳定的情况下，刑事法律能够适应司法实践的需要；则例的大量制定与编纂，推动了国家事务办理的规范化和制度化，初步实现了行政责任与刑事责任的分立。

从古代中国法典产生后单行法持续成长的历史过程来看，单行法不是法典的天然对立面，与法典之间并不一定是此消彼长的关系：南北朝之际，敕例、条制等单行法的无序涌现确实

---

[1] 邱树森、何兆吉辑点：《元代奏议集录》（下），浙江古籍出版社1998年版，第82页。

[2] 怀效锋点校：《大明律》，法律出版社1999年版，第231页。

[3] 怀效锋点校：《大明律》，法律出版社1999年版，第231页。

扰乱了律令法典之实施，然而唐代格、式等严整规范之单行法却对律令法典的实施以及法律体系的完备起到了重要作用；由于律令法典被废弃以及整个法律体系失却统率，元代诏令、条画等单行法急速无序涌现造成法律适用的混乱，妨碍国家统一法律秩序之形成，不过明清王朝汲取元代之教训，在重新制定法典的同时进一步完善了法典与单行法之间的相互关系，典为纲、例为目，互为补充、相互转化，共同实现对中央集权"大一统"国家的有效治理，"律尚简而例独尚繁，非简不足以统宗，非繁不足以征引"。[1]可见，成熟的成文法体系虽然必须以高度抽象、概括、简练之法典为统率，但数量众多的单行法作为法典之辅翼，亦有其必须存在的领域与空间，无须一味删繁就简，立一法而废数十法！正如北宋苏洵所言："古之法简，今之法繁；简者不便于今，而繁者不便于古，非今之法不若古之法，而今之时不若古之时也。"[2]或简或繁，自有其存在之由；繁简之间，亦有其相得之道。

（二）法典"非例不行"

先例是周代"礼刑体系"的主要法律渊源，所谓"议事以制，不为刑辟"。虽然，自春秋战国以降，中国古代法律生活中逐渐形成了成文法的传统，但重视经验、援引先例的做法可谓发自中华民族先人敬天法祖的观念深处，[3]"议事以制"的先

---

〔1〕 吴廷琛：《大清律例增修统纂集成序》，转引自梁启超：《梁启超论中国法制史》，商务印书馆2012年版，第111页。

〔2〕 （宋）苏洵：《嘉祐集笺注》，曾枣庄、金成礼笺注，上海古籍出版社1993年版，第114~115页。

〔3〕 基于敬天法祖的观念，先民认为已经发生的事实具有可供借鉴的功能，祖辈的行事方式和成功做法不仅必须纪念，也值得效仿，由此，先民把以往的实践活动作为理论的证明，重视寻求和援引历史上正面的事例，作为今后行事之指引。孔子称："我欲载之空言，不如见之于行事之深切著明也。"（《史记·太史公自序》）先秦诸子的论著多举事、举例以明理，就连反对"法先王"的法家亦不例外。

· 225 ·

王之制亦非"一断于法"的一朝变革所能轻易清除,相反,借由早期成文法过于具体、狭窄的特点,[1]先例在秦汉法律体系中继续滋生和成长。[2]魏晋成文法典产生后,法典受到推崇,被认为足以应对一切行政和司法的需要,"条章备举,轨躅昭然,临事遵行,自不能尽。何为更须作例,致使触绪多疑",[3]官吏被要求一体遵守律令,不得随意创造和引用先例,"法轨既定则行之,行之信如四时,执之坚如金石,群吏岂得在成制之内,复称随时之宜,傍引看人设教"。[4]但实际上,司法活动中"依例""援例""攀引为例"以及"用例破敕及令式"等适用先例的情形仍时有发生。[5]到了宋代,先例的法律效力得到了成文法的认可和司法实践的支持,"有司所守者法,法所不载,然后用例"。[6]司法实践中,宋人形成了一套较为规范的适用先例的程序步骤:首先是遇事检例,即遇到需要处理的疑难案件时,从以往类似的案例中拣取类似的先例,作为处理依据;其次是贴例拟进,即司法机构在奏钞中拟定出处理方案,将检得之先例附于奏钞之后,作为处理依据,供最终评判之参考;最后是取旨裁决,即皇帝通过审核所引先例恰当与否来判断司法

---

[1] 秦汉立法尤其秦代立法的特点是"一事一例广设条款",法律条文具体精确,明白易懂,操作性强,具备了高度的确定性,但另一方面,法律规范的概括能力被大大降低,每个法条的实际覆盖面很窄,难以展开,只能以一当一,不能以一当十,更不能以一当百。

[2] 一般认为,秦汉法律体系中的先例主要存在于廷行事和决事比之中。

[3] 《旧唐书》卷五十《刑法志》。

[4] 《晋书》卷三十《刑法志》。

[5] 参见《通典》卷一百六十九《刑法七》载韩纯孝反逆案及李思顺妖言案的处理。此外,唐中宗景龙三年(709年)八月敕:"应酬功赏,须依格式。格式无文,然始比例。"《开成格》:"大理寺断狱及刑部详覆,其有疑似比附不能决者,即须于程限内并具事理,牒送都省。……其有引证分明,堪为典则者,便录奏闻,编为常式。"(《唐会要》卷三十九《定格令》))

[6] 《宋史》卷一百九十九《刑法一》。

机构拟定的处理方案,如果同意该方案,即画可批准。

元代由于废弃律令法典,先例的地位和作用达到巅峰,"审囚决狱官每临郡邑,惟具成案行故事",[1]从现存《大元通制》和《至正条格》及《元典章》来看,先例是元代法律的重要存在形态,许多具体规定是通过先例构建起来的,先例不仅起到了补充和证成成文法的作用,而且很多时候就是在创制规则。明清王朝建立后,重新制定了成文法典,但先例仍为法律体系极为重要之组成部分。无论条例、则例或事例,明清例的生成与先例关系极为密切:事例因事立法,一事一议,是在出现问题之后,针对具体情况提出解决对策,经有关部门讨论,最后皇帝批准,形成事例;则例较为简约和抽象,更具成文法规之形态,但则例许多规定源自事例,是对多个事例内容的概括和抽象;条例无论"因言而生例""因案而生例",实际上都是从典型案件的判决中归纳出一般规则,定为条例。此外,成案虽一般被认为不具有必然的法律效力,却实际上对案例的处理产生了重要的影响。

在以法典为统率的传统成文法体系中,先例的生存空间内生于法律体系的整体性功能需要。无论是政治控制,还是实现公平正义,都离不开先例的运用。就政治控制而言,刑书所载有限,天下情罪无穷,从震慑潜在犯罪的需要出发,"议事以制"的做法不能彻底废弃,"守法之官"原则上固当奉行律令,但至少君主保留应"论随时之宜""临时权断"并创造先例的权力;就实现公平正义而言,传统司法追求的公正,更多是刑事案件中行为危害性与量刑之间的对应,是一种实质上及个案中的"情罪相应",而不仅仅是近代刑法学中的"罪责刑相应"及由

---

[1] 邱树森、何兆吉辑点:《元代奏议集录》(下),浙江古籍出版社1998年版,第83页。

此表征的普遍正义。"其各罪科法，原分首从、余人、亲疏、上下、尊卑、伦序、同姓、异姓、老幼、废疾、骂疾、监守、常人，并物之贵贱、轻重，赃之多寡、分否，以及事情之大小、同异"，[1]这些都会导致"情"之差异，都必然要求精确对应妥当之量刑，由于法典的高度概括与抽象，也必然需要先例的辅助。对成文法体系的完善及法典的实施来说，先例不可或缺，"夫非例律并行不悖，律非例不行，例非正律不著之的据"。[2]

综上，解法典化不仅发生在工业化、信息化的现代社会，同样发生在农耕文明的传统中国；解法典化的根源并非仅仅在于"现代社会的复杂性所导致的立法膨胀"，[3]更主要的根源在于国家治理的复杂性与法典的抽象性之间的内在张力。对超大规模中央集权的传统中国来说，法典对王朝法律秩序的统一与正统的塑造是必需的，但中央集权政府所管辖的辽阔疆域、巨量人口以及急速膨胀的公共事务，也绝非一两部法典所能囊括。划一治理固然是"大一统"国家的追求，安全与效率也是传统王朝治理施政的重要考量。新情况不断出现，新需求不断产生，法典之外的新立法不断被制定出来，解法典化同样因王朝施政治理的需要而产生，并限制了法典化的过度展开，构成法典化之限度，同时也使法典化趋于务实。在中国法律史上，法典化与解法典化共同铸就了以法典为统率，法典、单行法、先例、法律解释等多种法律渊源组合而成的传统法律体系。

---

〔1〕（清）王明德：《读律佩觿》，何勤华等点校，法律出版社2001年版，第6页。

〔2〕（清）王明德：《读律佩觿》，何勤华等点校，法律出版社2001年版，第25页。

〔3〕石佳友：《解码法典化：基于比较法的全景式观察》，载《比较法研究》2020年第4期，第14页。

四、法典化的当代意义

古代中国法律体系之变迁经过了"礼刑体系""律令体系""典例体系"三个阶段。夏商西周至春秋时期的法律体系为"礼刑体系",礼和刑是法律体系的主要构成,习惯法和先例是礼刑的主要存在形态。战国秦汉至唐宋的法律体系为"律令体系",律和令一直是法律体系的主要构成,自魏晋开始,律和令开始法典化,律典和令典成为国家基本法典,对整个法律体系起到重要的统领作用,与此同时,秦汉一度放任的先例的适用自魏晋之后受到严格限制,成文法彻底占据了主导地位,结构严谨、内容简练的法典尤其受到推崇,进入宋代,"律令体系"的发展出现转折,律典即《宋刑统》的地位相对下降,作为单行法的编敕构成刑事法制的一部分,先例被正式接纳为国家法律体系的一部分,"律令体系"开始嬗变。明清时期的法律体系为"典例体系",元代是"典例体系"产生的前夜,"律令体系"在元代瓦解,法典传统被废弃,整个法律体系呈现出"例化"的特点,明清王朝恢复了法典传统,制定了律典、令典和会典,并以会典为"大经大法""根本法",取代律典、令典,统领整个法律体系,同时逐渐发展起以条例、则例、事例为主的例的体系,延续并升华了元代"例化"的特点,以典为纲,以例为目,形成了成文法与先例相混合、互为补充、相互转化的法律体系。

从时间维度来看,中国古代法典化发轫于魏晋之际,以魏晋律令法典的颁布为开端;成熟于隋唐时代,以《唐律疏议》的完成及律令格式体系的成型为高峰;蜕变于宋元之交,以元代"弃律令用格例"为转折;升华于明清两朝,以会典的完成为大成。基于法典化的视角,中国古代法律体系的发展演变可以分为四个阶段:夏商西周为前法典化的时代,成文法尚未诞生,法典化的动力尚未发动;秦汉至唐宋为首次法典化的时代,历经数百年理论与实践、立法与司法、法律与政治的交相作用与促进,终于在唐代结出律令格式之硕果;元代为去法典化的时代,延续唐后期以来成文法典实际作用相对下降、单行法和先例大量增加之趋势,凭籍塞外民族之强大武力,元王朝废弃了律令法典,中断了法典传统,却也为将来法典传统及成文法体系的再造另辟蹊径;明清为再法典化的时代,重新制定了法典,恢复了法典传统,但已不再是律令法典传统的简单重复,而是有所超越和发展。古代中国的法典化起于中央集权传统国家锻造统一法律秩序的需求,继而被视为"中国"正统之重要来源,承载了中华民族先人传承先王治道的理想,蕴含着追求"善治"的中国智慧。

中国古代法律体系的变迁轨迹,是立法者在经验理性与逻辑理性、形式正义与实质正义、法条繁多与简要、法律稳定性与灵活性之间不断做出选择和进行调适的过程。承继初民社会的习惯法传统,商周"议事以制",在立法和司法过程中注重经验理性,强调根据个案的具体情况灵活处理每一案件,追求个案处理的实质正义。战国以降,中央集权国家的兴起及治理产生了对国家统一制定的成文法的大量需求,要求法律规定精确、具体,但是,法律内容的过于精确化以及由此而来的成文法数量的高度膨胀,造成整个法律体系十分庞杂,加之相当数量先例的存在,严重影响到法律的适用,故魏晋以降,作为秦汉时期法律繁多、体系庞杂的反应,以及西汉中期以来法律持续儒家化、经义化之结果,法典化运动随之而起。法典化的立法崇尚结构严谨、内容简练的成文法典,注重保持法律的稳定性,在形式正义和实质正义之间倾向于实现形式正义,排斥具体而灵活的先例,但法典过于简要和抽象同样不利于适用,尤其是唐

第五章 探寻中国法典化之法理

朝中叶之后,过于简要且长期稳定的法典无法满足快速而剧烈的社会变迁对法律的需求,立法者不得不一反魏晋以来之法典化趋势,不再片面追求法典形式上的完美和法律体系的严谨一致,不再排斥先例的运用,这种实用主义的立法观念,在元代被运用到极致,整个法律体系以具体、灵活、反映经验理性的数量众多的先例为主要构成,但又不可避免走上了秦汉"典者不能遍睹"的老路甚至有过之而无不及。明清王朝总结以往经验,力图在外在与实用、稳定性与灵活性、情与法、繁与简之间保持某种平衡,最终形成了典为纲例为目、典不变例可变的"典例体系"。

诚然,古代中国法典化未能缔造出类似现代的规范严整的部门法典体系,民法典及私法规范的表面缺失,更成为近代以来部门法学界诟病之由,但是,通过分别编纂律典和令典,秦汉魏晋隋唐时期的首次法典化缔造出"刑事法——非刑事法"的法律体系基本格局,明清时期的再法典化及会典的完成,又使这一基本格局从"刑事法——非刑事法"演变成"根本法——一般法"。从严格的现代部门法视角看,古代中国的法典尤其是令典,确实是"诸法合体",但就整个法律体系而言,仍大致可以说是民刑有分、实体法程序法有分、公法私法有分,充分展现出先代立法者对塑造更为合理、科学法律体系的思考与智慧。此外,不少法史学者指出,古代中国司法判决中运用的法更多是编敕、条例、断例等单行法和先例,法典实际发挥的作用有限。但是,单行法和先例的运用并不必然意味着法典地位下降,相反,法典作用的充分发挥本来就离不开单行法和先例的辅助,"律以定罪,例以辅律",[1]作为基本法,法典对单行法与先例的适用构成有力约束,"刑之有律,犹物之有规矩准绳也"。[2]

---

[1]《清朝通志》卷七十六。
[2]《清史稿》卷一百四十二《刑法一》。

传统法典并非只是纸面规定，并非只是宣讲中的法，更不是具文死法，而是维系法律体系整体之统率、维护法律秩序统一之定海神针，具有超越一般司法适用的法律、政治与文化功能。也因此，尽管当代中国法典的实施不能不依赖于单行法、司法解释、指导性案例及彼此间的良性互动，法典却不能说是可有可无之"形"，"法典化并不是汇集、汇编、改进或重整现有的法律，而是在于通过新的体系化的和创造性的法律来构建一个更好的社会"。[1]

当代中国的法典化，是完善中国特色社会主义法律体系必然之举，是推进中国之治的重大法治工程，亦是古老的中华法系重新走向复兴的象征和标志。"中华法系的重构不是简单地传承古代的某些法律思想制度与形式条文，而是弘扬发源于中华民族本土上的体现中华民族伟大精神的理性思维的法律文化。……需要深入研究中华法系，从中提炼出超越时空的法律思维、法律理论以及立法、司法的原则与制度、经验与教训，科学地总结中华法系发生、发展的规律性，并且找到它与当代法治的契合点，使其有机地融入现实的法制建设中去"。[2] 法典化和法典传统正是"源于中华民族本土上的体现中华民族伟大精神的理性思维的法律文化"，蕴含着追求"善治"的中国智慧，构成当代"中国之治"的历史渊源和本土资源。比如，新时代全面依法治国应当是良法善治，良法蕴含的价值必须与社会主义核心价值观一致，与社会主流的道德标准一致，进而借用道德化的法律程序激发公众的守法情感，凸显违法行为不道德性和受谴责性，增强守法自觉；新时代中国特色社会主义法治体系必须高度重

---

[1] 王利明：《民法典体系研究》，中国人民大学出版社2012年版，序言。
[2] 张晋藩：《重构新的中华法系》，载《中国法律评论》2019年第5期，第6页。

视成文法典的制定，亦不可忽视单行法之完善，既坚持固有的成文法传统，以科学立法引导执法司法，又重视进一步发挥指导性案例的实际效用，以规范、严谨、公正之司法判例辅佐成文法之实施，形成一个以法典为统率，单行法、判例为辅佐，法典、单行法、判例相辅相成、相互转化的法治体系；以良法善治为追求的中国特色社会主义法治体系，需要在经验理性与逻辑理性、形式正义与实质正义、法条繁多与简要、法律稳定性与灵活性之间不断做出选择和进行调适，既不宜法条过于繁多而体系庞杂，也不宜过于简要抽象而不利于适用，既不宜过分强调稳定而无法跟上改革步伐，也不宜变动过于频繁而令人无所适从，既要坚守形式和程序的正义，更要通过程序正义实现实质正义，既须强调理性建构，也要重视经验总结。总之，从"礼刑体系""律令体系"到"典例体系"，从"议事以制，不为刑辟"的先例主导到"条章备举，何为更须作例"法典偏好，再到法典与单行法、先例的有机结合，华夏先民探索大国"良法善治"之"良法"的历史轨迹，给今人留下了弥足珍贵的历史资源和想象空间。

参考文献

一、资料

1. （汉）司马迁撰：《史记》，中华书局1982年版。
2. （汉）班固撰、（唐）颜师古注：《汉书》，中华书局1962年版。
3. （宋）范晔、（唐）李贤等注：《后汉书》，中华书局1965年版。
4. （晋）陈寿、陈乃乾校点：《三国志》，中华书局1982年版。
5. （唐）房玄龄等撰：《晋书》，中华书局1974年版。
6. （北齐）魏收：《魏书》，中华书局1974年版。
7. （唐）李百药撰：《北齐书》，中华书局1972年版。
8. （梁）沈约撰：《宋书》，中华书局1974年版。
9. （唐）李延寿撰：《北史》，中华书局1974年版。
10. （唐）李延寿撰：《南史》，中华书局1975年版。
11. （唐）魏徵、令狐德棻撰：《隋书》，中华书局1973年版。
12. （后晋）刘昫等撰：《旧唐书》，中华书局1975年版。
13. （宋）欧阳修、宋祁撰：《新唐书》，中华书局1975年版。
14. （宋）欧阳修撰、徐无党注：《新五代史》，中华书局1974年版。
15. （元）脱脱：《宋史》，中华书局1985年版。
16. （明）宋濂撰：《元史》，中华书局1976年版。
17. （清）张廷玉等撰：《明史》，中华书局1974年版。
18. 赵尔巽等撰：《清史稿》，中华书局1977年版。
19. （宋）司马光编著：《资治通鉴》，中华书局2007年版。
20. （唐）杜佑撰：《通典》，中华书局1988年版。

21. （宋）王溥撰：《唐会要》，中华书局 1955 年版。
22. （宋）宋敏求编：《唐大诏令集》，中华书局 2008 年版。
23. 李希沁主编：《唐大诏令集补编》，上海古籍出版社 2003 年版。
24. （北宋）王钦若等撰：《册府元龟》，中华书局 1960 年版。
25. （宋）李昉编纂：《太平御览》，夏剑钦点校，河北教育出版社 1994 年版。
26. （元）马端临撰：《文献通考》，中华书局 1986 年版。
27. 司义祖整理：《宋大诏令集》，中华书局 1962 年版。
28. （宋）李焘著、（清）黄以周等辑补：《续资治通鉴长编》，上海古籍出版社 1986 年版。
29. （宋）徐天麟撰：《东汉会要》，上海古籍出版社 1978 年版。
30. （清）徐松辑：《宋会要辑稿》，中华书局 1957 年版。
31. （清）贺长龄：《皇朝经世文编》，近代中国史料丛刊本，文海出版社 1973 年版。
32. （宋）赵汝愚编：《宋朝诸臣奏议》，北京大学中国中古史研究中心校点整理，上海古籍出版社 1999 年版。
33. 邱树森、何兆吉辑点：《元代奏议集录》（下册），浙江古籍出版社 1998 年版。
34. （清）清高宗敕选：《明臣奏议》，中华书局 1985 年版。
35. 仁和琴川居士编辑：《皇清奏议》，文海出版社 2006 年版。
36. （清）刘锦藻撰：《清朝续文献通考》，商务印书馆 1955 年版。
37. 周勋初主编：《唐人轶事汇编》，上海古籍出版社 2016 年版。
38. （清）徐珂：《清稗类钞》，中华书局 1986 年版。
39. 中国第一历史档案馆：《康熙朝满文朱批奏折全译》，王小虹等编译，中国社会科学出版社 1996 年版。
40. （清）张廷玉：《清朝文献通考》，浙江古籍出版社 1988 年版。
41. （清）盛康：《皇朝经世文续编》，近代中国史料丛刊本，文海出版社 1973 年版。
42. 《明实录》，台北"中研院历史语言研究所"本，黄彰健校勘，中华书局 2016 年版。

43. 《清实录》，中华书局 1985 年版。
44. 睡虎地秦墓竹简整理小组编：《睡虎地秦墓竹简》，文物出版社 1990 年版。
45. 张家山汉墓竹简整理小组：《张家山汉墓竹简（247 号墓）》，文物出版社 2001 年版。
46. 刘俊文点校：《中华传世法典：唐律疏议》，法律出版社 1999 年版。
47. 薛梅卿点校：《宋刑统》，法律出版社 1999 年版。
48. 戴建国点校：《庆元条法事类》，载杨一凡、田涛主编：《中国珍稀法律典籍续编》（第 1 册），黑龙江人民出版社 2002 年版。
49. 刘俊文：《敦煌吐鲁番唐代法制文书考释》，中华书局 1989 年版。
50. ［日］仁井田陞：《唐令拾遗》，栗劲等编译，长春出版社 1989 年版。
51. 天一阁博物馆：《天一阁藏明钞本天圣令校证·附唐令复原研究》，中华书局 2006 年版。
52. 郭成伟点校：《中华传世法典：大元通制条格》，法律出版社 2000 年版。
53. 陈高华等点校：《元典章》，中华书局 2011 年版。
54. 怀效锋点校：《大明律》，法律出版社 1999 年版。
55. 田涛、郑秦点校：《大清律例》，法律出版社 1999 年版。
56. （明）申时行等：《明会典》，万历朝重修本，中华书局 1989 年版。
57. 《大清五朝会典》，线装书局 2006 年版。
58. （清）昆冈等：《大清会典事例》，文海出版社 1992 年版。
59. 左丘明：《左传译注》，十三经译注本，李梦生译注，上海古籍出版社 2004 年版。
60. 刘海年、杨一凡：《中国珍稀法律典籍集成》，科学出版社 1994 年版。
61. （清）席裕福辑：《皇朝政典类纂》，近代中国史料丛刊续辑本，文海出版社 1982 年版。
62. 张玉柱：《雍正朝汉文朱批奏折汇编》，江苏古籍出版社 1989 年版。

二、文集

1. 杨天宇：《十三经译注·礼记译注》，上海古籍出版社 2004 年版。

2. 杨天宇：《十三经译注·周礼译注》，上海古籍出版社 2004 年版。

3. 程树德：《新编诸子集成·论语集释》，程俊英等点校，中华书局 1990 年版。

4. （清）焦循：《新编诸子集成·孟子正义》，沈文倬点校，中华书局 1987 年版。

5. （清）王先谦：《新编诸子集成·荀子集解》，沈啸寰等点校，中华书局 1988 年版。

6. （清）王先慎：《新编诸子集成·韩非子集解》，钟哲点校，中华书局 1998 年版。

7. 许富宏：《新编诸子集成续编·慎子集校集注》，中华书局 2013 年版。

8. 许维遹：《新编诸子集成·吕氏春秋集释》，中华书局 2009 年版。

9. （清）王先谦：《新编诸子集成·庄子集解》，中华书局 1987 年版。

10. 黎翔凤：《新编诸子集成·管子校注》，梁运华整理，中华书局 2004 年版。

11. 王利器：《新编诸子集成·盐铁论校注》，中华书局 1992 年版。

12. 黄晖：《新编诸子集成·论衡校释》，中华书局 1990 年版。

13. 蒋礼鸿：《新编诸子集成·商君书锥指》，中华书局 1986 年版。

14. （清）曾国藩：《曾国藩全集》，长沙，岳麓书社，1994 年版。

15. 钟淑河：《曾国藩往来家书全编》，中央编译出版社，2011 年版。

16. （宋）黎靖德编：《朱子语类》，王星贤点校，中华书局 1986 年版。

17. （唐）孔颖达：《尚书注疏》，中华书局 1980 年版。

18. （明）丘浚：《大学衍义补》，蓝田玉等点校，中州古籍出版社 1995 年版。

三、著作

1. ［法］孟德斯鸠：《论法的精神》，张雁深译，商务印书馆 1961 年版。

2. 徐复观：《两汉思想史》，华东师范大学出版社 2001 年版。

3. 韦庆远：《明清史新析》，中国社会科学出版社 1995 年版。

4. 陈顾远：《中国法制史》，商务印书馆 1959 年版。

5. 梁治平：《法辨》，中国政法大学出版社 2002 年版。

· 237 ·

6. 候外庐：《中国古代社会史论》，河北教育出版社2000年版。
7. 胡留元、冯卓慧：《夏商西周法制史》，商务印书馆2006年版。
8. [美]弗朗西斯·福山：《政治秩序的起源：从前人类时代到法国大革命》，毛俊杰译，广西师范大学出版社2014年版。
9. [英]梅因：《古代法》，沈景一译，商务印书馆1983年版。
10. 钱大群：《唐律疏义新注》，南京师范大学出版社，2007年版。
11. [日]滋贺秀三：《中国家族法原理》，张建国、李力译，法律出版社2003年版。
12. 阎步克：《士大夫政治演生史稿》，北京大学出版社2015年版。
13. [德]马克斯·韦伯：《儒教与道教》，王容芬译，商务印书馆1995年版。
14. 梁启超：《先秦政治思想史》，天津，天津古籍出版社2003年版。
15. 阎步克：《波峰与波谷：秦汉魏晋南北朝的政治文明》，北京大学出版社2017年版。
16. [德]马克斯·韦伯：《经济与社会》，阎克文译，上海人民出版社2010年版。
17. 杨一凡主编：《中国法制史考证》，中国社会科学出版社2003年版。
18. [日]宫崎市定：《宫崎市定中国史》，焦堃、瞿柘如译，浙江人民出版社2015年版。
19. 杨宽：《古史新探》，上海人民出版社2016年版。
20. 吕思勉：《先秦史》，上海古籍出版社1982年版。
21. 杨一凡、朱腾主编：《历代令考》，社会科学文献出版社2017年版。
22. 程树德：《九朝律考》，中华书局2006年版。
23. [日]大庭脩：《秦汉法制史研究》，林剑鸣等译，上海人民出版社1991年版。
24. 沈家本：《历代刑法考》，邓经元、骈宇骞点校，中华书局1985年版。
25. （清）薛允升：《唐明律合编》，怀效锋、李鸣点校，法律出版社1999年版。
26. 高明士：《律令法与天下法》，上海古籍出版社2013年版。
27. 杨一凡、刘笃才：《历代例考》，社会科学文献出版社2012年版。
28. 赵晓耕：《宋代法制研究》，中国政法大学出版社1994年

29. 戴建国：《宋代法制初探》，黑龙江人民出版社 2000 年版。
30. 郭东旭：《宋代法制研究》，河北大学出版社 1997 年版。
31. ［波斯］拉施特主编：《史集》，余大钧、周建奇译，商务印书馆 1992 年版。
32. 吴海航：《元朝法文化研究》，北京师范大学出版社 2005 年版。

四、论文

1. 胡兴东：《中国古代法律形式结构研究》，载《北方法学》2014 年第 3 期。
2. 李启成：《帝制法治的两面——"断罪引律令"与比附援引制度的思想基础》，载《清华法学》2012 年第 6 期。
3. 陈新宇：《帝制中国的法源与适用论纲：以比（附）为中心的展开》，载《中外法学》2014 年第 3 期。
4. 王志强：《中国法律史叙事中的"判例"》，载《中国社会科学》2010 年第 5 期。
5. 刘笃才：《中国古代判例考论》，载《中国社会科学》2007 年第 4 期。
6. 胡兴东：《中国古代判例法模式研究——以元清两朝为中心》，载《北方法学》2010 年第 1 期。
7. 张建国：《中国律令法体系概论》，载《北京大学学报（哲学社会科学版）》1998 年第 5 期。
8. 刘笃才：《律令法体系向律例法体系的转换》，载《法学研究》2012 年第 6 期。
9. 杨一凡：《明代典例法律体系的确立与令的变迁——"律例法律体系"说、"无令"说修正》，载《华东政法大学学报》2017 年第 1 期。
10. 陈灵海：《〈大清会典〉与清代"典例"法律体系》，载《中外法学》2017 年第 2 期。
11. 赵晶：《近代以来日本中国法制史研究的源流——以东京大学和京都大学为视点》，载《比较法研究》2012 年第 2 期。
12. 杨振红：《从〈二年律令〉的性质看汉代法典的编纂修订与律令关系》，载《中国史研究》2005 年第 4 期。
13. 孟彦弘：《秦汉法典体系的演变》，载《历史研究》2005 年第 3 期。

14. 杨振红：《秦汉律篇二级分类说——论〈二年律令〉二十七种律均属九章》，载《历史研究》2005 年第 6 期。
15. 张建国：《'科'的变迁及其历史作用》，载《北京大学学报（哲学社会科学版）》1987 年第 3 期。
16. 张忠炜：《汉科研究——以购赏科为中心》，载《南都学坛》2012 年第 3 期。
17. 刘笃才：《汉科考略》，载《法学研究》2003 年第 4 期。
18. 李玉生：《魏晋律令分野的几个问题》，载《法学研究》2003 年第 5 期。
19. 候欣一：《唐律与明律立法技术比较研究》，载《法律科学》1996 年第 2 期。
20. 霍存福：《唐式性质考论》，载《吉林大学社会科学学报》1992 年第 6 期。
21. 戴建国：《唐〈开元二十五年令·田令〉研究》，载《历史研究》2000 年第 2 期。
22. 刘笃才、杨一凡：《秦简廷行事考辩》，载《法学研究》2007 年第 3 期。
23. 顾凌云、金少华：《廷行事的功能及其流变》，载《河北法学》2014 年第 8 期。
24. 戴建国：《唐宋时期判例的适用及其历史意义》，载《江西社会科学》2009 年第 2 期。
25. 楼劲：《隋无〈格〉、〈式〉考——关于隋代立法和法律体系的若干问题》，载《历史研究》2013 年第 3 期。
26. 吕志兴：《宋代法律体系研究》，载《现代法学》2006 年第 2 期。
27. 吕志兴：《宋格初探》，载《现代法学》2004 年第 4 期。
28. 刘晓：《〈大元通制〉到〈至正条格〉：论元代的法典编纂体系》，载《文史哲》2012 年第 1 期。
29. 李玉年：《元代法律体系之构建——元代法律组成解析》，载《安徽史学》2007 年第 3 期。
30. 胡兴东：《元朝令考》，载《内蒙古师范大学学报（哲学社会科学版)》2016 年第 4 期。

31. 方龄贵:《〈通制条格〉新探》,载《历史研究》1993 第 3 期。
32. 殷啸虎:《论〈大元通制〉"断例"的性质及其影响——兼与黄时鉴先生商榷》,载《华东政法大学学报》1999 年第 1 期。
33. 陈高华:《〈至元条格·条格〉初探》,载《中国史研究》2008 年第 2 期。
34. 吕丽:《〈清会典〉辨析》,载《法制与社会发展》2001 年第 6 期。
35. 鞠明库:《试论明代会典的纂修》,载《西南大学学报(社会科学版)》2007 年第 6 期。
36. 梁健:《〈明会典〉的纂修及其"大经大法"地位之演变〉》,载《南开法律评论》2016 年第 0 期。
37. 刘广安:《〈大清会典〉的再认识》,载《中国优秀传统法文化与国家治理学术研讨会暨庆祝研究院(所/中心)成立三十周年论文集》,中国政法大学法律史学研究院,2015 年版。
38. 陈煜:《"殊为具文"——浅论《大清律例》中的"宣示性条款"》,载《东南大学学报(哲学社会科学版)》2016 年第 6 期。
39. 姜方毅:《对有关清代成例制度研究的阅读探讨》,载《法律史评论》2013 年第 1 期。
40. 胡震:《清代"通行"考论》,载《比较法研究》2010 年第 5 期。
41. 王沛:《刑鼎、宗族法令与成文法公布——以两周铭文为基础的研究》,载《中国社会科学》2019 年第 3 期。
42. 王捷:《清华简〈子产〉篇与"刑书"新析》,载《上海师范大学学报(哲学社会科学版)》2017 年第 4 期。
43. 刘光胜:《德刑分途:春秋时期破解礼崩乐坏困局的不同路径——以清华简〈子产〉为中心的考察》,载《孔子研究》2019 年第 1 期。
44. 王沛:《子产铸刑书新考:以清华简〈子产〉为中心的研究》,载《政法论坛》2018 年第 2 期。
45. 李婧嵘:《简牍所见秦汉法律体系研究》,载《古代文明》2022 年第 4 期。
46. 朱腾:《"律令法"说之再思:以秦汉律令为视点》,载《法律科学

（西北政法大学学报）》2022 年第 3 期。

47. 孟彦弘：《汉律的分级与分类——再论秦汉法典的体系》，载《学术月刊》2023 年第 9 期。

48. 张忠炜、张春龙：《汉律体系新论——以益阳兔子山遗址所出汉律名木牍为中心》，载《历史研究》2020 年第 6 期。

49. 陈伟：《秦汉简牍所见的律典体系》，载《中国社会科学》2021 年第 1 期。

50. 杨一凡：《明清法律体系本相考辩——论"律例法律体系"说的缺陷和"典例法律体系"说成立的理据》，载《世界社会科学》2023 年第 1 期。

51. 杨一凡：《质疑成说，重述法史——四种法史成说修正及法史理论创新之我见》，载《西北大学学报（哲学社会科学版）》2019 年第 6 期。

52. 何勤华、廖晓颖：《中华法系之法典化范式研究——以古代中国和越南为中心》，载《世界社会科学》2023 年第 1 期。

53. 王立民：《复兴中华法系的再思考》，载《法制与社会发展》2018 年第 3 期。

54. 张晋藩：《重构新的中华法系》，载《中国法律评论》2019 年第 5 期。